# 古代歷史文化 研究輯刊

## 六編

王明蓀 主編

## 第 18 冊

### 三蘇史論研究（上）

陳秉貞 著

國家圖書館出版品預行編目資料

三蘇史論研究（上）／陳秉貞 著—初版—新北市：花木蘭
文化出版社，2011〔民 100〕
　目 4+186 面：19×26 公分
（古代歷史文化研究輯刊 六編：第 18 冊）
ISBN：978-986-254-612-3（精裝）
1.（宋）蘇洵　2.（宋）蘇軾　3.（宋）蘇轍　4. 史學評論
618　　　　　　　　　　　　　　　　　　100015465

ISBN-978-986-254-612-3

古代歷史文化研究輯刊
六　編　第十八冊　　　　　　　ISBN：978-986-254-612-3

三蘇史論研究（上）

作　　者　陳秉貞
主　　編　王明蓀
總 編 輯　杜潔祥
出　　版　花木蘭文化出版社
發 行 所　花木蘭文化出版社
發 行 人　高小娟
聯絡地址　新北市永和區中正路五九五號七樓
　　　　　電話：02-2923-1455／傳眞：02-2923-1452
網　　址　http://www.huamulan.tw 信箱 sut81518@gmail.com
印　　刷　普羅文化出版廣告事業
初　　版　2011 年 9 月
定　　價　六編 25 冊（精裝）新台幣 40,000 元

# 三蘇史論研究（上）

陳秉貞　著

## 作者簡介

陳秉貞，國立台灣師範大學國文研究所文學博士，現任台北市立金華國中教師、國立台灣師範大學國文學系兼任助理教授。經歷：世新大學中文系、國立臺北教育大學語文與創作學系兼任助理教授，教育部國民中學國語文教科圖書審定委員，國立教育資料館國語文領域學習影片製作委員會媒體委員。著作有：《余秋雨散文研究》、《三蘇史論研究》、《情境式創意作文》（合著）、《圍攻錯別字辭典》（合著）等。

## 提　　要

　　北宋蘇洵（1009-1066）、蘇軾（1037-1101）、蘇轍（1039-1112）父子三人，並稱「三蘇」。三蘇父子不但同時名列唐宋古文八大家之中，又以豐厚的學養基礎，建構出具有獨特風貌的思想體系。在學術史上，建立了三蘇蜀學，與荊公新學、溫公朔學和二程洛學等各大學派分庭抗禮。三蘇蜀學最常被提到的特色就是對於史學的重視，從各家的評論和三蘇的實際創作表現，都能看出史論在三蘇文章創作中的代表性。本論文在伽達默爾哲學詮釋學理論、新歷史主義、形式主義文論和中國文章學等各樣理論的啟發下，以「三蘇史論」作為研究對象。透過直接閱讀三蘇的史論作品，與三蘇進行「對話」，嘗試著去詮釋他們對於歷史的詮釋，並試圖建構出他們藉由史論所要建構的意義。最後得到四點結論：第一，三蘇獨特的成學背景，造就了三蘇史論「博古宜今」的特色。第二，三蘇史論呈現出「重史」、「重人情」、「重通變」、「重調和」的特色，是源自三蘇對於知識傳統的吸收與創造。第三，三蘇史論對於個人和國家的意義建構，是歷史意識與現實態度的密切結合。第四，三蘇史論不但繼承了文學傳統，並且為史論的表現力開創出新的局面。總而言之，三蘇創作了「史論」，「史論」也成就了三蘇。

**上　冊**

# 第一章 緒 論

## 第一節 研究動機

　　北宋蘇洵（1009～1066）、蘇軾（1037～1101）、蘇轍（1039～1112）父子三人，並稱「三蘇」。三蘇父子以精采的詩文表現，崛起於北宋文壇，並且在文學史上同時名列「唐宋古文八大家」之中。他們又以豐厚的學養基礎，傳承發揚傳統的學術文化，建構出具有獨特風貌的思想體系。在學術史上，建立了「三蘇蜀學」，〔註1〕與「荊公新學」、「溫公朔學」和「二程洛學」等各大學派〔註2〕分庭抗禮。身爲蘇門四學士的秦觀，曾在〈答傅彬老簡〉文中說：

> 閣下謂蜀之錦綺妙絕天下，蘇氏蜀人，其於組麗也獨得之於天，故其文章如錦綺焉。其說信美矣，然非所以稱蘇氏也。蘇氏之道，最深於性命自得之際，其次則器足以任重，識足以致遠。至於議論文章，乃其與世周旋，至粗者也。閣下論蘇氏而其說止於文章，意欲尊蘇氏，適卑之耳。〔註3〕

〔註1〕這裡所說的「蜀學」，是指狹義的蜀學，或稱「三蘇蜀學」，即由蘇洵開創，由蘇軾、蘇轍兄弟發展成熟，由張耒、秦觀、黃庭堅、晁補之等文人學士爲羽翼的有較爲一致的學術傾向的學派，而不是指廣義的以兩宋蜀地的眾多學術家族和學者爲主體的蜀學。參考冷成金所下的定義，見〈試論「三蘇」蜀學的思想特徵〉，福州：《福建論壇（人文社會科學版）》2002年第3期，頁72。

〔註2〕漆俠說：「宋仁宗晚年（嘉祐）到宋神宗初是宋學的大發展階段，形成爲各具特色的荊公學派、溫公學派、蘇學派和以洛（二程）關（張載）爲代表的理學派等四大學派。」見〈宋學的發展和演變〉，濟南：《文史哲》1995年第1期，頁5。

〔註3〕秦觀：〈答傅彬老簡〉，《淮海集・卷三十》（四部叢刊正編・集部，臺北：臺

秦觀的話確實提醒了我們：論三蘇蜀學不可僅止於文章。但不可否認的，若非有卓越的文章創作，三蘇蜀學也無法在北宋獲得如此快速的傳播。

論及「三蘇蜀學」的特色，最常被提到的一點就是對於「史學」的重視。這一特點，自蘇洵起就已呈現。蘇洵重視對古今治亂成敗的探討，希望以史為鑑，其著作中亦頗多史論文字。雷簡夫看了蘇洵的文章之後，稱讚說：

> 讀其〈洪範論〉，知有王佐之才；〈史論〉得史遷筆；〈權書〉十篇，譏時之弊；〈審勢〉、〈審敵〉、〈審備〉三篇，皇皇有憂天下之心。〔註4〕

這是強調蘇洵博古知今，以史論世，足具輔弼之才，所展現的文章功力足以傲視群倫。歐陽脩也稱讚蘇洵：

> 其論議精於物理，而善識變權，文章不為空言，而期於有用，其所撰《權書》、《衡論》、《幾策》二十篇，辭辯閎偉，博於古而宜於今，實有用之言，非特能文之士也。〔註5〕

蘇氏兄弟稟承家學，特別注意對古今治亂盛衰的探討。蘇軾在〈上韓太尉書〉中說：「自七八歲知讀書，及壯大，不能曉習時事，獨好觀前世盛衰之跡與其一時風俗之變。自三代以來，頗能論著。」〔註6〕因此蘇軾的作品中有不少是史論。蘇轍〈歷代論引〉也說：「父兄之學，皆以古今成敗得失為議論之要。」〔註7〕他自己所寫作的史論數量，更是三蘇當中最多的。不論是他人推薦或是三蘇自述，這些話都指出了「史論」在三蘇文章創作中的代表性。

身為三蘇史論的讀者，總是為他們出人意表的見識和精妙的文辭所折服，同時也不禁產生許多疑問：到底三蘇是如何「博於古」？他們確實涉獵了哪些典籍？他們閱讀的方式和閱讀的過程對於他們寫作史論又有何影響？三蘇的史論是如何「宜於今」？他們討論了哪些宜今之事？又是否真的「宜今」呢？三蘇史論中的「古」、「今」的成分是如何分配的？他們用來「以古證今」、「以史論世」的論證方式為何？三蘇「能文」的長處，如何發揮在史論的寫作上？又對史論的意義生成帶來了怎樣的影響？

---

灣商務印書館，1979年11月臺一版），頁106。

〔註4〕見邵博：《邵氏聞見後錄》（北京：中華書局，1997年，《唐宋史料筆記叢刊》本，李劍雄、劉德權點校），卷15，頁118～119。

〔註5〕歐陽修：〈薦布衣蘇洵狀〉，《三蘇全書》（北京：語文出版社，2001年11月初版一刷），第6冊，頁280。

〔註6〕蘇軾：〈上韓太尉書〉，《蘇軾文集卷四十八》，頁1381。

〔註7〕蘇轍：〈歷代論引〉，《蘇轍集·欒城後集卷七》，頁958。

　　但是在眾多對於三蘇的個別研究中，往往少見針對「史論」的探討，〔註8〕更未見以「三蘇史論」爲對象的研究。而且許多研究三蘇散文的研究者，往往只是重複羅列歷代古文評點中對於三蘇文章的相關評語，讓人知其然而不知其所以然，以致於我們對於「三蘇史論」的了解，一直停留在極爲浮泛的表層。爲了解答自己心中的疑惑，因此決定以「三蘇史論」作爲研究對象。透過直接閱讀三蘇的史論作品，與三蘇進行「對話」，嘗試著去詮釋他們對於歷史的詮釋，並試圖建構出他們藉由「史論」所要建構的意義。

# 第二節　史論流變概述

　　所謂史論，就是讀史者對歷史事件、歷史人物以及歷史發展過程所發表的評論。因此從內容來說，是讀史者對於「歷史」的看法；從形式上來說，是讀史者用「議論文體」寫成的文章，以求明白適切地傳達自己的見解。也可以說，「史論」就是史學思想與文學形式的結合。

## 一、從史學思想方面看

### （一）先秦時期

　　歷史評論的產生，至少需要兩個條件，一是人們創造出曆法和文字，一是人們歷史意識的發展。有了曆法和文字，人們才能有秩序地記事，並使其得以保存和流傳；而人們的歷史意識的發展，則使得歷史評論的不斷豐富成爲可能。

　　中國最早的歷史評論，應該是周人所謂的「殷鑑」。從《尚書》和《詩經》中，都能看到歷史鑑戒的思想，如《尚書・召誥》：「我不可不監於有夏，亦不可不監於有殷。」《詩經・文王》：「殷之未喪師，克配上帝，宜鑑於殷，駿命不易。」周人是由殷的滅亡和周的代興，得出要以「明德」來取得「皇天」信任的結論。也就是說，周人是用「德」來結合「天命」，從而使人間現實的秩序不發生變化。

---

〔註8〕僅見三本碩士論文，即謝敏玲：《蘇軾史論散文研究》（國立高雄師範大學國文學系碩士論文，1999年）、吳淑樺：《蘇轍史論散文研究》（國立高雄師範大學國文學系教學碩士論文，2002年）和郭宗南：《蘇轍史論文研究》（國立成功大學中國文學研究所碩士論文，2003年）。

隨著社會的變遷，到了春秋時期，王室衰微，諸侯活躍，大國爭霸，戰爭頻仍。在孔子以前，已有一些史官善於指陳歷史形勢，對歷史趨勢作出判論，顯示出了相當深刻的歷史見解。而孔子作《春秋》，是最早在歷史撰述上明確提出「義」的要求的。〔註9〕誠如劉知幾《史通》所說：

> 逮仲尼之修春秋也，乃觀周禮之舊法，遵魯史之遺文，據行事、仍人道，就敗以明罰，因興以立功；假日月而定曆數，藉朝聘而正禮樂；微婉其說，志晦其文，爲不刊之言，著將來之法，故能彌歷千載，而其書獨行。〔註10〕

孔子《春秋》因舊史之文，說一代之事，從而寄託褒貶是非之「義」，在這當中所呈現出最主要的歷史評論觀念，是「尊王道，重人事」。尊王道，就是遵周禮及周禮所規定的等級秩序；重人事，就是著重評論了春秋時期的政治、軍事活動及其得失成敗。這種對於「人事」、「人道」的注重，還可以從《國語》、《左傳》、《禮記》中，找到許多記錄。這樣的觀念，代表在當時「天命」史觀籠罩下的人們開始自覺地對自身在歷史上的作用進行思考，進而認爲「人」是歷史發展中的關鍵角色。

春秋以後迄於漢初，是一個史學氣氛瀰漫的時代。先秦諸子競以歷史作根據，建立其學說。例如孟子論及「五百年必有王者興，其間必有名世者」以及歷史一治一亂的循環，就是思想與史實的結合。一般士大夫也與歷史結緣，發言立論，咸以歷史爲依歸。春秋時代士大夫據歷史發揮其言論的情況，可從《左傳》書中所載看出。〔註11〕而戰國時代的策士馳騁議論，則可由《戰國策》中看出其對歷史的評論與應用。

## （二）秦漢時代

西漢初年，新的封建統一政權剛剛建立，必須解決它在政治上和經濟上所面臨的種種矛盾以鞏固自己的統治。在這個歷史轉折時期，許多具有遠見卓識

---

〔註 9〕 《孟子·離婁下》：「王者之跡熄而詩亡，詩亡然後春秋作。晉之乘，楚之檮杌，魯之春秋，一也。其事則齊桓、晉文，其文則史，孔子曰：『其義則丘竊取之矣。』」《四書章句集注·孟子集注卷八》（臺北：學海出版社，1991 年 3 月），頁 295。

〔註10〕 劉知幾：《史通》，浦起龍釋：《史通通釋》（臺北：九思出版有限公司，1978 年 10 月），頁 7。

〔註11〕 實際的例子可參見杜維運：《中國史學史》（臺北：三民書局，1993 年 11 月），第 1 冊，頁 150～154。

的思想家應運而生，寫出了一大批著名的史論，如陸賈《新語》、賈誼〈過秦論〉、司馬談〈論六家要旨〉等。他們以歷史的宏觀角度來觀察秦亡的教訓，作出精確的總結，以之運籌新興政權應取的治國方略，謀畫解決經濟上凋敝、政治上藩國割據勢力膨脹的方法。也就是說，漢初的史論與時代息息相關，反映了時代的需要，推動了社會政治經濟的發展，這一歷史地位應該得到肯定。

漢初史論在回答時代所提出的課題的同時，也爲《史記》的產生準備了條件。因爲從陸賈到司馬談的史論，已在總結歷史變化，提出加強中央集權的等級制理論，暴露封建制度的黑暗，以及在學術思想上兼采各家學說等方面，發表了許多有價值的言論。再加上先秦史學的積累，武帝時代的盛世和司馬遷本身的經歷和才能，產生了《史記》這一偉大的史學成果。

司馬遷在〈報任安書〉中，曾概括說明了《史記》在歷史評論上所秉持的最主要的思想：

> 網羅天下放失舊聞，考之行事，稽其成敗興壞之理，凡百三十篇，
>
> 亦欲以究天人之際，通古今之變，成一家之言。〔註12〕

司馬遷講「究天人之際」，首先強調天人相分。即認爲天道不會干預人事的運作，是「人」自己要擔負起在歷史發展上的重要作用，也要自己承擔行事的成敗得失。而司馬遷所看重的「人」，不只是君主，還包含了「輔弼股肱之臣」和「扶義俶儻，不令己失時，立功名於天下」之人。這樣的觀點，與同時期的董仲舒所強調「跡之於古，返之於天」〔註13〕的歷史觀是對立的。至於「通古今之變」則是對於歷史演進過程的掌握（通古今），並且在「通古今」的基礎上闡述歷史的變化，以及從歷史變化中指出歷史的進化。例如在〈太史公自序〉中提到「禮因人質爲之節文，略協古今之變」，是認爲禮本身就是適應古今形勢變化而制訂的；講到撰述〈本紀〉時，提出對於歷代帝王業績要「原始察終，見盛觀衰」，〔註14〕即推究其何以始，詳察其何以終，於是在政治極盛時就可以洞見其之所以衰落的原因。司馬遷「通古今之變」的思想，是對先秦時期的「神農氏沒，黃帝、堯、舜氏作，通其變，使民不倦。神而化之，

---

〔註12〕　《漢書・司馬遷傳第三十二》，《新校本漢書并附編二種》（臺北：鼎文書局，1983年），第4冊，頁2735。

〔註13〕　《漢書・董仲舒傳第二十六》，《新校本漢書并附編二種》，第3冊，頁2520。

〔註14〕　《史記・太史公自序》，《史記會注考證》（臺北：洪氏出版社，1986年9月），頁1380。

使民宜之。易窮則變，變則通，通則久」〔註15〕這一思想的繼承和發展，而與董仲舒宣揚的「王者有改制之名，亡變道之實」，「道之大原出於天，天不變，道亦不變」〔註16〕的思想相對立。

班固《漢書》的寫作背景和《史記》不太相同，所以《漢書》史論所呈現的思想重點也有所不同，班固特別凸顯的是「皇朝意識」和「正宗思想」。班固的皇朝意識，呈現在他非常自覺地歌頌漢皇朝的功業和它存在的合理性。〔註17〕而他的正宗思想也與皇朝意識有密切的聯繫，其主要表現，一是對「天命」的著力渲染，認為劉邦和劉秀都是因得「天命」而致帝位的；一是為了要證明漢皇朝是得「天下正統」，不得不對歷史聯繫採取迴避的態度，例如在許多論述中不承認秦朝的歷史功績，或者淡化項羽的歷史作用，也迴避處理新莽政權的歷史等。但因為合乎封建皇朝統治者的政治需要，班固《漢書》乃成為歷代紀傳體皇朝史的楷模，也是「正史」格局形成的標誌。

### （三）魏晉南北朝

魏晉南北朝時期，史學視野開闊，撰述多途，除記一代皇朝之史外，在民族史、地方史、家族史、人物傳、域外史、史論、史注等許多方面，都有豐碩的成果，顯示出史學多途發展的盎然生機。〔註18〕正史的歷史評論，可以范曄的《後漢書》為代表。首先，他對東漢時期的政治得失問題，提出自己的看法，認為「得眾心」、「結於人心深矣」對於政治上的成功極為重要。其次，范曄的人才論具有深刻的認識價值。他認為一是要政策得法，即「知能任使」，「士得用情」；一是各方面人才得盡其用，「英能承風，俊乂咸事」。

---

〔註15〕《周易‧繫辭下》，《十三經注疏‧周易正義》（臺北：藝文印書館，1997 年 8 月初版十三刷），頁 167。

〔註16〕《漢書‧董仲舒傳第二十六》，《新校本漢書并附編二種》，第 3 冊，頁 2518 ～2519。

〔註17〕如班固在《漢書‧高帝紀第一‧贊》中，為證明「漢紹堯運，以建帝業」具有歷史根據，首先引證春秋時晉史官蔡墨的話說：「陶唐氏既衰，其後有劉累，范氏其後也。」接著引證晉大夫范宣子的話說：「祖自虞以上為陶唐氏」，同時指出：「范氏為晉士師，魯文公世奔秦，後歸於晉，其處者為劉氏。」最後引證劉向和周市的話，說戰國時劉氏居於魏；魏滅，遷大梁，居於豐，「豐公」即「太上皇父」。於是班固說：「由是推之，漢承堯運，德祚已盛。」（《新校本漢書并附編二種》，第 1 冊，頁 81～82）如此班彪在〈王命論〉中說的：「劉氏承堯之祚，氏族之世，著於《春秋》。唐據火德，而漢紹之。」這些話，便都從歷史上得到「證明」了。

〔註18〕瞿林東：《中國史學史史綱》（臺北：五南出版社，2002 年 9 月），頁 221。

根據這一認識，他對東漢順帝時的人才輩出，讚嘆不已，而對桓帝時的人才政策則覺「可爲恨哉」。〔註19〕第三，范曄對於佛教、方術、讖緯等，都採取批評的態度。他極少講天命，即使講到了，也是採取保留的態度。第四，范曄的歷史評論，則顯示出他對東漢時期學術史的興趣和見解。此外，他對於歷史人物的看法是取兼容態度的，並不持偏激之見。他推崇忠義，進取的人生，但也承認「性尚分流，爲否異適」〔註20〕的歷史現象。

　　魏晉南北朝時期的歷史思想也突出地反映了時代的特點：因朝代更迭的頻繁，而促使人們的「興亡」之辯；因佛教的盛行而引起人們對「神滅不滅」的論難；因取士制度的需要，而推動人們對於「品評人物」的關注。這些可說都是當時歷史評論的重要課題。

　　朝代興亡，始終是政治家、思想家、史學家關注的重大問題。魏晉南北朝時期面對政治動蕩，社會矛盾尖銳，朝代驟興驟亡的現實，興亡問題再次爲人們所關注。針對這個問題思考，而提出見解的有三國魏曹冏〈六代論〉、西晉陸機〈辯亡論〉和〈五等論〉。其核心思想都是極言秦、漢不尊古制之弊，認爲「分封制」是「治」的保證，「郡縣制」是「亂」的根源。這樣的見解雖然不算高明，後世也因此有不同的主張產生，但他們提出的問題是很重要的，對推進人們關於這些問題的進一步思考和認識，也是有一定作用的。

　　隨著佛教的發展，對於政治、經濟、社會生活和思想文化都有所影響。反映在歷史評論上，則是「神滅」與「神不滅」的論辯。支持「神滅」論的是范曄和范縝，范曄的觀點呈現在《後漢書》的史論中，而范縝則是寫了〈神滅論〉。支持「神不滅」論的是沈約，他在梁武帝發動「王公朝貴」撰文圍攻范縝時，連續寫出了〈答釋法雲書難范縝〈神滅論〉〉、〈神不滅論〉、〈難范縝《神滅論》〉等文。〔註21〕他所寫的《宋書》也有宣揚天命、佛教和預言的特色，甚至有過於穿鑿附會而近於荒誕的言論產生。〔註22〕

〔註19〕見《後漢書・左周黃列傳第五十一》，《新校本後漢書并附編十三種》（臺北：鼎文書局，1987 年），第 3 冊，頁 2043。

〔註20〕《後漢書・獨行列傳第七十一・序》，《新校本後漢書并附編十三種》，第 4 冊，頁 2665。

〔註21〕見嚴可均編：《全上古三代秦漢三國六朝文・全梁文》（臺北：世界書局，1961 年 3 月），卷二十八、二十九。

〔註22〕例如沈約在《宋書・符瑞志第十七上》篇末發論説：「史臣謹按，冀州道人法稱所云玉璧三十二枚者，宋氏卜世之數者，蓋卜年之數也。謂卜世者，謬其言耳。三十二者，二三十，則六十矣。宋氏受命至於禪齊，凡六十年云。」

魏晉南北朝時期有「九品官人法」，一方面是「名節」、「家風」的提倡，一方面也是選官任史的要求，使得「品評人物」成為當時社會風氣的重要特點之一，也推動了品評人物理論的發展。這方面的代表性著作，一是三國時魏人劉邵〔註23〕所著《人物志》，一是前面已經提及的范曄《後漢書》的人物評論。《人物志》是一部品評人物的理論著作，一般不結合具體的歷史人物進行，只有個別的篇章（如〈流業〉）採取了列舉人物的表述方法。但是它是第一次從理論上有系統地分析了歷史活動中的主體在才性上的種種差異，以及認識這種差異的社會實踐意義，宋人阮逸稱它：「王者得之為知人之龜鑑，士君子得之為治性修身之檠栝，其效不為小矣。」〔註24〕

## （四）隋唐五代

隋唐五代時期，史學在繼續發展中出現了新的轉折。第一個轉折，是私人修史受到限制，皇家加強了對修史的控制，並設立了專門的修史機構——史館，完善了相應的史官制度，官修史書成績斐然。第二個轉折，是史學在思想文化領域中，逐步擺脫經學的羈絆而卓然自立，也獲得了社會的承認，這反映在文獻整理和科舉考試方面特別突出。第三個轉折，是出現了對史學工作進行總結的專書，史學批評趨於成熟，標誌著史學發展進入了更加自覺的階段。第四個轉折，是在編年體史書和紀傳體史書長期發展的基礎上，出現了典制體史書這一新的表現形式。表明制度史的撰述受到史學家的重視，從而豐富了史學的內涵，擴大了歷史撰述的領域。還有一個轉折，是通史撰述出現了復興的趨勢和歷史筆記開始發展起來。〔註25〕至於在歷史評論方面的發展，則突出反映在關於治國的理論、關於君主的理論和關於「封建」的理論等方面。

唐朝初年，有許多關於探討歷代興亡成敗原因和提出治國方略的史論，在北宋李昉等所編的《文苑英華》中有三卷為「興亡」論，所收作品都是隋唐人的論述。〔註26〕可看出這個論題被關注的程度。其中討論隋之滅亡原因具有代

---

見《新校本宋書附索引》（臺北：鼎文書局，1990 年 7 月六版），第 1 冊，頁786。把「三十二」說成「二三十」，再說成「六十」，以證明法稱預言宋祚的正確，實在是很牽強。

〔註23〕劉邵，《三國志》作劉劭，今從《隋書·經籍志》及《人物志》所署。

〔註24〕見劉邵：《人物志·書首阮逸序》（四部叢刊正編·子部，臺北：臺灣商務印書館，1979 年 11 月臺一版），頁 2。

〔註25〕參考瞿林東：《中國史學史史綱》（臺北：五南出版社，2002 年 9 月），頁 283。

〔註26〕如隋盧思道〈北齊興亡論〉、〈後周興亡論〉，李德林〈大命論〉；唐朱敬則〈魏

表性的著作，應該是魏徵《隋書》的史論。它透過比較隋朝和秦朝的歷史，得到最重要的概括是：「隋之得失存亡，大較與秦相類。」隋煬帝和秦始皇一樣，嚴刑峻法、窮兵黷武、驕橫殘暴，以無理的方式役使百姓，導致了隋朝的滅亡。換句話說，是「人心的向背」決定了隋朝的興亡。魏徵希望藉由歷史教訓來喚起唐朝統治者的警惕，要避免重蹈秦、隋之亡的覆轍。在「以史為鑑」之下，魏徵也對於治國方略提出了具體的意見，就是要通過教化來達到統治人民的目的。他認為：「古之善牧人者，養之以仁，使之以義，教之以禮，隨其所便而處之，因其所欲而與之，從其所好而勸之。」〔註27〕為了達到這個理想境界，必須落實在「官吏」的任用。因此他表彰「循吏」，讚揚梁彥光等人因為居官時實行教化，因此離任時才會被人思念。「內懷直道，至誠待物，故得所居而化，所去見思。」〔註28〕同時也藉由對前代庸俗、貪婪、無能官吏的強烈批判，來告誡當代的官吏要以之為殷鑑。魏徵在宇文化及等傳的後論中就說：「梟獍凶魁，相尋菹戮，蛇豕醜類，繼踵誅夷，快忠義於當年，垂炯戒於來葉。嗚呼，為人臣者可不殷鑑哉！可不殷鑑哉！」〔註29〕

君主在歷史上的作用，以及歷代君主對後世的影響，是史學家歷來都很重視的問題。在唐代關於君主論的著作，以虞世南的《帝王略論》和唐太宗所撰的《帝範》最具代表性。虞世南看重「人君之量」，君主若有美好的個人品德以及在政治上的遠見卓識，就能產生影響於社會的「仁惠之德」。在封建社會裡，君主具有至高無上的權力，很少有能相制衡的力量。虞世南提出這個看法，是希望人君能對自己有更高的自我要求。他還認為「尚禮」和「誠信」是「人君之德」的兩個重要方面，〔註30〕這個見解對於當時的李世民和後來的貞觀之治，特別是維繫唐太宗統治集團的穩定，應有相當的幫助。唐太宗晚年所寫的《帝範》，是專給太子閱讀的政治讀本。他結合了歷史事實和自己一生的經驗教訓，對於歷代君主制國安邦的得失，表達了卓越的歷史見

武帝論〉、〈晉高祖論〉、〈宋武帝論〉、〈北齊高祖論〉、〈北齊文襄論〉、〈梁武帝論〉、〈陳後主論〉、〈隋煬帝論〉……等。

〔註27〕《隋書·列傳第三十八循吏·序》，見《新校本隋書附索引》（臺北：鼎文書局，1990年7月六版），第2冊，頁1673。

〔註28〕同上註，〈後論〉，頁1688。

〔註29〕《隋書·列傳第五十·後論》，見《新校本隋書附索引》，第2冊，頁1900。

〔註30〕在講到「人君之德」時，虞世南極力稱讚劉備，說：「劉公待劉璋以賓禮，委諸萬而不疑，人君之德於斯為美。」見趙蕤：《長短經·卷二·君德》（臺北：中國子學名著集成編印基金會，1978年12月），頁113。

解。以帝王身分寫帝王論，更使得這本書具有不同於一般君主論的意義。

在唐初曾有過「是否實行世襲刺史制度」的辯論，引發了關於封建論的討論。在歷史思想上是上承魏晉南北朝曹冏、陸機等人的見解而提出辯難的，持反對意見的包括魏徵、李百藥、馬周、長孫無忌等人。最後，是反對封建論的意見占了上風，唐太宗罷封建事。中唐以後，藩鎮割據，其勢盛於諸侯，柳宗元撰〈封建論〉，以說明歷史而審視現實。他反覆論證：殷周時代實行分封制是必然的趨勢，同樣，自秦而下，廢封建而設郡縣，也是一種必然的趨勢。柳宗元〈封建論〉的特色是提出「勢」這個哲學範疇作為「聖人之意」的對立面，來說明歷史變化、發展的原因。這是對前人如司馬遷所講的「形勢」的繼承和發展，又為後人如王夫之講「勢」與「理」的統一提供了新的思想資料，在有關「勢」與「理」的理論發展上具有承先啓後的重要地位。〔註31〕

由上述史論在史學思想方面的流變來看，歷代「史論」所討論的主題大致包括：由歷史尋求可供「鑑戒」、「資治」的原則；論及「天人關係」並且肯定人在歷史上的作用；對於國祚傳承的統緒和權力分配問題之「合理性」根源的探求；對於歷史書寫方式的意見，以及對於歷史演變原則之「勢」與「理」的探討……等。

## 二、從文學形式方面看

### （一）春秋筆法

所謂「春秋筆法」，總歸就是「一字定褒貶」，也就是比較嚴格地規定選詞用字的義例，通過「殺、誅、弒」、「侵、伐、戰」……這些有特定涵義的字來表達一定褒貶善惡的批評功能。春秋時代，因為書寫材料和書寫工具以及文獻儲存和流通手段的限制，史書裡不可能產生長篇大論式的歷史評論。各國的史官要維護本國的利益，記載符合本國人情感的歷史，就必須在最小單位的「字」上下功夫。春秋時的百國春秋，現在已經無法見其原貌了，現存唯一比較完整的《春秋》，據說經過孔子的修訂。由於孔子逐漸取得聖賢的地位，以及《春秋》被推尊為經書，「《春秋》筆法」便成為後來不少作史者利用史書來進行歷史評論的一種典範。

《春秋》的「一字定褒貶」，是透過「變換體例結構」來表現歷史評論

---

〔註31〕參考瞿林東：《中國史學史史綱》（臺北：五南出版社，2002年9月），頁384～388。

的，這是因為孔子曾說：「我欲載之空言，不如見之於行事之深切著明也。」
〔註 32〕因此，《春秋》筆法使得敘事與批評融合在一起，而敘事是主體，批
評可以在高超的敘事技巧中去意會和領悟。作史者與讀史者都不能離開事實
去發表評論意見。這樣一來，評論就自然而然地融化在敘事中了。它集中地
概括了中國傳統史學家所追求的「不尚空談，讓事實說話」的目標。

　　從《春秋》筆法中，還可看出孔子重視言辭、文采的運用及在社會實踐
中的效果，尤其重視對文辭的斟酌，認為「言之無文，行而不遠。」〔註 33〕
司馬遷說：「孔子在位聽訟，文辭有可與人共者，弗獨有也。至於為《春秋》，
筆則筆，削則削，子夏之徒不能贊一辭。」〔註 34〕這反映了孔子對歷史撰述
和評論在文辭要求上的嚴肅態度。《左傳》作者概括《春秋》在這方面的成就，
說：「《春秋》之稱，微而顯，志而晦，婉而成章，盡而不汙。懲惡而勸善，
非聖人誰能脩之？」〔註 35〕

　　但是，「《春秋》筆法」的產生是有其社會歷史背景的，也因此後世學習
《春秋》筆法來寫史書者往往遭到批判。像章太炎批評朱熹《通鑑綱目》、乾
隆御批《通鑑輯覽》時說：

> 作史而存《春秋》筆削之意，本非所宜。其謬與《太玄》擬《易》
> 相同。……蓋以一人之私意為予奪也。其有自以為無誤而適得其反
> 者。……筆削之書，孔子而後，世無第二人。太史公、司馬溫公所
> 不敢為，而後人紛紛為之，不得不嘆《綱目》為始作之俑也。……
> 要之，褒貶筆削，《春秋》而後，不可繼作。〔註 36〕

章太炎所批判的重點在於：以個人主觀意識來予奪褒貶，會產生違背史實的
後果。不過，從文學表達角度來看，《春秋》筆法的根源問題在於它只是一種
比較原始和簡陋的形式，它既限制了作史者生動活潑的敘述自由，又無法給
作史者提供充分發表議論的評論機會。因此隨著歷史生活的內容日益豐富，

---

〔註 32〕見《史記・太史公自序》。又班固《漢書・藝文志・六藝略》中〈春秋〉類序
　　　　云：「丘明恐弟子各安其意，以失其真，故論本事而作傳，明夫子不以空言說
　　　　經也。」可參看。
〔註 33〕《左傳・襄公二十五年》，《左傳會箋》（臺北：明達出版社，1986 年 10 月），
　　　　頁 1230。
〔註 34〕《史記・孔子世家第十七》，《史記會注考證》，頁 763。
〔註 35〕《左傳・成公十四年》，《左傳會箋》，頁 924～925。
〔註 36〕見章太炎：《國學略說・史學略說》（高雄：復文圖書出版社，1984 年 11 月），
　　　　頁 120～121。

歷史編纂的規模日益擴大以及歷史評論的需要日益加強，《春秋》筆法就顯得越來越不合時宜。因此，到了《左傳》和《史記》，便以「君子曰」和「太史公曰」的形式改革，發展出一種新的歷史評論寫法。

## （二）史書論贊體

雖然《左傳》和《史記》對於《春秋》筆法都有所繼承。《左傳》之敘事，每將議論化為史實，隱約其議論批評於史實敘述中；《史記》的「寓論斷於敘事之中」更是有意識地藉由「提高敘事技巧」來表現以褒貶為主的歷史評論。不過《左傳》和《史記》都有把歷史評論獨立出來的形式，作為一種補充，來滿足批評的需要。

《左傳》評論史事，進退人物，載道資鑑，往往假君子發論，全書多達九十則。〔註37〕以「君子曰」、「君子謂」、「君子是以知」、「君子以……為……」、「君子以為」、「君子是以」為形式。本來「君子曰」之體裁，乃先秦史家所共有，原於春秋時人談說著述附加案語或評論之習氣，但因在《左傳》中「君子曰」以數量之多取勝，遂成《左傳》論贊之代稱。這樣的形式影響了司馬遷，其《史記》便運用了「太史公曰」作為史論形式。由「太史公曰」而發展為後來的「史臣曰」，這種統一的、固定的「論贊體」史論形式，在歷代正史的書寫中得到長期、廣泛的採用。

「論贊」體史論書寫模式的建立，使作史者可以因事立論，於正文敘述之外，單獨地發表評論。雖然比較簡要，但是它具有對所記敘的歷史事實進行綜合評價的作用，使作史者的歷史觀點、思想傾向和才識見解得到了較集中的表現。歷代史書的論贊中不乏真知灼見，而且由於不少作史者十分注重論贊的撰寫，使得許多論贊不僅言簡意賅，還能文采飛揚，耐人尋味，成為膾炙人口的文學作品。章學誠在《文史通義》中便曾經稱讚「四史」的論贊：

> 若馬班諸人論贊，雖為《春秋》之學，然本左氏假設君子推論之遺，其言似近實遠，似正實反，情激而語轉平，意嚴而說更緩，尺幅無多，而抑揚詠嘆，往復流連，使人尋味行中，會心言外，溫柔敦厚，詩教為深。〔註38〕

〔註37〕 見張高評：《左傳之文韜・左傳史論之風格與作用》（高雄：麗文文化事業股份有限公司，1994年10月），頁102～107。此外，本文對於《左傳》史論的作者爭議有所考論，確定《左傳》史論為原書所本有，可參看。

〔註38〕 章學誠：《文史通義・外篇三・與喬遷安明府論初學課業三簡》（臺北：國史

　　最早將「論贊」體史論當作一種文體，收錄到文學總集中作爲範文看待的，是南朝梁昭明太子蕭統編選的《文選》（亦稱《昭明文選》）。在《文選》卷四十九和卷五十專立「史論」一目，共收入九篇史論，分別來自《漢書》、《後漢書》、《晉書》和《宋書》的論贊。蕭統在《文選‧序》曾說明選文的原因，他說：

> 至於紀事之文，繫年之書，所以褒貶是非，紀別異同，方之篇翰，
> 亦已不同。若其贊論之綜緝辭采，序述之錯比文華，事出於沉思，
> 義歸乎翰藻，故與夫篇什，雜而集之。〔註39〕

「事出於沉思，義歸乎翰藻」指的是蕭統看重作史者對於「事」即史事的沉思，對於「義」即史識的表達，看重這兩者的結合，這是他的卓見。

　　「論贊」體史論形式後來又有所區分，「贊」在《史記》時還是散文文體，但從《漢書》開始，「贊」已經出現韻文形式，而內容以讚揚歷史人物或事件爲主。〔註40〕於是，後來「贊」在古代文體論中被歸類爲「頌贊體」，屬於有韻之文，〔註41〕與屬於散文的「史論」明顯不同。

　　「論贊」體史論爲中國人提供了一種總結和批評歷史的便利，但是所造成的流弊也有兩方面，其一是許多有才識的作史者只滿足於這種就事論事的三言兩語的歷史評論，而不再積極主動地去寫作比較抽象的成體系的批評專著。另一方面是因爲各個作史者的見識和才能有高下之別和大小之分，但史書的「論贊」體史論是固定要有的，於是不管有沒有自己新穎獨到的見解，每一篇都還是要寫一段論或贊。所以歷代史書中的論贊呈現出的批評水平懸殊很大，重複的意見時有可見，陳詞濫調也屢見不鮮。以致於劉知幾對於論贊有了反對的批判：

> 夫論者所以辯疑惑，釋疑滯。若愚智共了，固無俟商榷。……夫每
> 卷立論，其煩已多，而嗣論以贊，爲黷彌甚。亦猶文士制碑，序終

---

　　　　研究室，1973 年 4 月），頁 322。
〔註39〕蕭統編、李善注：《文選‧序》（臺北：華正書局，1995 年 10 月），頁 2。
〔註40〕從蕭統《文選》卷五十〈史述贊〉下所選篇目可看出：〈班孟堅漢書述高祖紀
　　　　贊〉、〈述成紀贊〉、〈述韓彭英盧吳傳贊〉。
〔註41〕劉勰：《文心雕龍‧頌贊》說：「贊者，明也，助也。昔虞舜之祀，樂正重贊，
　　　　蓋唱發之辭也。……及遷《史》固《書》，托贊褒貶，約文以總錄，頌體以論
　　　　辭；又紀傳后評，亦同其名。……然本其爲義，事在獎嘆，所以古來篇體，
　　　　促而不廣，必結言于四字之句，盤桓乎數韻之詞。」（香港：商務印書館，1995
　　　　年 3 月第一版十刷），頁 158～159。

> 而續以銘曰：釋氏演法，義盡而宣以偈言。苟撰史若斯，難以議夫
> 簡要者矣。〔註42〕

他認爲，如果事情善惡已經很明顯，就不需要作論了，而「贊」對於史書來說更是多餘的。因此後來有人乾脆主張放棄「論贊」體的史論，如明代宋濂等修《元史》就不要論贊，「論贊」體史論逐漸式微。

### （三）議論文體

議論文體的史論形式起源於戰國。戰國時期的諸子百家之學，往往都是藉助歷史事實來論證本學派的政治觀點和思想內容。余嘉錫《四庫提要辨證・子部・新序辨證》引用朱一新《無邪堂答問》卷四說：

> 諸子書發攄己意，往往借古事以申其說，劉子政作《新序》、《說苑》，冀以感悟時君，取足達意而止，亦不復計事實之舛誤。蓋文章體制不同，議論之文，源出於子，自成一家，不妨有此。若紀事之文出於史，考證之文出於經，則固不得如此也。〔註43〕

余氏稱贊這種看法「真能知古人著作之例。」也幫助我們認識諸子書史論的性質。因爲其史論重點在「論」，而不是「史」，〔註44〕所以議論文體的史論發展，在文學形式上的意義可以說是大過史學思想上的意義的。

其實這種爲了「感悟時君」，因而藉由史事大發議論的方式，在《左傳》時的「行人」辭令已開風氣。所謂「行人」就是春秋時期的外交使節，「行人辭令」是外交使節在外交場合所發表的談話。爲了使自己的談話具有影響力，他們談話中除了充分尋找理由外，還很講究陳述的先後和語氣的緩急，力爭打動人。因此清左軾《左繡・序》說《左傳》文章是：「近《莊》、《列》詭譎之風，啓《戰國》縱橫之習。」《左傳》的議論也是後來議論散文的先導，其論說方式，大要可分七類：駁論、辯論、推論、評論、理論、敘論、諷論。〔註45〕《左傳》論

---

〔註42〕劉知幾撰、浦起龍釋：《史通通釋》（臺北：九思出版有限公司，1978 年 10 月），頁 81～83。

〔註43〕見余嘉錫：《四庫提要辨證》（臺北：藝文印書館，1957 年），頁 349。

〔註44〕可參看茅盾先生所說：「諸子取史事以證其學說中之某一論點，常常就事論事，不是對某一古人作全面的考察和評價。」見茅盾：《茅盾古典文學論文集・歷史與歷史劇——從〈臥薪嚐膽〉的許多不同劇本說起》（上海：上海古籍出版社，1986 年 12 月），頁 271。

〔註45〕參見張高評：《左傳之文學價值》（臺北：文史哲出版社，1982 年 10 月），頁 195～199。

說之文，多警快透闢，機鋒四溢，可爲後世法。

眞正有組織有結構的議論散文是從春秋戰國之交的《墨子》開始的。《墨子》的說理立論大都採取首尾一貫的論理形式，而且條理謹嚴，很講究論證的方法和技巧。尤其是墨子所提出的著名的「三表」法，對於議論散文的發展有重要意義。

> 何謂三表？子墨子言曰：有本之者，有原之者，有用之者。於何本之？上本之於古者聖王之事；於何原之？下原察百姓耳目之實；於何用之？廢以爲刑政，觀其中國家百姓人民之利。此所謂言有三表也。〔註46〕

這裡所謂的「三表」，即強調議論散文必須注意三點：一是說話要有根據，要求證於古代帝王之事；二是要了解民情，即考察現實情況；三是注意實用，即要有益於「刑政」，有益於國家百姓的利益。墨子的這個主張，建立了議論散文在「立論」、「論證」、「致用」方面的開展原則。

隨後戰國中期的《孟子》和《莊子》，對議論散文的形成和發展也有突出的貢獻。孟子的文章說理透切，比喻生動，感情強烈，具有「若決江河，沛然莫之能禦」的氣勢。而莊子的文章，汪洋恣肆、縱橫排宕、雄偉奇麗，具有長江大河浩蕩奔騰的氣勢。莊子的文章對後世影響是巨大的。莊子擅長把議論、敘事和抒情揉合在一起，善於運用寓言和譬喻，善於把抽象的思想用具體形象的語言表述出來，這些對後世議論散文的寫作提供了寶貴的經驗。

戰國後期的《荀子》和《韓非子》在議論散文的文體結構和論辨技巧方面，更有傑出貢獻。荀子的議論散文內容精博，善於用比喻，長於說理，有渾厚樸實的風格。在形式上，他的文章雖多爲長篇大論，但每篇都具有一個一致的中心，一個結構整體，還有一個能概括內容的題目。有概括內容的標題，有相對完整的結構，這才形成了後世觀念中一篇文章的概念。韓非的文章繼承與發展自荀子，其特點是善於發長篇議論，旁徵博引，縱貫古今，很有氣勢。在論辨方法上，無論是駁難、問答和引述故事、進行說理等方面都豐富和發展了古代議論散文的表現技巧。

從現存文獻看，最早的單篇論文，而且眞正開議論文體史論風氣的是漢初賈誼〈過秦論〉。這篇文章在回答「爲什麼強大的秦王朝很快就滅亡了」這

---

〔註46〕《墨子‧非命上》，孫詒讓：《墨子閒詁》（臺北：世界書局，1962 年 4 月），頁 164。

樣一個富有現實意義的歷史問題時，援史實以爲據，行文波瀾起伏，文筆淋漓酣暢，滔滔而言，其勢不可犯，其理亦無窮，具有很強的說服力。〈過秦論〉的一個重要價值是奠定了運用議論文體進行歷史評論的基礎，它以嚴密的邏輯性和鮮明的目的性提高了歷史評論的「史鑑」功能。在其之後的議論文體史論大都帶有〈過秦論〉的色彩，如晉代陸機「言吳之所以亡」的〈辨亡論〉和唐初君臣討論隋帝國何以速亡的種種史論均是。唐、宋以後科舉考試中有關歷史問題的策論，也在一定程度上促進了議論文體史論的發展。

　　一般來說，議論文體的史論因爲不受篇幅的限制，可以比「論贊」體史論寫得更從容、更深刻。而議論文體史論的範圍廣泛，歷代一切以評論歷史事實、總結歷史經驗教訓爲題旨的單篇議論散文都屬此列。因爲這類文章的數量龐大，醇駁並存，需要更深入細緻的探討，才能了解其成就和價值。

　　由上述史論在文學形式的流變來看，「史論」的書寫方式，從運用「敘事的文字」來呈現作史者對於史事的評論，到將評論獨立於史事的記載之外，使得論史者的意見可以更全面地發表，甚至是脫離史書，成爲獨立的單篇論文，讓寫作者能夠更自由地選取所要論述的歷史主題，並透過藝術手法，更好地呈現自己的主張。也就是說，只要是能夠讓讀史者（作史者）良好地表達自我意見的方式，都可以是「史論」的書寫方式。

## 第三節　研究範圍與方向

### 一、三蘇史論之界定

　　本論文對於史論的定義是：從內容來說，是讀史者對於「歷史」的看法；從形式上來說，是讀史者用「議論文體」寫成的文章。因此在界定三蘇史論時，只要三蘇的作品中，形式上是使用議論文體（散文）所書寫，而且內容上可以看出三蘇對於歷史的意見的單篇文章，〔註47〕就是本論文所認定之史論的來源。

　　以這個標準來界定三蘇的史論，是爲了盡可能全面地掌握三蘇對於歷史的意見。不希望因爲對於史論形式的過多限定，使得資料不完整，而導致研

---

〔註47〕意即不包括已形成專書的經傳注疏，如蘇軾的《東坡易傳》、《東坡書傳》和蘇轍的《詩集傳》、《春秋集解》、《老子解》等。

究進行時在詮釋和意義的建構上產生誤差。

　　因此，本論文所認定的三蘇史論，包括了在標題上就可以看出所論歷史人物或朝代之名稱的文章（如蘇軾〈宋襄公論〉、蘇轍〈唐論〉），也包括了在標題上看不出，但實際內容是與歷史相關的文章（如蘇洵《衡論‧廣士》）；包括了可以獨立成篇的議論文章（如蘇軾、蘇轍的《進論》），也包括了依附於史書之後的論贊（如蘇轍《古史》論贊）；包括了將「史事」當作「歷史」的狹義認定（如蘇軾〈李靖李勣為唐腹心之病〉），也包括將「六經」都當作「歷史」的廣義認定（如蘇洵《六經論》）；包括了具體人事物的探討（如蘇轍〈周公論〉），也包括了抽象歷史規律的思索（如蘇洵《幾策‧審勢》、《史論》）。包括了以應試、求用為目的的文章（如蘇洵《權書》、蘇軾、蘇轍《進策》），也包括了純粹是個人抒發意見和心志的文章（如蘇轍《歷代論》）。至於三蘇詳細的史論篇目，請參見本論文文末之〈附表一〉。

## 二、研究方向

　　三蘇的史論屬於史學與文學的綜合呈現，具有相當的複雜性。也許是因為三蘇史論的不易定位，所以直接相關的研究資料極少，這是筆者在決定研究方向時，第一個碰到的難題。

　　史論，就字面上看來，是「對於歷史的評論」，應該有很強的史學成分。不過，往史學方面尋找資料時，發現中國的史學方法和史學理論，主要關注的是史事、史文、史義，是以史書和史家為中心的研究。至於史學評論的範疇，則是要對史學現象和史學著作進行價值評估。史學系統裡所看重的史論，是如《左傳》「君子曰」、《史記》「太史公曰」、《漢書》「贊曰」等依附於正史，「於史有徵」的論贊，或者在正史中之書、志、表、類傳的「序」。至於在唐宋時期能受到肯定的史論，只有杜佑《通典》、司馬光《資治通鑑》的史論。像三蘇所寫的這種史論，南宋葉適就已經批評：「以文為論，自蘇氏始，而科舉希世之學，爛漫放逸，無復實理，不可收拾。」〔註48〕在後世史學研究者的眼中，評價也是很低的，如梁啟超說：

　　　　近代著錄家，多別立史評一門。史評有二：一，批評史蹟者；二，
　　　　批評史書者。批評史蹟者，對於歷史上所發生之事項而加以評論。

───────────

〔註48〕葉適：《習學紀言》，收錄於清‧黃宗羲：《宋元學案‧卷九十九　蘇氏蜀學略‧附錄》（臺北：華世出版社，1987年台一版），第六冊，頁3295。

蓋《左傳》、《史記》已發其端，後此各正史及通鑑皆因之。亦有泐為專篇者，如賈誼〈過秦論〉、陸機〈辨亡論〉之類是也。宋、明以後，益尚浮議；於是有史論專書，如呂祖謙之《東萊博議》，張溥之《歷代史論》等。其末流只以供帖括勦說之資，於史學無與焉。其較有價值者，為王夫之之《讀通鑑論》、《宋論》。雖然，此類書無論如何警拔，總易導讀者入於奮臆空談一路，故善學者弗尚焉。〔註49〕

杜維運也是以史學之「歷史解釋」的角度，來看宋代的史論，他說：

史論是否屬於歷史解釋，為一極富爭論性之問題。正史上之論贊，往往能高瞻遠矚，以剖析歷史；蘇軾、呂祖謙等則又效縱橫家言，任意雌黃史蹟。西方漢學家認為中國之史論作品，係根據道德觀點，對歷史事件所下之泛論，應屬於政治性與倫理性的解釋。……如就蘇、呂之史論視之，其批評極允當。以蘇軾之〈賈誼論〉為例，可以窺其梗概……此實為縱橫捭闔之論，全無歷史意味，凡蘇氏之史論，皆此之類，雖文字鏗鏘有聲，史實屢被稱引，而文字流於虛浮，史實全無地位，以此類史論，視之為歷史解釋，自極不可。〔註50〕

杜維運認為蘇氏（蘇軾）的史論不應該被當作「歷史解釋」看待，這個看法，就史學研究的角度來說，應該是正確的。不過，三蘇寫作史論的目的，本來就不是為了「解釋歷史」，他們對於史實的議論和運用，是另有意圖的。可見，純用史學的角度來研究三蘇史論，無法解釋三蘇史論的意義。

以郭宗南《蘇轍史論文研究》為例，其研究方向就是偏重於史學性。此論文以「思想主軸」、「經世資鑑」和「評史之方法」這三方面來研究蘇轍的史論，這樣的研究方向，長處是對於「史論」所關注的歷史「資鑑」作用和評論歷史時的「思辨方法」有所關注與分析，但明顯可見的問題，是在於忽略了蘇轍史論的「文學性」。若不討論文學形式對於史論所帶來的意義，要怎麼解釋為何用不同文學形式所寫出的史論會給讀者不同的感受？為何三蘇的史論與其他作者的史論有所區別？為何三蘇的史論可以達到更強的感染力和說服力？

---

〔註49〕梁啟超：《中國歷史研究法·第二章　過去之中國史學界》（臺北：里仁書局，2000年8月29日初版五刷），頁68。

〔註50〕杜維運：《清代史學與史家·貳、王夫之與中國史學》（臺北：東大圖書有限公司，民73年8月），頁16～18。

　　三蘇的文章會成為「古文」的典範，是因為科舉制度的緣故。從北宋末開始，在現實需要下，科舉的策論、經義有「程式化」的傾向，也使得南宋開創出「古文評點」這種嶄新的文學研究和批評方法。〔註51〕南宋呂祖謙（1137～1181）的《古文關鍵》是現存的第一部評點著作，除了有〈總論看古文法〉、〈看韓文法〉、〈看歐文法〉、〈看蘇文法〉、〈看諸家文法〉、〈論作文法〉及〈論文字病〉等理論之外，又選錄韓愈、柳宗元、歐陽修、蘇洵、蘇軾、蘇轍和曾鞏等人的議論文，逐篇評點說解，三蘇有多篇史論入選。由南宋的「古文評點」，到清代桐城派對於古文「文法」的研究，漸漸發展出「文章學」的核心概念與體系，三蘇的文章一直都是在各種選本中受到青睞的範文。因此，從文章學的角度來看三蘇文章，是其來有自的。但必須考慮的是，史論的特殊性在於當中含有歷史的成分，如果研究史論和研究一般的議論文章一樣，都只是由字詞、句段、篇章的文法來分析，那要如何凸顯出「史論」論「史」的特殊性呢？

　　以謝敏玲《蘇軾史論散文研究》和吳淑樺《蘇轍史論散文研究》兩本論文為例，兩者都是採用偏於「文學性」的研究方向。除了對於蘇軾和蘇轍作「知人論世」的鋪敘之外，研究者以相當多的篇幅，分析文章的取材、立意、佈局、辭采等，並且由字法、句法、章法到篇法，細細剖析，一一舉例。其用心和細緻的解析令人佩服，但遺憾的是，閱讀著這些被割裂的文本，實在很難看出史論之議論文體的特色，更不用說是凸顯出「史論」論「史」的獨特性了。或偏史學性，或偏文學性的兩種傾向和缺憾，是筆者在決定研究方向時所遇到的第二個難題。

　　三蘇確實是藉由史論的書寫，提出了自己對於歷史的意見，這些意見也確實是表現出三蘇對於歷史的「理解」和「詮釋」。要怎麼看待這些意見？伽達默爾（Hans-Georg Gadamer, 1900～2002）的「哲學詮釋學」（Philosophical Hermeneutics）理論，正是對於「理解的意義」的探討。當筆者試圖詮釋「三蘇對歷史的詮釋」時，從這個理論得到了很大的啟發。而在二十世紀八十年代初興起的「新歷史主義」（New Historicism），提出了對待文學，理解歷史，處理歷史與文學、歷史與文化之間複雜關係的新觀念，突破了舊有對於「歷史」的

〔註51〕參考祝尚書：〈南宋古文評點緣起發覆——兼論古文評點的文章學意義〉，成都：《四川大學學報（哲學社會科學版）》2005年第4期（總第139期），頁74～82。

概念,也使得筆者對於「歷史」的認知被拓寬了。此外,在面對具體存在的史論「文本」時,應該要如何從中挖掘文學上的意義?筆者是受到「形式主義文論」(Form-Structure Theory)的觀念啟發,而在具體的文本分析上,則是運用中國「文章學」解析古文「文法」的理論。以下說明本論文的研究方向:

## (一)歷史的「可詮釋性」與三蘇史論詮釋的基點

「史論」就是一種對於歷史的詮釋,但是必須先承認歷史是可以被詮釋的。承認歷史具有「可詮釋性」,也才能為史論對於歷史的詮釋找到成立的理由和意義。

歷史本身,就是人們對於過去已發生事實的理解。人們通過對歷史事實的記載和歷史遺存來了解歷史,因此可以把這些記載和遺存看作是「歷史文本」。把歷史當作「文本」看待,是因為歷史是對過去事件的描述,而這種描述並非純粹的客觀再現,而是語言對事件的再度構成,其中必然滲透著語言運用者對事件的解釋。因此,所能被我們認知的歷史,其實已經是詮釋之後的結果。

這種把歷史和文學兩者同時看成是「文本性的」的概念,是由新歷史主義者所提出的。新歷史主義者不再把歷史看成是由客觀規律所控制的過程,而是認為歷史和文學同屬一個符號系統,歷史的虛構成分和敘事方式同文學所使用的方法十分類似。因此兩者之間不是誰決定誰,誰反映誰的關係,而是相互證明、相互印證的「互文性」關係。在新歷史主義者眼裏,文學與歷史並無明顯的界限,兩者之間的關係是以一種複雜的相互糾纏的方式呈現出來的,他們所關注的,並非通常人們理解的那種虛構的、想像的、狹義的文學,而是包括文學在內的整個文化。換句話說,新歷史主義批評從事的是一種整體意義上的文化研究,而在具體批評行為的實施過程中,我們既能看到「用文學的方法研究歷史」,也能看到「用歷史的方法研究文學」。〔註52〕

一般說來,「歷史文本」都是在另一個時空體系內形成的,它的所指是過去的行動或歷史事件,這些文本的產生依賴當時的環境和語境。當這些文本離開了當時的環境和語境之後,對於後世的讀者來說,至少有三重意義的自主性,第一,它獲得了對作者意圖的獨立性,後人可以在文本中讀出作者沒有賦予文本的意義;第二,脫離了最初聽眾對語義的要求,後來的讀者雖然

---

〔註52〕 參考凌晨光:〈歷史與文學——論新歷史主義文學批評〉,南京:《江海學刊》
　　　　 2001年第1期,頁173~177。

對當時的歷史情景無法有直接的感受，但是在回溯其情境的同時，會自然地帶入了解釋者自己的思想，對傳統再詮釋，產生「新理解」；第三，文本的話語本來反映的是過去環境中經濟、政治、文化和社會的內容，但現在必須面對生活在不同歷史條件下的讀者所要進行的解讀。歷史事實雖然已經成為過去，但是其歷史意義卻會隨著不同時代的人的解讀，而呈現出不同的解釋。因此，歷史意義就在我們的理解中生成了，我們理解的變化也使歷史觀念產生了生命的流動。

由「歷史具有可詮釋性」的觀念出發，要研究的問題包括：三蘇所閱讀的歷史文本有哪些？這些歷史文本原來被賦予了怎樣的意義？三蘇在自己的歷史情境下，是否又給予了歷史文本不同的詮釋？

### （二）詮釋者的「前理解」與三蘇詮釋立場的建立

伽達默爾認為，「理解」並不是人的心靈諸多活動中的其中一種而已，而是人的各種活動都是「理解」的一種模式，因為人的「存有」基本上就是「理解」。但是人的存有是有限的，或說是受限的，因此「理解」也是在「限制」中的，人們不可能對歷史、現實作出完全客觀、公允的詮釋。照海德格爾（Martin Heidegger, 1889～1976）的說法是：圍繞著人的事物都已被「命名」了。〔註53〕這是因為人所居住的世界，從一開始就是一個已被別人解釋過了的世界。是別人的解釋在先，才構成了某一理解者的基本假設，海德格爾稱之為「前理解」。〔註54〕

傳統是「前理解」的重要元素之一，人總是生存在某些早已流傳下來的東西裡，尤其是各種傳統的觀念，並且他的思想早已被傳統所限定。想要將傳統完全從人的瞭解中割斷，那是不可能的。已被解釋的事物構成了理解者之心理世界與精神世界的要素，這些傳統的要素具有一定的主體性維度，使得詮釋者自始至終受制於此一維度。伽達默爾將這種限制稱為「成見」（Vorurteil, prejudice），〔註55〕但是他認為：「成見其實並不意味著一種錯誤的判斷。它的概念包含它可以具有肯定和否定的價值。」〔註56〕人的本性就是

〔註53〕海德格爾著；王慶節、陳嘉映譯：《存在與時間》（北京：生活・讀書・新知三聯書店，1987年），頁181～186。
〔註54〕或稱為「理解前結構」。
〔註55〕這個字還被翻譯成「偏見」、「前見」、「先見」、「前判斷」等。
〔註56〕伽達默爾著；洪漢鼎譯：《真理與方法》（上海：上海譯文出版社，1999年），頁347。

有限的，有限不是一種缺憾，更不表示人的不完美。它是一個事實，承認而又正視這個事實，才能眞正明白人的存有或瞭解的本性。如果沒有傳統，沒有「成見」，理解是不可能發生的。

「前理解」會影響「成見」的形成，也就是影響了「詮釋立場」的建立。詮釋立場是人們據以理解傳統和現實意義的基點，也是史論作者賴以詮釋古代傳統的出發點，在詮釋過程中爲「詮釋」規畫「意義生成的方向」。〔註57〕詮釋立場所指的並不是任何一個單純的「前理解」要素，而是指已經透過詮釋者的個人性，去融合了各樣前理解的要素後，所產生的據以進行價值判斷的「成見」。由詮釋者的「前理解」與詮釋立場的觀念出發，最主要的研究問題就是：三蘇如何建立他們的史論「詮釋立場」？

## （三）詮釋過程中的「提問」與三蘇史論所關心的問題

要理解一項事物，必須先由這個事物觸動心靈，而且心靈又渴望理解它。在這種渴望中，心靈提出一個「問題」。所謂提出問題，就是提出一個特殊的探討方向，且依此問題的方向去接觸所欲理解的對象，才能夠讓它的意義凸顯出來，眞正成爲心靈理解的對象。在理解事物時，心靈雖是「被動」地被觸動，但卻是「主動」地提出問題方向去理解它。合此「被動與主動」，才能完成對事物的理解。〔註58〕但詮釋者如何提出問題呢？哪些問題才能讓他展開他的詮釋，且繼續努力詮釋下去呢？簡單地說，只有當詮釋者在他關心的處境中，且又自認尚未瞭解他的對象，他才會提出問題。正由於是他自己關心的問題，才會推動詮釋者，使得詮釋得以展開和貫徹下去。

因爲有這樣的「提問」，被詮釋的對象（傳統、文本）的意義，就不完全屬於被詮釋對象的本身，它同時是受到詮釋者問題所限定。也因此詮釋者的獨特性，會使得傳統的意義世界融入了詮釋者的個人價值。加達默爾的看法是「只有當詮釋者被（文本）主題推動著、在主題所指示的方向上作進一步的詢問時，才會出現眞正的對話。」〔註59〕也就是說，詮釋者不是被動地受

---

〔註57〕參考劉耘華：《詮釋學與先秦儒家之意義生成——《論語》、《孟子》、《荀子》對古代傳統的解釋·第一章　引論：關鍵詞概述》（上海：上海譯文出版社，2002年3月），頁3。

〔註58〕參考陳榮華：《葛達瑪詮釋學與中國哲學的詮釋》（臺北：明文書局，1998年3月），頁92～94。

〔註59〕伽達默爾著；夏鎮平、宋建平譯：《哲學解釋學》（上海：上海譯文出版社，1995年），頁12。

到傳統的制約，反而他是主動地尋找與傳統對話的機會，並且進而爲傳統建構出新的意義。

　　歷史事實或歷史人物是一種符號，潛藏並乘載著無窮盡的意義，當讀史者帶著個人的關心去閱讀這些符號時，就能解讀符號中的意義或爲符號注入新意義。史論的寫作過程，也就是讀史者解讀歷史符號中的意義、爲符號注入新意義，再用語言將之表出的過程。這個過程，可用下圖〔註60〕來加以表述：

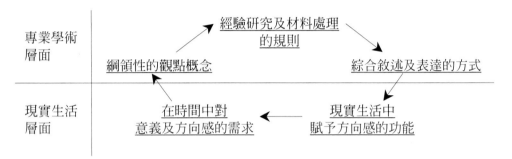

　　上圖本來是在說明「歷史思維活動」的「循環」。「歷史思維活動」就是對過去人們的各種行爲進行了解和提出意義的活動，透過「歷史思維活動」所產生的「歷史意識」，是爲了要解決人對於自我瞭解的需求。自實際生活滋生出來的方向感需求，經過學術性的歷史思維活動，再以綜合性作品爲媒介，走回實際生活面，這整個過程構成一種循環。問題的提出來自現實生活，經過形成概念，運用研究方法以及綜合敘述，最後作品對讀者及作者自身所具有的功能，正是要回答原來提出的有關自己行爲方向感及意義的問題。人們有方向感，知道自己行爲的意義，正是他更能理直氣壯地向該方向邁進，以及心安理得地照著某種行爲方式繼續做下去的最大支柱。〔註61〕

　　同樣的，在「史論」的寫作過程中，作者以自己生存的需要，向「歷史」提問，獲得「理解」之後，將這樣的理解透過條理化的表達方式敘述出來，提供給自己，也提供他人當作行爲抉擇時的參考方向。因此可以說，「史論」不但是爲了理解過去，更是爲了安頓現在，並且建構未來。

---

〔註60〕　參考胡昌智：《歷史知識與社會變遷・第二章　歷史研究之內容與社會發展——史學史觀察之一》（臺北：聯經出版事業公司，民77年12月），頁100。這個圖原本是在說明「歷史思維活動的循環」，在此引用，藉以詮釋「史論的創作過程」。此圖經過筆者重畫，並非書上的原圖。

〔註61〕　同上註，頁99～100。

三蘇的史論，首先是對國家意義的「提問」：要如何才能使國家安定、有尊嚴、人民安居樂業？隨著個人生涯的發展，他們也產生了對於個人意義的「提問」：面對政治的風暴和他人的期待，個人應該如何自處？至於他們透過史論，在「歷史觀」、「人物論」和「政治制度論」分別提出了哪些新的詮釋？那就是本論文的「提問」和詮釋責任了。

### （四）「意義生成方式」與三蘇史論的語言藝術形式

作者的意圖要依靠語言呈現，讀者的理解也要依靠語言的閱讀才能達到。語言被書寫出來之後形成文本，本身就已經包含了提示它如何被理解的方式方法（意義生成方式），讀者雖不自知，但已經接受其影響，否則閱讀理解就不可能發生。所謂「意義生成方式」是指通向「意義」的方式和途徑，它可說是一種「媒介」，作者藉著它，傳達出所要建構的意義；讀者藉著它，了解作者所要建構的意義。文學研究者的責任，就是要把文學作品中隱而不顯，但又具有重要作用的「意義生成方式」表述出來。

「意義生成」必有與之相應的「生成方式」，在文學上，「語言藝術形式」就是呈現文學意義的本質所在。在形式主義文論的觀念中，文本形式最直接的體現是語言文字，所以形式分析首先是語言分析。語言分析包括語義、語詞間關係結構以及表意手法三個方面。其次，文學語言是情感的語言，由語言構成的藝術形式，也就是作家的情意的結構形式，所以形式分析可使我們捕捉到作家的審美情感。形式與情感間的關係表現爲：一定的形式表達一定的情感。再者，情感來自人的心理結構狀態，所以語言形式分析既可以把握人的情感，又可以探求人的心理結構，因爲藝術形式是由於人的心理多層結構直接賦予形式而造成的結果。

由「意義生成方式」的觀念出發，要研究的問題是：作者要把自己對於「歷史」的意見表達出來，可以選擇的文學形式有很多種，那麼以議論文體的史論形式來寫作，所使用的「意義生成方式」有什麼特殊性？三蘇的史論之所以被當作文學作品看待，是因爲具有怎樣的形式特徵？這些形式特徵，又表現了什麼樣的文學美感？

### （五）三蘇史論的同質性與互補性

本論文的研究對象，是由蘇洵、蘇軾、蘇轍父子三人所撰寫的史論，其寫作年代跨越了宋仁宗、英宗、神宗、哲宗、徽宗各朝，筆者原本以爲三人

的史論應該具有相當大的差異性，但是在全面閱讀了蘇氏父子的史論之後，卻發現三蘇的歷史詮釋觀點具有很強的同質性。筆者認為，同質性的形成，應當與三蘇的詮釋立場有關，而影響詮釋立場形成的重要因素又包括了「成學背景」、「知識傳統」和「時代背景」等，在本論文第二章〈三蘇史論「詮釋立場」之建立〉將對此加以探討。

　　蘇洵、蘇軾、蘇轍的歷史詮釋觀點散見於他們的史論作品中，他們在書寫之時，並沒有要形成歷史論述「體系」的企圖。不過，當筆者將三人的觀點進行全面歸納整理之後，認為基於三蘇歷史詮釋觀點的同質性，應該可以為他們的歷史論述建立起一個體系。三蘇的歷史論述主要關注於「歷史觀」、「人物論」和「政治制度論」等三大主題，而在每一主題中，蘇洵、蘇軾、蘇轍所提出的重點有些是相同的，有些則是論及了同一主題裡不同層面的問題，可說具有互補性。因此筆者選擇將三人的觀點綜合起來討論，讓三人的論述相輔相成，藉以建構三蘇歷史詮釋的論述體系。本論文第三章〈三蘇史論之歷史觀〉、第四章〈三蘇史論之人物論〉和第五章〈三蘇史論之政治制度論〉將分別對此體系的建立進行討論。

　　以文學表現方面來說，三蘇史論的呈現形式非常多元，包括了進論、進策、策問、論贊、注疏、箚記等，而且蘇洵、蘇軾、蘇轍三人的性格不同，自然會呈現出個人的獨特書寫風格。不過因為三蘇史論的主要表現媒介是「議論文體」的散文，為了達到論辨的效果，勢必要符合「論點」、「論據」、「論證」等議論文的基本要求，也就使得三蘇史論在取材和論證方式上具有同質性。而為了達到感染力和說服力的效果，議論體散文應具有「生動」、「凝鍊」和「氣勢」等美感要求，因此三蘇史論在文學美感上也表現出相當的同質性。本論文第六章〈三蘇史論之意義生成方式〉將析論三蘇論史時的取材和論證方式，以了解三人的同質性和個人特色。第七章〈三蘇史論之文學美感〉則將分析三蘇所據以形成史論文學美感的表現形式，以了解蘇洵、蘇軾、蘇轍三人的史論在文學美感上的同質性，也藉此了解他們個人在表現形式上的偏愛以及取法對象的異同。

# 第二章　三蘇史論「詮釋立場」之建立

　　本章要探討三蘇史論「詮釋立場」的建立，是受到怎樣的因素影響，又因此使他們的「詮釋立場」具有怎樣的特色。所謂詮釋立場，是人們據以理解傳統和現實意義的基點，是史論作者賴以詮釋歷史傳統的出發點，在詮釋過程中主導著「意義生成的方向」。不同的詮釋立場，會使得人們在面對歷史傳統和眼前的現實時，有不同的態度和取捨，並且作出不同的詮釋和評價。

　　制約詮釋立場之形成的因素包括：「知識傳統」、「時代背景」和「詮釋者的個人獨特性」。知識傳統，是縱向的歷史文化傳承，包括了「無文」（非文本）之文和文本形式兩方面，一方面對後人的詮釋行爲具有規畫意義生成方向的功能；另一方面，其自身的理論內涵也有待詮釋者予以詁解和發揮。時代背景，則是橫向的社會生活各層面的共時「催化」，主要指一個時代的價值訴求和精神狀況，在政治、文化、倫理、思維、情感等一切領域所表現出來的總體趨向。而最重要的因素，是詮釋者本身。因爲縱、橫兩重文化維度，都要靠詮釋者的個人特質來加以會通與創造，因此詮釋者的個人性因素是至爲關鍵的。詮釋者思想上的個人性，以詮釋者生命歷程的個人性爲前提，具體來說，這些獨特因子主要體現在家庭背景、成長環境、地理文化、師說淵源、後天積學等方面。

## 第一節　成學背景與詮釋立場

### 一、以古爲師

　　蘇洵，字明允，生於宋眞宗大中祥符二年（1009），眉州眉山（今四川省

眉山縣）人。當時的四川眉州，有獨特的學術風氣和風俗：

> 吾州之俗，有近古者三。其士大夫貴經術而重氏族，其民尊吏而畏法，
> 其農夫合耦以相助。蓋有三代、漢、唐之遺風，而他郡之所莫及也。
> 始朝廷以聲律取士，而天聖以前，學者猶襲五代之弊，獨吾州之士，
> 通經學古，以西漢文詞爲宗師。方是時，四方指以爲迂闊。〔註1〕

蘇軾這段話中提到眉州有優秀的文化傳統，而且當地的文人相當尊重鄉邦文獻，對鄉先賢充滿景仰之情。這種重視傳統的風氣，營造出了一個「通經學古」的學術發展氛圍。

少年時代的蘇洵也曾爲應科舉而學習，並且在仁宗天聖五年（1027）十六歲時，參加了進士考試，但未及第。〔註2〕之後，自十九歲結婚到二十七歲發憤苦讀這段期間，蘇洵皆游蕩不學。在他二十七歲時，某一天深有感慨地對妻子程氏說：「吾自視，今猶可學。然家待我而生，學且廢生，奈何？」〔註3〕在妻子幫忙維持家計的支持下，蘇洵閉門苦讀，但走的道路仍是少年時代的「屬對聲律」，希望由科舉考試入仕。他本來不擅長此道，對它不感興趣，但爲了應付考試又不得不學。經過一年多的刻苦學習，在仁宗景祐四年（1037）二十九歲時再參加進士考試，仍然不中。到了仁宗慶曆五年（1045）三十七歲時，又參加制科考試（茂材異等科），但仍不符合考官的胃口，以落第告終。在這一次落榜之後，蘇洵終於絕意功名，不再以科舉爲目標。

仁宗慶曆七年（1047），蘇洵的父親蘇序去世，蘇洵聞訃回鄉奔喪。之後便閉門讀書，「自託於學術」，歐陽修以「大究六經百家之說，以考質古今治亂成敗，聖賢窮達之際。」〔註4〕概括他所下的工夫，而蘇洵自己說：

> 洵少年不學，生二十五年，始知讀書，從士君子游。年既已晚，而
> 又不遂刻意屬行，以古人自期。而視與己同列者，皆不勝己，則遂
> 以爲可矣。其後困益甚，然每取古人之文而讀之，始覺其出言用意，
> 與己大別。時復內顧，自思其才則又似夫不遂止於是而已者。由是
> 盡燒囊時所爲文數百篇，取《論語》、《孟子》、《韓子》及其他聖人、

---

〔註1〕 蘇軾：〈眉州遠景樓記〉，《蘇軾文集卷十一》，頁 352。

〔註2〕 蘇洵：〈送石昌言使北引〉：「吾後漸長，亦稍知讀書，學句讀，屬對聲律，未成而廢。」《嘉祐集卷十四》，頁 145。

〔註3〕 司馬光：《溫國文正司馬文集‧蘇主簿夫人墓誌銘》（四部叢刊正編‧集部，臺北：臺灣商務印書館，1979 年 11 月臺一版），頁 552。

〔註4〕 歐陽修：〈故霸州文安縣主簿蘇君墓志銘〉，《三蘇全書》第 6 冊，頁 281。

賢人之文，而兀然端坐，終日以讀之者七八年矣。〔註5〕
由這段話中我們可以看出，蘇洵在不以追求功名爲目的而讀書之後，便直接閱讀古代各種典籍，親炙古代聖賢的心靈。原本他就是「以古人自期」的，而且相當自負，覺得同輩朋友都比不上自己。但是在落榜之後，他再拿古人的文章來閱讀，卻發現古人的出言用意，都與自己的取向不同。蘇洵體悟到，自己原先所下的功夫不夠深刻，於是再次心無旁騖地專心研讀「六經百家」的聖賢文章，以深究其微言大義。因此雖然蘇洵自謂「晚學無師」，〔註6〕其實可以說他是「以古爲師」的。

　　蘇軾，字子瞻，生於宋仁宗景祐三年十二月十九日；〔註7〕蘇轍字子由，又字同叔，生於宋仁宗寶元二年（1039）二月二十日。在蘇洵準備科舉考試的期間，蘇軾和蘇轍曾經先上鄉間的私塾，蘇軾是「八歲入小學，以道士張易簡爲師。」〔註8〕他曾自述：「眉山道士張易簡教小學，常百人，予幼時亦與焉。居天慶觀北極院，予蓋從之三年。」〔註9〕蘇轍當時大約六、七歲，也與蘇軾一起去上學：「予幼居鄉閭，從子瞻讀書天慶觀。」〔註10〕對蘇轍來說，除了來自於父親的教導以外，兄長蘇軾更是他一輩子的良師益友。在這段期間，他們的母親程夫人也承擔起輔導兄弟倆的責任：「教以學問，畏其無聞。」〔註11〕程夫人不僅教軾、轍兄弟識字，又因爲她「生而志節不群，好讀書，通古今，知其治亂得失之故。」〔註12〕因此她更重視以歷史事蹟教導他們如何做人。有一次她讀東漢史「范滂傳」，感慨不已，蘇軾聽了就有學做范滂的心願，深得她的贊許。〔註13〕在這則著名的歷史佳話中，我們看到的是以人物志節爲主的歷史教育。歷史記載人物的活動，選擇人物的精神志節作爲講述重點，表示學習歷史不只是爲了增加對過去的認識，更重要的是從古代人

〔註5〕　蘇洵：〈上歐陽內翰第一書〉，《嘉祐集卷十一》，頁108～109。
〔註6〕　蘇洵：〈送石昌言使北引〉，《嘉祐集卷十四》，頁146。
〔註7〕　宋仁宗景祐三年十二月十九日是農曆的日期，對照於陽曆，應該是1037年1月8日。
〔註8〕　蘇軾：〈陳太初尸解〉，《蘇軾文集卷七十二》，頁2322。
〔註9〕　蘇軾：〈眾妙堂記〉，《蘇軾文集卷十一》，頁361。
〔註10〕　蘇轍：《龍川略志・夢中見老子言楊綰好殺高郢嚴震皆不殺》，《三蘇全書》第4冊，頁485。
〔註11〕　蘇洵：〈祭亡妻文〉，《嘉祐集卷十四》，頁148。
〔註12〕　蘇轍：〈墳院記〉，《蘇轍集・欒城三集卷十》，頁1240。
〔註13〕　蘇轍：〈亡兄子瞻端明墓誌銘〉，《蘇轍集・欒城後集卷二十二》，頁1117。

物表現中尋得足以效法的楷模。

　　自從蘇洵「絕意功名，自託於學術」之後，蘇軾、蘇轍便開始從學於父親，當時蘇軾年十二歲，蘇轍九歲。蘇轍曾說：

　　　　先生既不用於世，有子軾、轍，以所學授之曰：「是庶幾能明吾學者。」
　　　　母成國太夫人程氏，亦好讀書，明識過人，志節凜然。每語其家人：
　　　　「二子必不負吾志。」〔註14〕

蘇洵是以自己所學來教導二子的，因此，蘇軾和蘇轍承襲父學，主要仍是「以古為師」。不過，在學習過程上，為了要讓蘇軾和蘇轍藉由科舉的方式出仕，「不忍使之復為湮淪棄置之人」，〔註15〕所以他們是先在眉山城西壽昌院州學教授劉微之那裡「始學聲律」。學成之後，「以為不足盡力於其間」，於是再由蘇洵親自教導他們讀孟子、韓愈等人的古文。蘇洵反對時文，「陋今而高古」，〔註16〕指責那些「好奇而務深」、「虛浮不實」的文章，獨師先秦兩漢的古文和韓愈的文章，並深得古人為文之法。因此蘇洵教導二子作文，應力戒浮華空洞，要寫言之有物、樸實健康的文章，強調文貴有用。

　　與蘇洵交往的朋友，也都具有「好古」的特質。例如張方平，蘇軾說：「晚與軾先大夫游，論古今治亂及一時人物，皆不謀而同。軾與弟轍皆以是得出入門下。」〔註17〕還有作《通鑑釋文》三十卷的史炤，博古能文，蘇軾、蘇轍兄弟曾以他的父親史清卿為師。〔註18〕蘇洵獨特的治學過程，使得他「以古為師」，進而塑造出三蘇在歷史詮釋和史論寫作上的特殊風格。

## 二、廣博涉獵

　　三蘇所鑽研的聖賢之學，其涵蓋層面相當地廣泛，根據他們的自述，應該包括了經、史、諸子、詩、文各層面。蘇洵說：

　　　　數年來退居山野，自分永棄，與世俗日疏闊，得以大肆其力于文章。
　　　　詩人之優柔，騷人之精深，孟、韓之溫淳，遷、固之雄剛，孫、吳

---

〔註14〕蘇轍：〈潁濱遺老傳上〉，《蘇轍集·欒城後集卷十二》，頁1014。
〔註15〕蘇洵：〈上張侍郎第一書〉，《嘉祐集卷十一》，頁114。
〔註16〕張方平：《樂全集·卷三十九·文安先生墓表》（景印文淵閣四庫全書，臺北：臺灣商務印書館，1986年3月），第1104冊，頁487。
〔註17〕見蘇軾：〈張文定公墓誌銘〉，《蘇軾文集卷十四》，頁457。
〔註18〕《宋元學案補遺卷九十九·蘇氏蜀學略補遺·東坡師承·史先生清卿》（臺北：世界書局，1961年）。

之簡切，投之所向，無不如意。常以爲董生得聖人之經，其失也流
而爲迂；晁錯得聖人之權，其失也流而爲詐；有二子之才而不流者，
其惟賈生乎！惜乎今之世，愚未見其人也。〔註19〕

蘇軾則「比冠，學通經史，屬文日數千言。」蘇轍曾經說他是：

初好賈誼、陸贄書，論古今治亂，不爲空言。繼而讀莊子，喟然嘆
息曰：「吾昔有見於中，口未能言，今見莊子，得吾心矣。」乃出〈中
庸論〉，其言微妙，皆古人所未喻。嘗謂轍曰：「吾視今世學者，獨
子可與我上下耳。」〔註20〕

而蘇轍自己也是廣泛地接觸諸子百家之說：

轍讀書至於諸子百家紛紜同異之辯，後世工巧組綉鑽研離析之學，
蓋嘗喟然太息，以爲聖人之道譬如山海藪澤之奧，人之入於其中者，
莫不皆得其所欲，充足飽滿，各自以爲有餘，而無慕乎其外。〔註21〕

　　由此可以看出三蘇父子的治學取向，都是角度廣闊、性質多元的，因此
除了長於文學領域的創作之外，還研究涉獵了經學、史學、政治學等各個方
面。這使得他們的史論具有相當廣闊的關注層面，也使他們在寫作時有更深
厚的內涵基礎。

　　這樣的閱讀興趣和取向，影響深遠，後來蘇軾和蘇轍即使是在被貶謫之
時，仍繼續保持。也可以說，他們是靠著閱讀，來安頓惶惑不安的心靈的。
蘇軾曾貶黃州，在黃州時，用心於經史之間：

到黃州，無所用心，輒復覃思於《易》、《論語》，端居深念，若有所得，
遂因先子之學；作《易傳》九卷。又自以意作《論語說》五卷。〔註22〕

東坡曰：「不然，某讀《漢書》，至此（謫居黃州）凡三經手鈔矣。
初則一段事，鈔三字爲題，次則二字，今則一字。」……東坡云：「足
下試舉題一字。」公（朱載上）如其言。東坡應聲，輒誦數百言，
無一字差缺。凡數挑皆然。〔註23〕

即使晚年謫居海南島，蘇軾也因「諸史滿前」，而足以藉之聊解羈旅的「枯寂」，

〔註19〕 蘇洵：〈上田樞密書〉，《嘉祐集卷十》，頁104。
〔註20〕 蘇轍：〈亡兄子瞻端明墓誌銘〉，《蘇轍集・欒城後集卷二十二》，頁1126～1127。
〔註21〕 蘇轍：〈上兩制諸公書〉，《蘇轍集・欒城集卷二十二》，頁386。
〔註22〕 蘇軾：〈黃州上文潞公書〉，《蘇軾文集卷四十八》，頁1380。
〔註23〕 事見《西塘集耆舊續聞・卷一》，引自孔凡禮：《蘇軾年譜》（北京：中華書局，
1998年2月），頁24。

〔註24〕而且還教育子孫要多讀史：

> 姪孫近來爲學何如？想不免趨時。然亦須多讀史，務令文字華實相
> 副，期於適用，乃佳，勿令得一第後，所學便爲棄物也。〔註25〕

至於蘇轍，因爲蘇軾烏台詩案的牽連，也被貶謫筠州。雖然公務繁忙，但仍
是把注意力放在經史之上：

> 謫監筠州鹽酒稅，五年不得調。平生好讀《詩》、《春秋》，病先儒多
> 失其旨，欲更爲之傳。《老子》書與佛法大類，而世不知，亦欲爲之
> 注。司馬遷作《史記》，記五帝三代，不務推本《詩》、《書》、《春秋》，
> 而以世俗雜説亂之；記戰國事多斷缺不完，欲更爲《古史》。〔註26〕

到了晚年閑居潁昌時，主要是「教敕諸子弟，編排舊文章」，〔註27〕用心於「圖
史之間」，多有著述。而他的女婿王適，與他有共同的喜好，還可以互相切磋：

> 仕宦之餘，未嘗廢書，……元符庚辰，蒙恩歸自嶺南，卜居潁川。
> 身世相忘，俯仰六年，洗然無所用心，復自放圖史之間。偶有所感，
> 時復論著。〔註28〕

> 始予自南都謫居江南，凡六年而歸，適未嘗一日不從也。既與予同
> 憂患，至於涵泳圖史，馳騖浮圖老子之説，亦未嘗不同之。〔註29〕

　　除了對於有形的書籍經典廣泛涉獵之外，蘇洵在遊學京師的期間，也留
心觀察當時的文壇發展動向，並且尋找值得學習效法的人物。蘇軾曾經回憶：

> 昔吾先君適京師，與卿士大夫游，歸以語軾曰：「自今以往，文章其
> 日工，而道將散矣。士慕遠而忽近，貴華而賤實，吾已見其兆矣。」
> 以魯人黿繹先生之詩文十餘篇示軾曰：「小子識之，後數十年，天下
> 無復爲斯文者也。」〔註30〕

蘇洵推崇黿繹先生的原因，是因爲其作品「皆有爲而作，精悍確苦，言必中
當世之過，鑿鑿乎如五穀必可以療饑，斷斷乎如藥石必可以伐病。」〔註31〕

---

〔註24〕蘇軾：〈與鄭靖老（一）〉，《蘇軾文集卷五十六》，頁1674。

〔註25〕蘇軾：〈與姪孫元老（二）〉，《蘇軾文集卷六十》，頁1842。

〔註26〕蘇轍：〈潁濱遺老傳上〉，《蘇轍集・欒城後集卷十二》，頁1017。

〔註27〕蘇轍：〈次韻子瞻感舊〉，《蘇轍集・欒城後集卷一》，頁873。

〔註28〕蘇轍：〈歷代論引〉，《蘇轍集・欒城後集卷七》，頁958。

〔註29〕蘇轍：〈王子立秀才文集引〉，《蘇轍集・欒城後集卷二十一》，頁1109。

〔註30〕蘇軾：〈黿繹先生詩集敘〉，《蘇軾文集卷十》，頁313。

〔註31〕同上註。

另外，讓蘇洵推崇的另外一個人物是歐陽修，他曾經把歐陽修與孟子、韓愈相比，稱讚他的文章是自成一家的：

> 孟子之文，語約而意盡，不為巉刻斬絕之言，而其鋒不可犯。韓子之文，如長江大河，渾浩流轉，魚黿蛟龍，萬怪惶惑，而抑遏蔽掩，不使自露，而人自見其淵然之光，蒼然之色，亦自畏避，不敢迫視。執事之文，紆餘委備，往復百折，而條達疏暢，無所間斷。氣盡語極，急言竭論，而容與閒易，無艱難勞苦之態。此三者，皆斷然自為一家之文也。〔註32〕

於是蘇洵將歐陽修的文章作為範文，教導蘇軾、蘇轍兄弟研讀。蘇軾也從很小的時候，就開始以當朝名士作為私淑的對象，師其典範：

> 慶曆三年，軾始總角入鄉校。士有自京師來者，以魯人石守道所作〈慶曆聖德詩〉示鄉先生。軾從旁竊觀，則能誦習其詞，問先生以所頌者十一人者何人也？先生曰：「童子何用知之？」軾曰：「此天人也耶，則不敢知。若亦人耳，何為其不可？」先生奇軾言，盡以告之。且曰：「韓、范、富、歐陽，此四人者，人傑也。」時雖未盡了，則已私識之矣。〔註33〕
>
> 軾七八歲時，始知讀書，聞今天下有歐陽公者，其為人如古孟軻、韓愈之徒。而又有梅公者從之遊，而與之上下其議論。其後益壯，始能讀其文詞，想見其為人，意其飄然脫去世俗之樂而自樂其樂也。〔註34〕

受到蘇軾、蘇轍兄弟景仰的人物包括：韓琦、范仲淹、富弼、歐陽修等人，透過學習這些人物的事蹟、文章，也擴大了他們的文化視野。

等到三蘇父子離開故鄉，到京師參加科舉之後，他們是透過「遊歷」來更加擴大、印證從書本上學到的知識，並且培養自己創作的「文氣」。蘇轍說得很透徹：

> 百氏之書雖無所不讀，然皆古人之陳跡，不足以激發其志氣。恐遂汨沒，故決然舍去，求天下奇聞壯觀，以知天地之廣大。過秦漢之故都，恣觀終南嵩華之高；北顧黃河之奔流，慨然想見古之豪傑。至京師仰觀天子宮闕之壯，與倉廩府庫城池苑囿之富且大也，而後

〔註32〕蘇洵：〈上歐陽內翰第一書〉，《嘉祐集卷十一》，頁108。
〔註33〕蘇軾：〈范文正公文集敘〉，《蘇軾文集卷十》，頁311。
〔註34〕蘇軾：〈上梅直講書〉，《蘇軾文集卷四十八》，頁1386。

知天下之巨麗。見翰林歐陽公，聽其議論之宏辯，觀其容貌之秀偉，

與其門人賢士大夫遊，而後知天下之文章聚乎此也。〔註35〕

以實際創作表現來看，蘇軾在鳳翔簽判任內，就經常出遊，充分發揮了他掌握廣博歷史知識的長處，以濃厚的興趣訪古考古，將地理與歷史結合一起考察，置身於豐富多采的古文化藝術世界裡。蘇軾效法司馬子長及李白，對古都一側燦爛的歷史文化、藝術精品，興趣盎然地四處尋覓、考察、記錄。他說：「昔司馬子長登會稽，探禹穴，不遠千里。而李太白亦以七澤之觀至荊州。二子蓋悲世悼俗，自傷不見古人，而欲一觀其遺跡，故其勤如此。」〔註36〕在探訪之餘，蘇軾將感懷訴諸創作，像〈石鼓歌〉，記敘歧陽石鼓的史實、傳說以及自我感受；關於秦穆公墓，蘇軾以秦穆公不誅孟明的歷史事蹟，述古感今；他謁老子廟，有「門前古碣臥斜陽，閱世如流事可傷」〔註37〕之嘆；〈郿塢〉寫董卓之事；《讀〈開元天寶遺事〉三首》寫唐明皇寵楊貴妃誤國事蹟；〈驪山三絕句〉嘆秦、唐之女禍。此外，他登五丈原懷諸葛孔明，到馬融室憶馬融生平品格，至周公廟詠周公功績。他將記遊、考古、述史、抒懷，融為一體，體現了他的歷史觀與藝術精神，充分顯露了「廣博涉獵」的文化功力。

## 三、務出己見

「廣博涉獵」雖然可以開拓視野，但是若沒有掌握融會貫通的原則，可能就會「泛然無所適從」。〔註38〕不過，曾鞏曾經稱讚蘇洵說：「明允為人聰明辨智，遇人氣和而色溫，而好為策謀，務一出己見，不肯躡故跡。」〔註39〕可見蘇洵在廣博涉獵之後，必有其藉以融貫的原則，並且據此得出個人獨到的見解，蘇軾和蘇轍各自也都有辨析、詮釋道理的方法。

蘇軾認為，我們閱讀時可能會陷入文字的迷宮，受到繁複、艱深或華麗的文辭所迷惑，在無法了解作者原意的狀況下，因而誤以為「道」是莫測高深，難以理解的。事實上，在深奧難懂的「文字」的背後，作者根本沒有真正地認識「道」：

甚矣！道之難明也。論其著者，鄙滯而不通；論其微者，汗漫而不

---

〔註35〕蘇轍：〈上樞密韓太尉書〉，《蘇轍集・欒城集卷二十二》，頁381。
〔註36〕蘇軾：〈鳳翔八觀並序〉，《三蘇全書》第6冊，頁429。
〔註37〕蘇軾：〈樓觀〉，《三蘇全書》第6冊，頁410。
〔註38〕蘇轍：〈上兩制諸公書〉，《蘇轍集・欒城集卷二十二》，頁388。
〔註39〕曾鞏：〈蘇明允哀辭〉，《三蘇全書》第6冊，頁283。

可考。其弊始於昔之儒者求爲聖人之道而無所得，於是務爲不可知之文，庶幾乎後世之以我爲深知之也。後之儒者，見其難知，而不知其空虛無有，以爲將有所深造乎道者，而自恥其不能，則從而和之，曰：「然」。相欺以爲高，相習以爲深，而聖人之道，日以遠矣。〔註40〕

蘇軾認爲，以前的儒者對於「聖人之道」的認識並不確實，所以他們所寫的傳疏、議論，也都是「不可知之文」。後代學習的人被這些深奧難懂的傳疏所迷惑，看不出它們的「空虛無有」，只是毫無辨析能力地「從而和之」，「相欺以爲高，相習以爲深」。結果不但毫無創見，還離「聖人之道」越來越遠。因此三蘇主張要直接閱讀經典本身，蘇洵就說：「《易》之道深矣，汨而不明者，諸儒以附會之說亂之也，去之則聖人之旨見矣。」〔註41〕而蘇轍在剛開始讀一部經典時，也是「不求其傳」，「惟其書之知」，等到自己「反覆而思之」都還無法理解時，再去參考傳疏。〔註42〕

直接閱讀經典，是以閱讀者個人的心靈去體會聖人寫作時的心靈，也就等於是和聖人直接「對話」。蘇洵說：

言無有善惡也，苟有得乎吾心而言也，則其辭不索而獲。夫子之於《易》吾見其思焉而得之者也，於《春秋》吾見其感焉而得之者也，於《論語》吾見其觸焉而得之者也。思焉而得，故其言深，感焉而得，故其言切，觸焉而得，故其言易。聖人之言得之天，而不以人參焉。故夫後之學者可以天遇，而不可以人得也。方其爲書也，猶其爲言也，方其爲言也，猶其爲心也。書有以加乎其言，言有以加乎其心，聖人以爲自欺。〔註43〕

以創作者的角度而言，必須透過「言語」來傳達內心想法，最高境界應該是「如實呈現」，不可有言語「加乎於心」的情況。以閱讀者的角度來說，則必須透過解讀「言語」來了解創作者原本的想法，理想境界則是「得乎吾心」，不被繁複的言辭所困惑。蘇洵認爲聖人所寫的經典，都是聖人眞實心靈的呈現，而且隨著所欲傳達的內涵不同，言語的風格也會有相應地改變。蘇洵對

〔註40〕蘇軾：〈中庸論上〉，《蘇軾文集卷二》，頁60。
〔註41〕歐陽修：〈故霸州文安縣主簿蘇君墓志銘〉，《三蘇全書》第6冊，頁281。
〔註42〕蘇轍：〈上兩制諸公書〉，《蘇轍集‧欒城集卷二十二》，頁388。
〔註43〕蘇洵：〈太玄論上〉，《嘉祐集卷七》，頁61。

於經典的體會是：聖人以《易》呈現出對於萬物之理的思考，因此言辭深刻；
聖人藉《春秋》表達了對於當時諸侯違禮亂紀的不滿，因此言辭比較嚴厲；
聖人藉由《論語》表達對於人事、社會各種狀況的感觸，因此言辭簡明易懂。
讀者在閱讀時只要能夠把握創作者的本意，對於「言辭」也就「不索而獲」
了。這與《孟子》關於「知言」的主張：「詖辭知其所蔽，淫辭知其所陷，邪
辭知其所離，遁辭知其所窮。」〔註44〕正好是一體兩面的說法。蘇轍曾說自
己「晚而讀孟子，而後遍觀乎百家而不亂也。」〔註45〕想必就是因為受到孟
子「知言」之論的啓發，進而掌握了這種以「創作本意」和「言辭表現」互
相參照的詮釋方法之故。

　　三蘇遍讀六經百家之書，必然會面對眾家說法紛紜，難以取捨的狀況。
這個時候，蘇軾和蘇轍的主張是「眞理越辯越明」：

> 夫言有同異，則聽者有所考：言其利也，必有爲利之道；言其害也，
> 必有致害之理。反復論辯廷議，而眾決之：長者必伸，短者必屈焉；
> 眞者必遂，僞者必窒焉。故邪正之相攻，是非之相稽，非君子之所
> 患。君子之所患者，庶言同而已。考同者莫若繹，古者謂紬繹，紬
> 絲者必求其端，究其所終。〔註46〕

> 今夫使天下之人因說者之異同，得以縱觀博覽，而辯其是非，論其
> 可否，推其精粗，而後至於微密之際，則講之當益深，守之當益固。

〔註47〕

閱讀者對於自己所讀到的內容要加以細密地辨析，先「求其端，究其所終」，
把一個道理的來龍去脈了解清楚，仔細推敲，「至於微密之際」。再透過眾人
的「論辯廷議」，比較眾家說法，以斷定其是非，討論其可行性。在這樣的辨
析過程之後，以道理的眞僞性來說，是「長者必伸，短者必屈焉；眞者必遂，
僞者必窒焉。」以個人對道理的認識度和實踐性來說，則是「講之當益深，
守之當益固」。

　　蘇轍還認為，各種學派之間之所以會紛擾不休，誰也無法說服誰，是因
為大家都只務虛名，而不重實質：

---

〔註44〕《孟子・公孫丑上》，《四書章句集注・孟子集注卷三》，頁232～233。
〔註45〕蘇轍：〈上兩制諸公書〉，《蘇轍集・欒城集卷二十二》，頁388。
〔註46〕蘇軾：〈庶言同則繹〉，《蘇軾文集卷六》，頁171。
〔註47〕蘇轍：〈上兩制諸公書〉，《蘇轍集・欒城集卷二十二》，頁387～388。

善與人言者，因其人之言而爲之言，則天下之爲辯者服矣。與其里
人言，而曰「吾父以爲不然」，則誰肯信以爲爾父之是是？故不若與
之論其曲直，雖楚人可以與秦人言之而無害。故夫天下之所爲多言，
以排夫異端而終以不明者，唯不務其是非利害，而以父屈人也。夫
聖人之所爲尊於天下，爲其知天理之所在也。而周公、仲尼之所爲
信於天下，以其弟子而知之也。故非其弟子，則天下有不知周公之
爲周公，而仲尼之爲仲尼者矣。是故老聃、莊周其爲說不可以周、
孔辯也。何者？彼且以爲周、孔之不足信也。〔註48〕

所謂的虛名，是指學說的主倡者；實質是指學說本身。舉例來說，假如你與
鄉里之人辯論時，以「我父親認爲不是這樣」爲依據，對方是不可能會聽從
的。同樣的，與老聃的弟子辯論時，說「因爲這是我的老師孔子的看法，所
以你要相信」，也是沒辦法說服對方的。必須以實際上「道理的是非曲直」來
說服對方，無法只用學說主倡者的「名聲」來希望對方相信。因此蘇轍認爲，
「理」才是論辯的核心，是眾人應該追求、探討的重點：

夫聖人之於言，譬如規矩之於方圓爾。天下之人信規矩之於方圓，
而以規矩辯天下之不方不圓，則不若求其至方極圓，以陰合於規矩。
使規而有不圓，矩而有不方，亦無害於吾說。若此，則其易以折天
下之異論。〔註49〕

他把「學說的主張者」和「學說」之間的關係，比喻爲「規矩」和「方圓」。
「以規矩辯天下之不方不圓」，就等於是以「學說的主張者」來斷定「學說」
的可信度一樣。與其這樣，不如「求其至方極圓，以陰合於規矩」，也就是讓
「道理」本身被建構得完善具足，讓人找不出毛病而相信它。所以，蘇轍說
自己之所以選擇相信孔子的學說，就是因爲孔子所說的「道理」是「辯之而
無窮，攻之而無間」的：

天下之道，唯其辯之而無窮，攻之而無間；辯之而有窮，攻之而有
間，則是不足以爲道。果孔子而有窮也，亦將舍而他之；惟其無窮，
是以知其爲道而無疑。蓋天下有能平其心而觀焉，而不牽夫仲尼、
老聃之名，而後可與語此也。〔註50〕

---

〔註48〕蘇轍：〈老聃論上〉，《蘇轍集・欒城應詔集卷三》，頁 1264。
〔註49〕同上註。
〔註50〕同上註，頁 1265。

蘇轍這一番辨析，正是呈現出他不盲目信從權威，務出己見的特色。而孔子之道可以在這麼嚴格公正的評判之下脫穎而出，也凸顯了孔子之道的可信度。

　　蘇洵、蘇軾、蘇轍各自善用持守的詮釋原則，對於廣博涉獵的內容進行消化吸收，等到自己的看法累積到一個程度之後，便有了創作的意念。蘇洵曾經自述其創作過程：

> 方其始也，入其中而惶然，博觀於其外，而駭然以驚。及其久也，讀之益精，而其胸中豁然以明，若人之言固當然者，然猶未敢自出其言也。時既久，胸中之言日益多，不能自制，試出而書之，已而再三讀之，渾渾乎覺其來之易矣。然猶未敢以為是也。〔註51〕

蘇軾也曾自評其文說：

> 吾文如萬斛泉源，不擇地皆可出。在平地滔滔汩汩，雖一日千里無難。及其與山石曲折，隨物賦形，而不可知也。所可知者，常行於所當行，常止於不可不止，如是而已矣。其他雖吾亦不能知也。〔註52〕

　　蘇洵是在「胸中之言日益多，不能自制」時才提筆創作，因此「渾渾乎覺其來之易」。同樣的，蘇軾之文能如「萬斛泉源，不擇地皆可出」，也是因為平時在廣博涉獵之後，把握住詮釋方法，有所體悟感觸，得出自己的意見，再慢慢累積，因而擁有豐富的創作泉源。在〈南行前集敘〉中，蘇軾寫道：「自少聞家君之論文，以為古之聖人有所不能自已而作者。故軾與弟轍為文至多，而未嘗敢有作文之意。」〔註53〕三蘇這種「不能自已而文」的主張正與歐陽修「內有憂患感憤之鬱積」的主張吻合，也就是強調文學創作者是在一種非要表達不可的強烈感情驅使下，而進行創作的。

## 四、適於實用

　　三蘇之所以要「以古為師」、「廣博涉獵」和掌握詮釋方法，「務出己見」，最終的目標就是希望自己的文章能夠「適於實用」。蘇轍曾說：

> 予少而力學。先君，予師也。亡兄子瞻，予師友也。父兄之學，皆以古今成敗得失為議論之要。以為士生於世，治氣養心，無惡於身，推是以施之人，不為苟生也。不幸不用，猶當以其所知，著之翰墨，

---

〔註51〕蘇洵：〈上歐陽內翰第一書〉，《嘉祐集卷十一》，頁109。
〔註52〕蘇軾：〈自評文〉，《蘇軾文集卷六十六》，頁2069。
〔註53〕蘇軾：〈南行前集敘〉，《蘇軾文集卷十》，頁323。

使人有聞焉。〔註54〕

「以古今成敗得失爲議論之要」，就明白指出，三蘇的史論寫作是要從歷史中尋繹「成敗得失」的原則，以之議論當今之事，提供下判斷、作抉擇時的依據。蘇洵曾說自己的《權書》雖然是論述歷史，但都是適於當世之實用的：

洵著書無他長，及言兵事，論古今形勢，至自比賈誼。所獻《權書》，雖古人已往成敗之跡，苟深曉其義，施之於今，無所不可。〔註55〕

蘇軾不但明白指出自己所學，是以「適用」爲本，而且在與朋友論學時，也是以「適於實用」來相互勉勵：

始臣之學也，以適用爲本，而恥空言；故其仕也，以及民爲心，而慚尸祿。乃者屢請治郡，兼乞守邊。〔註56〕

今觀所示議論，自東漢以下十篇，皆欲酌古以馭今，有意於濟世之實用，而不志於耳目之觀美，此正平生所望於朋友與凡學道之君子也。〔註57〕

「適於實用」不僅是三蘇父子在創作時的目標，更是他們在平時的讀書思考中，就不斷在進行的「思考」訓練。有一次他們曾同讀富弼的《使北語錄》，當讀到富弼勸說遼國主「用兵則士馬物故，國家受其害，爵賞日加，人臣享其利，故凡北朝之臣勸用兵者，乃自爲計，非爲北朝計。」這在當時情勢中，確是第一等的外交辭令，三個人都讚賞富弼言語明白而切中事機。蘇洵爲了引導兒子的思考，便問：「古人亦有此意否？」蘇軾回答：「嚴安亦有此意，但不如此明白。」〔註58〕蘇洵笑以爲然。由此可知，蘇洵不但指導蘇

〔註54〕蘇轍：〈歷代論引〉，《蘇轍集・欒城後集卷七》，頁958。
〔註55〕蘇洵：〈上韓樞密書〉，《嘉祐集卷十》，頁97。
〔註56〕蘇軾：〈謝除兩職守禮部尚書表之二〉，《蘇軾文集卷二十四》，頁701。
〔註57〕蘇軾：〈答虔倅俞括〉，《蘇軾文集卷五十九》，頁1793。
〔註58〕本事見宋馬永卿《元城先生語錄》：「先生曰：某之北歸，與東坡同途，兩舟相銜，未嘗三日不相見。嘗記東坡自言：少年時與其父並弟同讀鄭公《使北語錄》，至於說大遼國主云『用兵則士馬物故，國家受其害，爵賞日加，人臣享其利，故凡北朝之臣勸用兵者，乃自爲計，非爲北朝計，虜主明知利害所在，故不用兵』，三人皆嘆其言，以爲明白而切中機事。時老蘇謂二子曰：『古人有此意否？』東坡對曰：『嚴安亦有此意，但不如此明白。』老蘇笑以爲然。先生又云：前輩讀書，例皆如此，故謂之學問，必見於用乃可貴，不然，即腐儒爾。武帝時，嚴安上書諫用兵，其略云：『今徇南夷，朝夜郎，深入匈奴，燔其龍城，議者美之。此人臣之利，非天下之長策也。』鄭公之言，其源出於此。」引自孔凡禮撰《蘇軾年譜》（北京：中華書局，1998年2月），頁24。

軾、蘇轍飽讀經史百家之書，而且是有意引導他們進行「以古爲證」的思考。

這種自覺性的「用史」和活用歷史以適於實用的思考訓練，其成效在蘇軾參加科舉考試時所寫的〈刑賞忠厚之至論〉一文中，表現得最爲凸出。宋·楊萬里《誠齋詩話》這麼記載：

> 坡來謝，歐陽問坡所作〈刑賞忠厚之至論〉有「皋陶曰殺之三，堯曰宥之三」，此見何書？坡曰：「事在《三國志·孔融傳注》。」歐退而閱之，無有。他日再問坡，坡云：「曹操滅袁紹，以袁熙妻賜其子丕。孔融曰：昔武王伐紂，以妲己賜周公。操驚問何經見，融曰：以今日之事觀之，意其如此。堯、皋陶之事，某亦意其如此。」歐退而大驚，曰：「此人可謂善讀書，善用書，他日文章，必獨步天下。」然予嘗思之，《禮記》云：「獄成，有司告於王。王曰宥之，有司曰在辟。王又曰宥之，有司又曰在辟。三宥不對，走出，致刑於甸人。」坡雖用孔融意，然亦用《禮記》故事，其稱王謂王三皆然，安知此典故不出於堯。〔註59〕

蘇軾在〈刑賞忠厚之至論〉中所使用的典故：「皋陶曰殺之三，堯曰宥之三」，並沒有明白地記載於任何典籍，他是由與其相似的另一件史實之「含意」，「類推」而得出一個新的故事，貼切地詮釋了「刑賞忠厚之至」的涵義。楊萬里後來又再從《禮記》中，找到了一個與「皋陶曰殺之三，堯曰宥之三」更爲貼近的故事。由此可以發現，古今許多事情的發展都具有相似性，只要廣博地「讀史」和靈活地「用史」，就可以獲得許多「適於實用」的範例和觀念。

蘇轍個性謹重，在科舉考試的文章中沒有像蘇軾那樣大膽地用典故，但當他上書給丞相時，就是明白地將歷史上的典故與現實聯繫起來，藉以表達自己的意見：

> 轍讀《三國志》，嘗見曹公與袁紹相持久而不決，以問賈詡，詡曰：「公明勝紹，勇勝紹，用人勝紹，決機勝紹。紹兵百倍於公，公畫地而與之相守，半年而紹不得戰，則公之勝形已可見矣。而久不決，意者顧萬全之過耳。」夫事有不同而其意相似。今天下之所以仰首

---

而嚴安上書之言可見《史記·平津侯主父列傳第五十二》，《史記會注考證》，頁 1219。

〔註59〕引自《三蘇全書》第 14 冊，頁 111。文中之《禮記》云，出處爲卷二十〈文王世子〉。

　　而望明公者，豈亦此之故歟？〔註60〕

蘇轍說自己如此運用歷史，原因在於：「事有不同而其意相似」。在三國志裡記載的這段故事，呈現出曹操希望「顧及萬全」，所以才會與袁紹「相持而久不決」。其實曹操處處勝過袁紹，只要他當機立斷，很快就能取得勝利了。宋朝當時的丞相富弼在用人的方面，也有過分持重的問題。因為不敢進用新的人才，也不敢有新的作為，以至於朝政的運作和發展越來越遲緩。蘇轍運用了三國志的典故之後，只用一個反問句：「今天下之所以仰首而望明公者，豈亦此之故歟？」不需要把話講得太明白，就能夠有力地表達自己的意見，可說是一個「靈活用史」以「適於實用」的典型例子。

# 第二節　知識傳統與詮釋立場

## 一、重禮輕法

　　三蘇父子從六經中提出「禮」，作為六經的核心，來詮釋聖人創作六經的目的。他們認為六經是由「禮」的建立開始的，而「六經之道，惟其近於人情，是以久傳而不廢。」〔註61〕聖人能夠建立起「禮」的法度，是因為掌握了「人情」的需要，並且提出令人信服的道理。蘇洵說：

　　　　聖人之始作禮也，其說曰：天下無貴賤，無尊卑，無長幼，是人之
　　　　相殺無已也。不耕而食鳥獸之肉，不蠶而衣鳥獸之皮，是鳥獸與人
　　　　相食無已也。有貴賤，有尊卑，有長幼，則人不相殺。食吾之所耕，
　　　　而衣吾之所蠶，則鳥獸與人不相食。〔註62〕

聖人所制定的「貴賤」、「尊卑」、「長幼」之禮，可以安頓人與人之間的關係，避免「相殺無已」的不安狀況發生；聖人又教人民要「耕而後食，蠶而後衣」，如此可以平衡人與自然之間的關係，避免「鳥獸與人相食」的狀況產生。這樣的道理是明白易懂的，人們自然樂於遵從。蘇軾和蘇轍也有相同的看法：

　　　　夫禮之初，緣諸人情，因其所安者，而為之節文。〔註63〕

　　　　昔者生民之初，父子無義，君臣無禮，兄弟不相愛，夫婦不相保，天

---

〔註60〕蘇轍：〈上昭文富丞相書〉，《蘇轍集・欒城集卷二十二》，頁384。
〔註61〕蘇轍：〈詩論〉，《蘇轍集・欒城應詔集卷四》，頁1273。
〔註62〕蘇洵：〈易論〉，《嘉祐集卷六》，頁51。
〔註63〕蘇軾：〈禮以養人為本論〉，《蘇軾文集卷二》，頁49。

下紛然而淆亂，忿鬥而相苦。文理不著，而人倫不明，生不相養，死
不相葬，天下之人，舉皆感然，有所不寧於其心。然後反而求其所安，
屬其父子而列其君臣，聯其兄弟而正其夫婦。……故凡世之所謂文
者，皆所以安夫人之所不安。而人之所安者，事之所當然也。〔註64〕

都是強調「禮」具有「安定人情」的功效。蘇軾又從另一個角度來討論聖人
制「禮」的用意：

昔者生民之初，不知所以養生之具，擊搏挽裂，與禽獸爭一旦之命，
惴惴焉朝不謀夕；憂死之不給，是故巧詐不生，而民無知。然聖人
惡其無別，而憂其無以生也，是以作為器用，耒耜、弓矢、舟車、
網罟之類，莫不備至，使民樂生便利，役御萬物而適其情，而民始
有以極其口腹耳目之欲。器利用便而巧詐生，求得欲從而心志廣，
聖人又憂其桀猾變詐而難治也，是故制禮以反其初。禮者，所以反
本復始也。〔註65〕

蘇軾指出人之常情的另一個問題，是「器利用便而巧詐生」。當人們有了便利
的工具和器物，不再需要為了生存而那麼勞苦時，就可能會變得貪心，而把
多餘的精力轉為謀畫巧詐的事情。聖人因為憂慮人們會越來越「桀猾變詐而
難治」，所以制定了「禮」，希望能讓人民回歸原本純樸的本性。

除了「禮」是合乎人情而制定的之外，其他各部經典也都重視人情的表
現。蘇轍說《易》是「聖人之所以盡天下剛柔喜怒之情、勇敢畏懼之性，而
寓之八物。因八物之相遇，吉凶得失之際，以教天下之趨利避害。」〔註66〕
因此《易》的「象數」雖然難懂，但一定是有意義的，因為聖人不可能「以
有用之言而托之無用之數」。〔註67〕而《詩》是表現了「詠歌勤苦酒食燕樂之
際，極歡極戚而不違於道」〔註68〕的感情，《書》則是記載了「君臣之歡，吁
俞嗟歎」〔註69〕的情景，而且可以看到古代的「王者」對人民「反覆而諭之，
以窮極其說而服其不然之心」，〔註70〕表現了深厚的愛民之情。

---

〔註64〕 蘇轍：〈周論〉，《蘇轍集・欒城應詔集卷一》，頁1246。
〔註65〕 蘇軾：〈秦始皇帝論〉，《蘇軾文集卷三》，頁79。
〔註66〕 蘇轍：〈上兩制諸公書〉，《蘇轍集・欒城集卷二十二》，頁387。
〔註67〕 蘇轍：〈易論〉，《蘇轍集・欒城應詔集卷四》，頁1270。
〔註68〕 蘇轍：〈上兩制諸公書〉，《蘇轍集・欒城集卷二十二》，頁387。
〔註69〕 同上註。
〔註70〕 蘇轍：〈書論〉，《蘇轍集・欒城應詔集卷四》，頁1272。

　　聖人因應人情而建立了「禮」之後，因為怕「其道之廢，而天下復於亂」，
〔註71〕於是「用其機權以持天下之心，而濟其道於無窮也」。〔註72〕實際的作
法就是以《易》、《樂》、《詩》、《書》和《春秋》來補充《禮》在推行方面的
不足。蘇洵說：

> 禮之權窮於易達，而有《易》焉；窮於後世之不信，而有《樂》焉；
> 窮於強人，而有《詩》焉。吁，聖人之慮事也蓋詳。〔註73〕

聖人在制定「禮」時，是把道理說得很明白的，所以「易達」。但是蘇洵認為，
「易達則褻（輕慢），褻則易廢」，所以聖人「觀天地之象以為爻，通陰陽之
變以為卦，考鬼神之情以為辭」而作《易》，讓《易》具有幽微難懂的特質，
使得「其道之所以尊於天下而不敢廢」。〔註74〕至於「樂」是可以在以「理」
勸說無效時，直接觸動人心，達到「告語之所不及」〔註75〕的效果。《詩》可
以調和「禮」的強制性，「不使人之情至於不勝」。〔註76〕由《書》的記載，
可以看到三代時的聖人「用其權」而改變天下風俗的事蹟。而由《春秋》的
創作，可以看到孔子在不得已之下，將本來應該掌握在周天子手中的「權」，
交付到「魯國」的手中。藉評論魯國的歷史，來表達對於「禮崩樂壞」的不
滿，「假天子之權以賞罰天下，以尊周室。」〔註77〕如此看來，「禮」確實是
貫串六經的核心精神。

　　蘇軾認為聖人還要建立起「禮」的「制度」，是因為要讓人民有明白可見
的表徵或是實際遵行的依據，才能夠鞏固和維繫「禮」的精神：

> 聖人之始制為君臣、父子、夫婦、朋友也，坐而治政，奔走而執事，
> 此足以為君臣矣。聖人懼其相易而至於相陵也，於是為之車服采章
> 以別之，朝覲位著以嚴之。名非不相聞也，而見必以贄；心非不相
> 信也，而入必以籍。此所以久而不相易也。杖屨以為安，飲食以為
> 養，此足以為父子矣。聖人懼其相褻而至於相怨也，於是制為朝夕
> 問省之禮，左右佩服之飾。族居之為歡，而異宮以為別。合食之為

---

〔註71〕蘇洵：〈易論〉，《嘉祐集卷六》，頁 51。
〔註72〕同上註，頁 52。
〔註73〕蘇洵：〈詩論〉，《嘉祐集卷六》，頁 56。
〔註74〕蘇洵：〈易論〉，《嘉祐集卷六》，頁 52。
〔註75〕蘇洵：〈樂論〉，《嘉祐集卷六》，頁 54。
〔註76〕蘇洵：〈詩論〉，《嘉祐集卷六》，頁 56。
〔註77〕蘇洵：〈春秋論〉，《嘉祐集卷六》，頁 59。

> 樂，而異膳以爲尊。此所以久而不相褻也。生以居於室，死以葬於
> 野，此足以爲夫婦矣。聖人懼其相狎而至於相離也，於是先之以幣
> 帛，重之以媒妁。不告於廟，而終身以爲妾。晝居於內，而君子問
> 其疾。此所以久而不相狎也。安居以爲黨，急難以相救，此足以爲
> 朋友矣。聖人懼其相瀆而至於相侮也，於是戒其群居嬉游之樂，而
> 嚴其射享飲食之節。足非不能行也，而待擯相之詔禮；口非不能言
> 也，而待紹介之傳命。此所以久而不相瀆也。〔註78〕

由這段話中，我們可以看出聖人是運用「時間距離」和「空間距離」，來營造
出「禮」的「等差」感。以「時間距離」來說，例如要成立「夫婦」的關係，
不能直接同居就算，而是必須要經過提親、下聘、訂婚、結婚等一連串的婚
禮程序，藉由拉長時間的距離，表現出對於建立這個關係的愼重。以「空間
距離」來說，像「君臣」之間在議事時，要有一定的位置；要晉見之前，還
必須經過侍者的通報……這些規定就是藉由增加空間的距離，營造出身分
地位的差別。各種愼重、繁複的儀式、典禮，可以凸顯出對於各種人倫關係
的重視。同時，因爲有各種禮制的「限制」，人們的行爲就不敢太過輕率，可
以避免危害人倫關係的情況產生。在典禮進行中，人們內心的責任感也會慢
慢被培養、建立起來。於是，蘇轍很扼要地歸納出各種「禮制」的本質：

> 今夫冠禮，所以養人之始，而歸之正也；婚禮，所以養人之親，而
> 尊其祖也；喪禮，所以養人之孝，而爲之節也；祭禮，所以養人之
> 終，而接之於無窮也；賓客之禮，所以養人之交，而愼其瀆也；鄉
> 禮，所以養人之本，而教之以孝悌也。〔註79〕

三蘇在研讀了六經之後，特別強調「禮」這個傳統。不但將「禮」作爲
六經的核心，以之詮釋聖人制作六經的目的，而且特別指出聖人之所以要建
立「禮」（包括「精神」層面和「制度」層面），正是因爲對「人」（人情、人
倫）的重視。由此可知，三蘇史論中對於「人物」的關注和詮釋，〔註80〕其
源頭是來自「重禮」的傳統。

因爲「重禮」的認知前提，使得三蘇史論有另一個明顯的傾向，就是「輕
法」。在三蘇心目中，「禮」是重視人倫關係、符合人情發展的，但是「法」

---

〔註78〕蘇軾：〈物不可以苟合論〉，《蘇軾文集卷二》，頁41～42。
〔註79〕蘇轍：〈禮以養人爲本論〉，《蘇轍集‧欒城應詔集卷十一》，頁1344。
〔註80〕本論文第四章將有詳細的討論。

卻正好相反，不但破壞人倫關係，又違反人情。蘇軾說：

> 自老聃之死百餘年，有商鞅、韓非著書，言治天下無若刑名之賢。
> 及秦用之，終於勝、廣之亂。教化不足，而法有餘，秦以不祀，而
> 天下被其毒。後世之學者，知申、韓之罪，而不知老聃、莊周之使
> 然。何者？仁義之道，起於夫婦、父子、兄弟相愛之間；而禮法刑
> 政之原，出於君臣上下相忌之際。相愛則有所不忍，相忌則有所不
> 敢。夫不敢與不忍之心合，而後聖人之道得存乎其中。今老聃、莊
> 周論君臣、父子之間，汎汎乎若萍浮於江湖而適相值也。夫是以父
> 不足愛，而君不足忌。不忌其君，不愛其父，則仁不足以懷，義不
> 足以勸，禮樂不足以化。此四者皆不足用，而欲置天下於無有。夫
> 無有，豈誠足以治天下哉！商鞅、韓非求為其說而不得，得其所以
> 輕天下而齊萬物之術，是以敢為殘忍而無疑。〔註81〕

蘇軾把秦朝的滅亡歸咎於法家所制定的「刑名之學」，又把法家之所以會如此
「殘忍」，歸咎於老子、莊子。因為老、莊把「人倫」當作只是偶然遇合的關
係，使得人們以為「父不足愛，而君不足忌」。人倫關係的穩定基礎喪失了之
後，就造成「仁不足以懷，義不足以勸，禮樂不足以化」，所有用來維繫人世
間平衡的方式都被否定掉了。商鞅、韓非在「求為其說而不得」之下，於是
自創了「輕天下而齊萬物之術」，一切以「法」為主，輕視「人倫」、「人事」
的關鍵作用。在法家之中，商鞅是以「法」治秦，申不害則是以「術」治韓。
「法」和「術」的內涵為何？蘇轍如此說明：

> 憲令著於官府，刑罰必於民心，賞存乎慎法，罰加乎奸令，所謂「法」
> 也。因任而授官，循名而責實，操生殺之柄，課群臣之能，所謂「術」
> 也。法者，臣之所師；而術者，君之所執也。〔註82〕

至於韓非的學說，是並取申、商而兼用法、術。他說服國君相信只要善用「法、
術、勢」，就可以「無為而無不為」。但是歷史證明，「秦、韓之治，行於一時，
而其害見於久遠。」〔註83〕蘇轍因此慶幸韓非並沒有被重用，否則「其害將
有不可勝言者矣」。

　　蘇軾和蘇轍又認為，使得秦朝滅亡的另一個原因，是因為李斯「焚燒夫

---

〔註81〕蘇軾：〈韓非論〉，《蘇軾文集卷四》，頁102。
〔註82〕蘇轍：《古史卷三十三‧老子列傳第十》，《三蘇全書》第4冊，頁232。
〔註83〕同上註。本段引文皆出於此文。

子之六經，烹滅三代之諸侯，破壞周公之井田」。〔註84〕而李斯之所以敢破壞
先王的法度、禮樂和刑政，是因爲他的老師荀子具有「喜爲異說而不讓，敢
爲高論而不顧」〔註85〕以及「自任而好異」〔註86〕的特質。這種「喜異」、「高
談異論」的習性，使得他在孟子已經主張了「人性善」之後，就改爲主張「人
性惡」，又「歷詆天下之賢人」。〔註87〕李斯受到荀子言論的影響，以爲「古
先聖王皆無足法」，便開始無所忌憚地破壞原有的法度，因而造成巨大的傷害。

　　三蘇的「輕法」，不但表現在對「法家」的批評上，也表現在對歷代「法
制」問題的討論上。蘇軾指出，歷代法制的演變趨勢是越來越繁複：

> 昔漢高帝約法三章，蕭何定律九篇而已。至於文、景，刑措不用。
> 歷魏至晉，條目滋章，斷罪所用，至二萬六千二百七十二條，而姦
> 益不勝，民無所措手足。唐及五代止用律令，國初加以注疏，情文
> 備矣。今《編敕》續降，動若牛毛，人之耳目所不能周，思慮所不
> 能照，而法病矣。臣愚謂當熟議而少寬之。人主前疏蔽明，黈纊塞
> 聰，耳目所及，尚不敢盡，而況察人於耳目之外乎！今御史六察，
> 專務鉤考簿書，摘發細微，自三公九卿，救過不暇。夫詳於小，必
> 略於大，其文密者，其實必疏。〔註88〕

爲什麼法律會越來越繁複？蘇洵的看法是：古代「法舉其略，而吏制其詳」，
〔註89〕法規定的是大原則，而「其輕重出入，求其情而服其心者，則以屬吏。」
而現代則不然，因爲「吏奸矣，不若古之良；民偷矣，不若古之淳。」官吏
徇私不公正，則以自己的喜怒爲執法輕重的依據；人民澆薄不厚道，則會想
辦法用言辭爲自己的罪行開脫。所以在制定法律時必須規定得很詳細，這樣
即使官吏不奉法，仍可以舉劾。就好像賣鞋一樣，要準備好各種尺寸，以合
天下之足。

　　但是越來越繁複的法律，對於政事的「實質」並沒有幫助。就像蘇軾所
說：「詳於小，必略於大，其文密者，其實必疏」，官員害怕自己只要有一點
枝微末節的小事，就會被舉發處罰，大家戰戰兢兢，只求無過，沒有人敢有

---

〔註84〕蘇軾：〈荀卿論〉，《蘇軾文集卷四》，頁 101。
〔註85〕同上註。
〔註86〕蘇轍：《古史卷三十四·孟子孫卿列傳第十一》，《三蘇全書》第 4 冊，頁 238。
〔註87〕蘇軾：〈荀卿論〉，《蘇軾文集卷四》，頁 101。
〔註88〕蘇軾：〈上初即位論治道二首：刑政〉，《蘇軾文集卷四》，頁 134。
〔註89〕蘇洵：《衡論·申法》，《嘉祐集卷五》，頁 41。本段引文均出自此文。

所作爲。這就是法律嚴密之下，所可能產生的弊病。而且「法制」所運用的是人害怕被處罰的心理，〔註90〕這樣所維繫的只是表面的平靜和短暫的服從。蘇轍也說：「君上日享其樂而臣下日安其勞而不敢怨者，是法制之力也。然猶未也，可以禦小害，而未可以禦大害也。」〔註91〕

因此，法制只是「治標」，眞正的「治本」之道則是要回到人性本質，蘇洵說：

> 古者以仁義行法律，後世以法律行仁義。夫三代之聖王，其教化之本出於學校，蔓延於天下，而形見於禮樂。下之民被其風化，循循翼翼，務爲仁義，以求避法律之所禁。故其法律雖不用，而其所禁亦不爲不行於其間。下而至於漢、唐，其教化不足以動民，而一於法律。故其民懼法律之及其身，亦或相勉爲仁義。唐之初，大臣房、杜輩爲《刑統》，毫釐輕重，明辨別白，附以仁義，無所阿曲，不知周公之刑何以易此？但不能先使民務爲仁義，使法律之所禁不用而自行如三代時。然要其終，亦能使民勉爲仁義。而其所以不若三代者，則有由矣，政之失，非法之罪也。〔註92〕

三代時的聖王以禮樂教化人民，激發人民內在「務爲仁義」之心，所作所爲都朝向積極正面，自然不會做出法律所禁止的事情。唐朝時所制定的《刑統》是很不錯的法律，「毫釐輕重，明辨別白，附以仁義，無所阿曲」，但是與三代的差別在於無法激發人民的仁義之心，所以僅能使人民因爲畏懼法律懲罰，而「勉爲仁義」。比較了古今制度之後，蘇洵認爲是「政之失，非法之罪」，也就是說問題是出在「人」（施政者）而不是「法」。

三蘇把這樣的歷史推論運用至宋朝當代，因此他們才會反對一味在「法」的層面進行變革，而主張應當把「禮」當作執政的根本。蘇軾說：

> 夫法者，末也。又加以慘毒繁難，而天下常以爲急。禮者，本也。又加以和平簡易，而天下常以爲緩。如此而不治，則又從而尤之，曰：「是法未至也」，則因而急之。甚矣！人之惑也。平居治氣養生，宣故而納新，其行之甚易，其過也無大患，然皆難之而不爲。悍藥

---

〔註90〕《韓非子・八經》：「凡治天下，必因人情。人情者，有好惡，故賞罰可用；賞罰可用則禁令可立而治道具矣。」《韓非子集解》（板橋：藝文出版社，1974年）

〔註91〕蘇轍：〈形勢不如德論〉，《蘇轍集・欒城應詔集卷十一》，頁1342。

〔註92〕蘇洵：《衡論・議法》，《嘉祐集卷五》，頁43。

> 毒石，以搏去其疾，則皆爲之。此天下之公患也。嗚呼！王者得斯
> 說而通之，禮樂之興，庶乎有日矣。〔註93〕

執政者往往太過急躁，因爲急著想看到成效，不但覺得行「禮」過緩，甚至在用「法」時，也沒有耐心等候。一下子見不到功效，就認爲是「法」不好，動輒加以修改或加重。蘇軾認爲「法」就像是治病的藥石一樣，有一定的毒性和殺傷力在，不應該拿來當「飯」吃。可以「治氣養生」的，應該是「禮」。因此，三蘇才會把主張新法者視爲「急功近利」、「好爲異說」者，對新法採取了批判的態度。

## 二、明勢通變

　　三蘇對於「事物是發展變化的」這一客觀規律，有相當的認識，而且這樣的認知對於他們思想的建構有很大的影響。

　　蘇洵由《尚書》的記載中觀察到三代「風俗之變」，蘇洵認爲：「夏之尚忠，商之尚質，周之尚文」，〔註94〕而且「忠之變而入於質，質之變而入於文，其勢便也。」〔註95〕蘇轍進而加以詮釋，認爲由忠、質到文，是一種演變的必然趨勢，「自生民以來，天下未嘗一日而不趨於文也。」〔註96〕所有物質條件的發展，都是由簡略而繁複的。因此蘇軾說：「天下之事，古略而今詳，天下之官，古寡而今眾。」〔註97〕蘇轍也說：「作法者，必始於粗，終於精。」〔註98〕以實際的例子來看：

> 昔者始有書契，以科斗爲文，而其後始有規矩摹畫之跡，蓋今所謂
> 大小篆者。至秦而更以隸，其後日以變革，貴於速成，而從其易。
> 又創爲紙以易簡策。〔註99〕

> 篆之不若隸也，簡策之不若紙也，車之不若騎也，席之不若床也，
> 俎豆之不若盤盂也，諸侯之不若郡縣也，肉刑之不若徒流杖笞也。
> 古之不爲此，非不智也，勢未及也。寢於泥塗者，置之於陸而安矣。

---

〔註93〕蘇軾：〈禮以養人爲本論〉，《蘇軾文集卷二》，頁50。
〔註94〕蘇洵：《幾策・審勢》，《嘉祐集卷一》，頁1。
〔註95〕蘇洵：〈書論〉，《嘉祐集卷六》，頁57。
〔註96〕蘇轍：〈周論〉，《蘇轍集・欒城應詔集卷一》，頁1246。
〔註97〕蘇軾：〈唐虞稽古建官惟百夏商官倍亦克用乂〉，《蘇軾文集卷六》，頁172。
〔註98〕蘇轍：《孟子解・第八章》，《蘇轍集・欒城後集卷六》，頁952。
〔註99〕蘇軾：〈秦始皇帝論〉，《蘇軾文集卷三》，頁80。

自陸而後有薰秸，自薰秸而後有莞簟。捨其不安而獲其所安，足矣。
〔註100〕

在這兩段文字中，蘇軾和蘇轍所舉的例子涵蓋了具體的文字、書寫工具、交通工具、寢具、食具，到抽象的國家制度、刑法等，已經足以說明物質條件的演變趨勢。而蘇轍更進一步指出，是來自於心理層面求「安」的需求，驅使著每一個時代的人們不斷地盡其最大的努力，發展出更適實用的器物制度。

三蘇還由其他所閱讀的典籍中，獲得「明勢通變」的思想啓發。《周易》可說是三蘇「通變」思想的主要源頭。蘇洵曾寫作〈易論〉，比較全面地論述了《周易》的性質、作用等問題，初步奠定了他的周易觀。到了晚年〔註101〕時，又再次讀《易》，並且「作《易傳》百餘篇」。〔註102〕而蘇軾、蘇轍兄弟在父親的教誨下，早年就對《周易》進行了研究。嘉祐二年（1057），蘇軾於御試作〈重巽以申命論〉，對《周易》作了局部但卻是精闢的論述。嘉祐六年（1061），兄弟兩人同應制科，蘇轍在《進論》中有〈易論〉一篇。後來，蘇洵因病無法完成《易傳》的著述，於是遺命蘇軾、蘇轍續寫，後來蘇軾寫成《蘇氏易傳》一書。〔註103〕

一般認爲「易」有三義，即變易、不易和簡易。易道首重變易，《易》的卦爻本質上都是對天地萬物變化的狀摹比象描述，卦表示的是一個比較完整的發展時段，而每卦的六爻則是六個小階段，表現出宇宙天地萬物整體變動不居、周流不停的根本規律。因爲易道所表現出的根本規律，正是普遍一般的常道，所以具有「不易」性；從內涵上來說，它的核心概念是「一陰一陽」的變化，非常單純，因此具有「簡易」性。在《周易・繫辭》中更包含有豐富的變易思想，也爲三蘇歷史觀念的發展帶來了很大的影響。它提出：

神農氏沒，黃帝、堯、舜氏作，通其變，使民不倦；神而化之，使民宜之。《易》窮則變，變則通，通則久，是以自天祐之，吉無不利。

黃帝、堯、舜，垂衣裳而天下治，蓋取諸乾坤。〔註104〕

---

〔註100〕蘇轍：《孟子解・第八章》，《蘇轍集・欒城後集卷六》，頁952。
〔註101〕嘉祐五年（1060），蘇洵五十二歲，他在英宗治平三年（1066）去世，享年五十八歲。
〔註102〕蘇洵：〈上韓丞相書〉，《嘉祐集卷十二》，頁118。
〔註103〕見蘇轍：〈亡兄子瞻端明墓志銘〉所載，《蘇轍集・欒城後集卷二十二》，頁1127。
〔註104〕《周易・繫辭下》，《十三經注疏・周易正義》，頁167。

這段話中觸及了歷史上主要的古今變化法則，即窮、變、通、久的道理，它明確地指出了：第一，由於時代的遞進，舊的文物制度也必須有所改變，人民才不會因拘守舊制而感到倦怠；第二，這種變化是在潛移默化中實現的，人民便於適應；第三，《周易》所總結的道理就是：事物發展到極至的程度時，就要變化，變化才能通達，通達才能繼續進步、保持長久。在三蘇的「歷史觀」中，這些觀念具有相當重要的地位。〔註105〕

三蘇還從賈誼的著作中，學習到「明勢通變」的道理。賈誼對於三蘇的啟發，一方面是他觀察歷史的方式（即「勢」論）和以歷史為鑑戒的思想，另一方面是他在史論表現形式上的特色。〔註106〕

蘇洵曾向韓琦自我推薦說：「洵著書無他長，及言兵事，論古今形勢，至自比賈誼。」〔註107〕賈誼在〈過秦論〉中探討秦朝得失時，不僅從秦朝本身尋找原因，而且兼論春秋戰國之際的形勢。賈誼認為自秦繆公以來二十餘世的不懈努力，使秦國的力量逐漸增強；秦孝公時任用商鞅變法，建立起讓國家得以富強的法度；秦惠王、武王進一步擴大統治地區，使東方的諸侯恐懼；秦文王、莊襄王時期，維持國家安定無事。而以春秋戰國的整體情勢來說，因為人民已經飽受戰爭的苦難，民心都趨向於統一，不想再有紛爭。秦始皇能夠兼併六國，統一天下，建立中國歷史上第一個大一統的王朝，正是因為把握了「時勢」：一是國家富強的優勢，一是民心想要統一的趨勢。而對於秦朝何以滅亡的問題，賈誼認為，秦始皇在建立起統一的大帝國後，不知道適時地改變統治策略，卻繼續實行暴虐的統治；二世繼立，仍延續先王的作法，才會導致秦朝傳到二世就滅亡了。在詳實的分析之後，賈誼得到了這樣的結論：「是以君子為國，觀之上古，驗之當世，參以人事，察盛衰之理，審權勢之宜，去就有序，變化有時，故曠日長久而社稷安矣。」〔註108〕這就是賈誼「論古今形勢」的特色。

從蘇洵和蘇轍的文章中，我們可以明顯看到賈誼思想的直接影響。蘇洵在〈審敵〉一文中，曾經運用漢朝時的「七國」形勢來比擬宋朝面對外患的事。而賈誼〈治安策〉說：「大國之王幼弱未壯，漢之所置傅相方握其事。數

---

〔註105〕對於三蘇史論的「歷史觀」，本論文第三章將有詳細的討論。

〔註106〕有關賈誼對於三蘇史論在表現形式之文學美感上的啟發，本論文第七章將有詳細的討論。

〔註107〕蘇洵：〈上韓樞密書〉，《嘉祐集卷十》，頁97。

〔註108〕賈誼：〈過秦論下〉，見《史記‧秦始皇本紀第六》，《史記會注考證》，頁133。

年之後，諸侯之王大抵皆冠，血氣方剛，漢之傅相稱病而賜罷，⋯⋯此時而欲爲治安，雖堯舜不治。」〔註109〕蘇洵把這種「把握時機」的觀念運用到宋朝當代，因爲仁宗天聖九年（1031）六月遼聖宗去世後，遼朝政局正處於動盪之中，所以蘇洵建議仁宗應該要把握這個時機，乘虛而入。〔註110〕賈誼又說七國諸侯之變，「失今不治，必爲錮疾。」〔註111〕蘇轍〈收支敘〉一文便運用這個觀念，來勸諫宋哲宗要趕緊正視「冗官」的問題，「因其勢，循其理，微爲之節文，使見任者無損，而來者有限，今雖未見其利，要之十年之後，事有間矣。」〔註112〕這些主張，都是「明勢通變」思想的呈現。

　　兵家的思想，對於三蘇「明勢通變」思想也有相當的啓發。曾鞏在〈蘇明允哀辭〉中說蘇洵：「頗喜言兵」，〔註113〕就是指蘇洵所著《幾策》、《權書》、《衡論》等文而論。「幾」一作「機」，指爲政的關鍵、要點，《幾策》即關於國家長治久安大政方針的議論，包括〈審勢〉、〈審敵〉兩篇，其中〈審敵〉是專門「言兵」之作，公開反對朝廷向遼和西夏賄賂，同時提出了應該相應採取的對策。而《權書》有十篇，在〈權書敘〉中蘇洵明白地表示：

　　　　《權書》，兵書也，而所以用仁濟義之術也。吾疾夫世之人不究本末，
　　　　而妄以我爲孫武之徒也。夫孫氏之言兵，爲常言也。而我以此書爲
　　　　不得已而言之之書也。故仁義不得已，而後吾《權書》用焉。然則
　　　　權者，爲仁義之窮而作也。〔註114〕

可見蘇洵探討用兵的戰略戰術問題，有許多觀點是來自《孫武十三篇》（就是《孫子兵法》），再加以個人的詮釋。《孫子兵法》主要探討：在作戰前如何判斷形勢，駕馭時勢；作戰中如何巧妙地利用地勢、山勢、水勢、火勢，善於造勢、積勢、任勢、變勢、化勢，調動全軍的氣勢，取得戰勢的主動權，提高軍隊的戰鬥力，盡量奪取戰爭的勝利。一言以蔽之，《孫子兵法》的核心範疇就是「勢」。

　　蘇洵運用了《孫子兵法》明勢、重勢的觀念，來觀察宋朝當時的外患問

---

〔註109〕賈誼：〈治安策〉，見《漢書・賈誼傳第十八》，《新校本漢書并附編二種・第三冊》，頁2233。
〔註110〕蘇洵：《幾策・審敵》，《嘉祐集卷一》，頁5～6。
〔註111〕賈誼：〈治安策〉，見《漢書・賈誼傳第十八》，《新校本漢書并附編二種・第三冊》，頁2239。
〔註112〕蘇轍：〈收支敘〉，《蘇轍集・欒城後集卷十五》，頁1053。
〔註113〕曾鞏：〈蘇明允哀辭〉，《三蘇全書》第6冊，頁283。
〔註114〕蘇洵：《權書・權書敘》，《三蘇全書》第6冊，頁127。

題，他在〈審敵〉一文便引用《孫子兵法》所說：「詞卑者進也，詞強者退也。」〔註115〕來論證自己認為「遼國不欲戰」的看法。蘇洵認為，如果遼國真的想要攻打宋朝，「曩者陝西有元昊之叛，河朔有王則之變，嶺南有智高之亂」，都是宋朝的「可乘之勢」，遼國大可趁虛而入。但實際上遼國「終以不動」，只是虛張聲勢，「莫不張形勢以誇我」，因此「其志不欲戰明矣。」〔註116〕正是因為「明勢」，才能洞悉應當如何「變化」，不只是被動地適應變化了的形勢，而且還能充分發揮自己的主觀能動性，創造形勢，以取得主控權。

兵家主張以戰止戰，以殺去殺，以最小的代價獲得最大的勝利，是為了保護國人的生命，維護國人的尊嚴，可說是從反面表達了對人的尊重。同樣的，三蘇由兵家學習「重勢」之道，以之觀察宋朝當代軍事情勢，基本出發點也是希望維護宋朝的國家尊嚴。他們的整體主張雖然偏向於「主戰」，但卻是希望宋朝要先鞏固自身實力，培養正確地對外心態，拒絕屈辱的歲幣政策，轉化因為「畏戰」心態而受外族轄制的劣勢。強調當戰則戰，而不是徒逞匹夫之勇的好戰。〔註117〕

兵家又是慎戰主義者，認為好戰必亡，多用兵則多禍，多勝則多危。因此主張對於戰爭必須謹慎，「不得已而用之」，表達了兵乃兇器、非危不用的觀點。蘇軾在〈士變論〉一文中說：「兵之勝負，不足以為國之強弱，而足以為治亂之兆。蓋有戰勝而亡，有敗而興者矣。」〔註118〕並且舉例說明：「戰勝而亡」的是黃池之會後的夫差、於桑田打敗戎的虢公、打贏鄢陵之戰的晉國；「敗而興」的是勾踐。這樣的觀點，顯然是與兵家「多勝則多危」的主張相同。蘇轍晚年所撰寫的《老子解》中，也有大量關於「不得已而用兵」的言論，例如：

> 聖人用兵，皆出於不得已。非不得已，而欲以強勝天下，雖或能勝，其禍必還報之。楚靈、齊潛、秦始皇、漢孝武，或以殺其身，或以禍於孫。〔註119〕

---

〔註115〕出自《孫子兵法·行軍第九》，原文是：「辭卑而備者，進也；辭強而進驅者，退也。」意思是：在兩軍交戰過程中，如果敵軍派來的使者言辭謙恭，其背後可能在加緊備戰；如果敵軍派來的使者措詞強硬而擺出進攻架式，其背後可能在準備撤退。見陳啟天：《孫子兵法校釋》（臺北：中華書局，1952年7月臺一版），頁157。

〔註116〕蘇洵：《幾策·審敵》，《嘉祐集卷一》，頁6。本段引文均出於此文。

〔註117〕有關三蘇對於「軍事國防」的主張，本論文第五章第三節將有詳細的討論。

〔註118〕蘇軾：〈士變論〉，《蘇軾文集卷三》，頁90。

〔註119〕蘇轍：《老子解·第三十章》，《三蘇全書》第5冊，頁434。

聖人不得已而後戰，若出於怒，是以我故殺人也。以我故殺人，天
必殃之。〔註120〕

古之聖人柔遠能邇，無意於用兵，唯不得已然後有征伐之事。故以
治國為正，以用兵為奇。雖然，此亦未足以取天下。天下神器不可
為也，為者敗之，執者失之。唯體道者，廓然無事，雖不取天下而
天下歸之矣。〔註121〕

蘇轍在《老子解》中是偏重於觀念的闡述，而在撰寫《歷代論》時，就以歷史
上實際發生的事例，來印證其「用兵皆出於不得已」的理論。蘇轍在《歷代論·
五伯》〔註122〕中，是舉齊桓公和晉文公為例。齊桓公率領諸侯伐楚，以氣勢之
壯盛讓楚軍恐懼而求盟。齊桓公知道如果真的開戰，齊國不一定會贏，既然對
方願意講和，正中下懷，於是「以不戰服楚」。晉文公則是在城濮之戰時，為回
報楚人之前對他的恩惠而「退避三舍」。只是楚國並沒有因為這樣，就停止攻打。
晉文公已經仁至義盡，於是便一舉破楚，別國也無話可說。「桓、文之兵，非不
得已不戰」，所以不但保全了自己的軍隊實力，更能夠稱霸於諸侯。蘇轍在《歷
代論·知罃趙武》〔註123〕中，也稱讚知罃、趙武「皆能不用兵以服諸侯」，所
以才使得晉國在晉文公之後，還能繼續維持霸主的地位。

　　除了以歷史事蹟來印證兵家的主張之外，蘇洵還用孫武在軍事上的實際
表現，來印證他自己的主張。其結論是：孫武雖然論述得很好，但是他的實
際作為卻達不到自己所論述的理想境界。第一，《孫子兵法·九地》說：「威
加於敵，則交不得合。」意思是：王霸之兵所散發的威懾力量，能使敵國無
法和別國結盟。但是孫武卻讓秦國出兵救楚，可見吳國的威懾力量不夠。第
二，《孫子兵法·作戰》說：「久暴師則鈍兵挫銳，屈力殫貨，則諸侯乘其弊
而起。」意思是：打仗時間拖太長就會使軍隊疲憊、銳氣挫傷，也使國家財
力不支、物力不足。造成其他諸侯乘虛而入。而孫武在攻打楚國時就花了太
久的時間，難怪越國會乘虛而入。第三，《孫子兵法·作戰》又說：「殺敵者，
怒也。」是指要激發士卒的士氣，保持部隊的旺盛鬥志，使每個兵卒勇敢殺
敵。孫武卻任憑伍子胥和伯嚭發掘楚平王的墓，並鞭屍洩憤，反而是刺激了

---

〔註120〕蘇轍：《老子解·第六十八章》，《三蘇全書》第 5 冊，頁 470。
〔註121〕蘇轍：《老子解·第五十七章》，《三蘇全書》第 5 冊，頁 460。
〔註122〕蘇轍：《歷代論·五伯》，《蘇轍集·欒城後集卷七》，頁 962～963。
〔註123〕蘇轍：《歷代論·知罃趙武》，《蘇轍集·欒城後集卷七》，頁 964～965。

楚軍的士氣，爲自己樹敵。〔註124〕司馬遷《史記》中對於孫武的評論是：「能行之者未必能言，能言之者未必能行。」〔註125〕蘇洵的看法與司馬遷是相同的。

三蘇由《周易》、賈誼的著作和兵家的主張中，吸收了「明勢」、「通變」的思想，使得他們的思考方式傾向於在承認歷史變動的前提下，強調著人事的可能性。在一個道德理想主義高漲的年代，能持著這樣的方式去思考現實，並不容易，這顯示出三蘇學問的根柢在善讀史，而且善觀歷史之變。於是蘇軾在「明勢通變」思想的基礎上，提出了調和「道德理想主義」和「歷史經驗主義」的主張：

> 晝夜之代謝，寒暑之往來，風雨之作止，未嘗一日不變也。變而不失其常，晦而不失其明，殺而不害其生，豈非所謂一者常存而不變故耶？聖人亦然。以一爲內，以變爲外。……物之無心者必一，水與鑑是也。水、鑑惟無心，故應萬物之變。物之有心者必二，目與手是也。目、手惟有心，故不自信而托於度量權衡。己且不自信，又安能應物無方，日新其德也哉！〔註126〕

天下唯一不變的道理，就是「萬物隨時都在變動」，但這樣的「變動」卻又是遵循著一定的規則次序的。這不變的法則，蘇軾稱之爲「一」，可說是道德理想主義所強調的「道德」；而萬物變動的狀況，蘇軾稱之爲「變」，也就是歷史經驗主義所依循的「經驗」。「人」與其他萬物不同的地方，在於人有「心」。人在做出任何反應之前，都要先經過「心」的思考，不像水或鏡子，是直接反射出物體的形象。因此蘇軾認爲人應該要「以一爲內，以變爲外」，也就是在隨著外在萬物之變而變動時，內心仍要持守著一定的準則。要有這樣的「自信」，才能夠「應物無方」、「日新其德」。

## 三、經史互證

### （一）「經史互證」觀的建立

關於史學與經學之間的關係，要從西漢時說起。西漢之初，面對秦的驟亡，人們曾經積極地總結歷史經驗教訓，陸賈著《楚漢春秋》，賈誼寫〈過秦

---

〔註124〕蘇洵：《權書·孫武》，《嘉祐集卷三》，頁 19～20。
〔註125〕出自《史記·孫子吳起列傳第五》太史公曰，《史記會注考證》，頁 868。
〔註126〕蘇軾：〈終始惟一時乃日新〉，《蘇軾文集卷六》，頁 168。

論〉，以後又有司馬遷的《史記》，但是並沒有因此出現一個史學的高潮，原因在於：「經學」興起了。在漢儒眼中，經學是無所不能的。他們認為關於歷史的演進，經學已經給出了答案；對於社會生活中的具體問題，漢儒也每每以經義斷事，趙翼說：「漢初法制未備，每有大事，朝臣得援經義，以折衷是非。」〔註127〕在這種情況下，自然沒有史學的地位。班固在《漢書·藝文志》中，依據西漢末劉向、劉歆父子的《七略》，把《國語》、《世本》、《戰國策》、《太史公書》等史書都附於《春秋》經之下。也許在今人看來是「貶低」的做法，但若就當時而論，反而可說是抬高了這些史書的地位，因為當時的人是很看重《春秋》的。

到了魏晉南北朝時，「史學」開始有了獨立的地位。這個變化可從目錄分類上看出，西晉荀勗作《中經新簿》，分書籍為四部，將史學當作獨立的一類，屬「丙部」；東晉李充又改定次序，將其置於「乙部」。《隋書·經籍志》不用「乙部」的名稱，而是稱為「史部」。史學擺脫經學而獨立，表明人們對經、史的認識有了變化。經史關係的討論，雖然很早就有學者提及，但是真正展開對二者尊卑關係的討論，實際是從宋代開始。對此，清代的錢大昕曾有所論述：

> 經與史豈有二學哉？……初無經史之別，厥後蘭台、東觀，作者益
> 繁，李充、荀勗等創立四部，而經史始分，然不聞陋史而榮經也。
> 自王安石以倡狂詭誕之學要君竊位，自造《三經新義》，驅海內而誦
> 習之，甚詆《春秋》為斷爛朝報。章、蔡用事，祖述荊舒，屏棄
> 《通鑑》為元祐學術，而十七史皆束之高閣矣，嗣是之道學諸儒，
> 講求心性，懼門弟子之氾濫無所歸也，則有詬讀史為玩物喪志者，
> 又有謂讀史令人心粗者。此特有為言之，而空疏淺薄者托以藉口，
> 由是說經者日多，治史者日少。彼之言曰：經精而史粗也，經正而
> 史雜也。〔註128〕

按照錢大昕的觀點，在學術的發展中，雖然早就出現了經、史分途，但是始終「不聞陋史而榮經也」。直至宋王安石廢漢唐經注，倡言新學，「詆《春秋》為斷爛朝報」，其後則又有理學的興起，諸儒講求心性，「懼門弟子之氾濫無所歸也，則有詬讀史為玩物喪志者」，發展至此，經與史在地位上才出現尊卑

〔註127〕趙翼：《二十二史劄記·卷二·漢時以經義斷事》（王雲五主編：《國學基本叢
　　　　書四百種》，臺北：臺灣商務印書館，1968 年 9 月臺一版），頁 38。
〔註128〕趙翼：《二十二史劄記·錢大昕序》，頁 1～2。

高下的差異。不過，在錢大昕的論述中，並未注意到宋代還有三蘇蜀學在討論「經史關係」方面的特色。如此一來，對於宋代「經史關係」論述的觀察，就不夠全面了。

三蘇的蜀學與王安石新學和二程洛學「榮經陋史」的走向截然不同，他們是採取「重史」的立場。蘇洵在〈史論〉（分上、中、下三篇）中，提出了「經史互證」的觀念，建立起三蘇討論經史關係時的基礎架構。首先，蘇洵將「史」的地位提高到與「經」等同，認爲「經」與「史」的寫作目的相同：

> 史何爲而作乎，其有憂也。何憂乎，憂小人也。何由知之，以其名知之。楚之史曰《檮杌》。檮杌，四凶之一也。君子不待褒而勸，不待貶而懲；然則史之所懲勸者獨小人耳。仲尼之志大，故其憂愈大，憂愈大，故其作愈大。是以因史修經，卒之論其效者，必曰亂臣賊子懼。由是知史與經皆憂小人而作，其義一也。〔註129〕

《春秋》是「經」，但實際上，孔子是因爲憂慮「亂臣賊子」，所以藉著魯國的歷史傳達出「褒貶勸懲」之意，這樣的寫作方式就是「因史修經」。是用「史」的體裁，表達出「經」的用意。由此可見，「史」也可以發揮如同「經」一般的作用。不過因爲「經」和「史」各有所長，所以才區分爲兩種體裁：

> 其義一，其體二，故曰史焉，曰經焉。大凡文之用四：事以實之，詞以章之，道以通之，法以檢之。此經、史所兼而有之者也。雖然，經以道、法勝，史以事、詞勝。〔註130〕

要傳達「經」和「史」的「用意」，必須透過「文詞」。以「作文」的要求來說，有四個標準：「事以實之，詞以章之，道以通之，法以檢之」。四者都是「經」和「史」要具備的條件，只是側重點不同，「經以道、法勝，史以事、詞勝」。我們可以用人的「歷史思維」來解釋兩者之間的差異，「歷史思維」應該包括了「邏輯思維」、「形象思維」與「直覺思維」三種思維方式。〔註131〕「邏輯思維」是人們在認識過程中借助概念、判斷、推理反映客觀實際的過程，以抽繹出事物的本質而形成概念爲特徵。「歷史邏輯思維」就是運用抽象的歷史概念和理論，通過分析與綜合、比較與概括、歸納與演繹等方式揭示

〔註129〕蘇洵：〈史論上〉，《嘉祐集卷八》，頁73。
〔註130〕同上註。
〔註131〕所謂「歷史思維」是指以時間、地點、人物、事件爲基本線索，揭示歷史本質和規律的認知體系。參考齊虎田：〈試論歷史思維的方式與特徵〉，忻州：《忻州師範學院學報》第19卷第3期，2003年6月，頁61。

歷史事物的本質與規律的一種思維方式。在蘇洵的概念中，「經」是「萬世之常法」，也就是說「經」中所表述的道理，是古代聖賢運用了「歷史邏輯思維」，分析、歸納而得出的「事物本質與規律」，這樣的本質與規律，可作爲後世效法的準則。

「形象思維」是通過典型形象反映和把握事物的思維活動，它以形象爲思維的主要材料，藉助於鮮明生動的語言作物質外殼，通過聯想、想像和典型化手法揭示事物的本質。「歷史形象思維」則是以具體、形象的歷史材料爲基本依據，通過感知、聯想、想像、神入等心理活動，再現歷史的面貌，進而建立對歷史事件的認識。因爲「史」是「一代之實錄」，史書的作者有責任運用「歷史形象思維」，將具體的歷史材料，經過重構和合理的想像，再現人類社會的生活方式、風俗習慣、心理特徵、人物性格、複雜事件與現象。

人對於歷史進行思考時，會同時運用「歷史邏輯思維」和「歷史形象思維」，因此「經」和「史」的關係，也是互相依存的。蘇洵說：

> 經不得史無以證其褒貶，史不得經無以酌其輕重；經非一代之實錄，史非萬世之常法，體不相沿，而用實相資焉。〔註132〕

「經」的目的在於「褒貶勸懲」，因此「於事則舉其略，詞則務於簡」。如果只有「經」沒有「史」，相當於只運用「邏輯思維」而沒有「形象思維」，就容易流於空洞的教條主義，會偏離歷史的內涵，使得生動、豐富、具體的歷史被演繹成抽象枯燥的哲學理論。「史」的主體在於敘述歷史事實，因此「事既曲詳，詞亦誇耀」，至於表現「褒貶勸懲」的部份，主要在於「論贊」。如果只有「史」沒有「經」，也就是只運用「形象思維」而缺少「邏輯思維」，就會使讀者陷在繁瑣的歷史現象和事例中，無法看出歷史的必然性和規律性。所以蘇洵說：「經不得史無以證其褒貶，史不得經無以酌其輕重」，這種「經史互證」的觀念是很有道理的。不過，在「經史互證」的觀念中，「史」的地位之所以被提昇，是在於「史雖以事詞勝，然亦兼道與法而有之」，〔註133〕所強調的仍然是「經」的「褒貶勸懲」作用。

### （二）「經史互證」觀的落實

「經史互證」的觀念落實在三蘇史論中，我們可以看到他們在詮釋《春秋》時，確實是「以史證其褒貶」的，而他們詮釋《史記》的方法，則是「以

---

〔註132〕蘇洵：〈史論上〉，《嘉祐集卷八》，頁73。
〔註133〕蘇洵：〈史論下〉，《嘉祐集卷八》，頁74。

經酌其輕重」。

### 1、以史證經之褒貶

蘇轍曾在〈春秋集解引〉文中，批評當時學者對於《春秋》的偏差態度，並且指出他心目中所認同的研究方法：

> 予少而治《春秋》，時人多師孫明復，謂孔子作《春秋》，略盡一時之事，不復信史，故盡棄三傳，無所復取。予以爲左丘明，魯史也，孔子本所據依，以作《春秋》，故事必以丘明爲本。……至於孔子之所予奪，則丘明容不明，盡故當參以公、愿、啖、趙諸人。然昔之儒者各信其學，是己而非人，是以多窒而不通。老子有言：「學不學，復眾人之所過，以輔萬物之自然，而不敢爲。」予竊師此語，故循理而言，言無所繫，理之所至，如水之流，東西曲直，勢不可常，要之于通而已。近歲王介甫以宰相解經，行之于世，至《春秋》漫不能通，則詆以爲斷爛朝報，使天下之士不得復學。嗚呼！孔子之遺言而凌滅至此，非獨介甫之妄，亦諸儒講解不明之過也。故予始自熙寧謫居高安，覽諸家之說而裁之以義，爲《集解》十二卷，及今十數年矣，每有暇輒取觀焉，得前說之非，隨亦改之。〔註134〕

蘇轍對於孫明復〔註135〕的批評，是認爲他直接闡釋《春秋》的微言大義，「盡棄三傳」；對於王安石則是批評他將《春秋》「詆以爲斷爛朝報」，根本是不懂《春秋》。在蘇轍的看法中，《春秋》是孔子依據魯史而作的，應該是「信史」，「雖其名爲經，而其實史之尤大章明者也。」〔註136〕因此在詮釋其微言大義時，不應該脫離歷史而論。但又不能把《春秋》當作「史書」看待，因爲它對於史事並沒有如實記載。正因爲《春秋》同時具有「經」和「史」的特質，所以蘇轍才會認爲《春秋》中有兩種書寫體例：「有書以見褒貶者，有書以記當時之事」，記當時之事的部份，只是「備史記之體」，「非必有所褒貶予奪者」。〔註137〕由這樣的認知出發，蘇轍認爲詮釋《春秋》的方法應該是：

> 凡《春秋》之事當從史。左氏史也，《公羊》、《穀梁》皆意之也。蓋孔子之作《春秋》，事亦略矣，非以爲史也，有待乎史而後足也。以

---

〔註134〕蘇轍：〈春秋集解引〉，《三蘇全書》第18冊，頁100～101。

〔註135〕孫復（992～1057），字明復，號富春，晉州平陽（今山西臨汾）人，世稱泰山先生。與胡瑗、石介並稱「宋初三先生」，著有《春秋尊王發微》一書。

〔註136〕蘇轍：〈史官助賞罰論〉，《蘇轍集・欒城應詔集卷十一》，頁1346。

〔註137〕蘇轍：〈王者不治夷狄論〉，《蘇轍集・欒城應詔集卷十一》，頁1338。

意傳《春秋》而不信史，失孔子之意矣。〔註138〕

這與蘇洵所說孔子「因史修經」的看法是相同的，因此蘇軾和蘇轍大都採用《左傳》來解釋《春秋》的涵義，而反對《公羊》、《穀梁》中缺乏史實爲證的說法。蘇軾認爲《春秋》最主要的用意，是爲了要維護「禮」：

> 夫《春秋》者，禮之見於事業者也。孔子論三代之盛，必歸於禮之大成，而其衰，必本於禮之漸廢。君臣、父子、上下，莫不由禮而定其位。至以爲有禮則生，無禮則死。故孔子自少至老，未嘗一日不學禮而不治其他。以之出入周旋，亂臣強君莫能加焉。知天下莫之能用也，退而治其紀綱條目，以遺後世之君子。則又以爲不得親見於行事，有其具而無其施設措置之方，於是因魯史記爲《春秋》，一斷於禮。凡《春秋》之所褒者，禮之所與也，其所貶者，禮之所否也。《記》曰：禮者，所以別嫌、明疑、定猶豫也。而《春秋》一取斷焉。故凡天下之邪正，君子之所疑而不能決者，皆至於《春秋》而定。非定於《春秋》，定於禮也。〔註139〕

孔子在春秋時代爲了要維護「禮」，所以主張「正名」。蘇轍說明孔子主張「正名」的背景，是因爲當時衛國有違背禮制的事情發生。也就是：

> 靈公黜其子而子其孫，出公不父其父而稱其祖，人道絕矣。孔子於是焉而欲正之。〔註140〕

衛國當時的傳位順序是：衛靈公（姬元）、衛出公（姬輒）、衛莊公（姬蒯聵），但是以輩分關係來說，卻是：祖、孫、父。〔註141〕所以當孔子自陳國回到衛國時，子路問：「衛君待子而爲政，子將奚先？」孔子才會說：「必也正名乎。」〔註142〕而且在《春秋》中記載：「晉趙鞅帥師納衛世子蒯聵於戚。」〔註143〕

---

〔註138〕蘇轍：《春秋集解・隱公元年秋七月》，《三蘇全書》第3冊，頁17。
〔註139〕蘇軾：〈春秋定天下之邪正論〉，《蘇軾文集卷二》，頁38。
〔註140〕蘇轍：《古史卷十四・衛康叔世家第七》，《三蘇全書》第3冊，頁537。
〔註141〕當蒯聵當太子時，因爲眼見其母南子淫亂，遂起謀殺之念。不料事爲南子得悉，稟告了靈公，靈公大怒，欲殺了蒯聵，蒯聵於是逃奔到晉國。後來靈公死，南子立蒯聵之子輒爲君（出公）。蒯聵想要回衛國接位，其子輒使人攔拒，不許他入境。蒯聵就利用他姊姊伯姬，回來爭其王位。當出公聽到他父親蒯聵和他姑母伯姬回國奪位，乃出奔魯國。
〔註142〕出自《論語・子路》，《四書章句集注・論語集注卷七》（臺北：學海出版社，1991年3月），頁141～142。
〔註143〕《春秋・魯哀公二年》，《左傳會箋》（臺北：明達出版社，1986年10月），頁1914。

表示雖然蒯聵逃亡在外，但孔子仍然認為他的身分應該是衛國的「世子」。假如不明白歷史背景，對於孔子的主張和記錄也就難以明瞭了。

孔子因為強調「正名」，所以對於「君位傳延」的正統性也相當注重。〔註144〕在《春秋》裡，則是表現在「紀年」的寫法上。如果君位的傳承合乎正統，通常會寫「王正月，公即位」。如果不寫「公即位」，就表示國君的繼位有異於常態，這種體例的作用在於「揭天子之正朔，而正諸侯之始也」。〔註145〕《春秋》記定公元年時不僅沒有「公即位」，而且還是直接由「王三月」開始的，可見定公的繼位一定有特殊的狀況。蘇軾於是列舉魯國各個國君的傳承情況，加以分類、歸納，再推論出「定公無正月」的原因：

> 《春秋》十有二公，其得終始之正而備即位之禮者四，文公、成公、襄公、哀公也。攝而立，不得備即位之禮者一，隱公也。先君不以其道終，而己不得備即位之禮者六，桓公、莊公、閔公、僖公、宣公、昭公也。先君不以其道終而又在外者二，莊公、定公也。在外踰年而後至者一，定公也。且夫先君雖在外不以其道終。然未嘗有踰年而後至者，則是二百四十二年未嘗一日無君，而定公之元年魯之統絕者自正月至於六月而後續也。正月者，正其君也。昭公未至，定公未立，季氏當國，而天子之正朔將誰正耶？此定之所以無正月也。〔註146〕

蘇軾這樣的推論，明顯是採用「以史證其褒貶」的詮釋方式。魯定公的前任國君是魯昭公，昭公二十五年（517 B.C.）因為討伐三桓失敗，出奔齊國。七年後（510 B.C.）冬，昭公死於乾侯（晉邑），到了隔年（509 B.C.）夏，定公才即位，這就是「在外踰年而後至」的原因。孔子這樣記錄，是為了譴責季孫氏的僭越，不但使得昭公流亡在外，還操控了國君的廢立。

蘇軾曾經以《春秋對義》，在科舉考試中名列第一。〔註147〕他對於《春秋》的解釋，大都是採取客觀的態度，通常會先對《左傳》、《公羊》和《穀梁》三家傳注進行比較，再選擇其中合理可信的說法。例如在〈論會於澶淵

---

〔註144〕關於三蘇對於「君統傳延」之正統性的看法，本論文第五章第一節將有詳細的討論。

〔註145〕蘇軾：〈問定何以無正月〉，《蘇軾文集卷六》，頁190。

〔註146〕同上註。

〔註147〕見蘇轍：〈亡兄子瞻端明墓誌銘〉所載，《蘇轍集‧欒城後集卷二十二》，頁1118。

宋災故〉一文中，討論《春秋》對於「魯桓公二年會於稷，以成宋亂」和「魯
襄公三十年會於澶淵，宋災故」這兩次諸侯會面爲何要特別說明原因。因爲
《春秋》中還有許多次諸侯會面的記錄，但是大多沒有說明會面的原因。只
有這兩條記錄說明了會面的原因。蘇軾比較了《左傳》、《公羊》和《穀梁》
的解釋：《公羊傳》說：「會未有言其所爲者，此言其所爲何？錄伯姬也。」
蘇軾認爲孔子不可能目光這麼短淺，只「區區爲人之死錄之」。而且如果是記
伯姬之死，寫法也應該是「女子不得其所而死」。《穀梁傳》說：「不言災故，
則無以見其爲善。澶淵之會，中國不侵夷狄，夷狄不入中國，無侵伐八年，
善之也，晉趙武、楚屈建之力也。」蘇軾認爲如果是要記錄「平息戰亂的效
果」，爲何不寫「息兵故」，而要強調「宋災」？《左傳》說：「皆諸侯之大夫，
而書某人某人會於澶淵，宋災故，尤之也；不書魯大夫，諱之也。」蘇軾同
意《左傳》的說法，認爲《春秋》是要指責當時的諸侯「不義」和「不信」：

> 宋督之亂，諸侯將討之，桓公平之，不義孰甚焉！宋之災，諸侯之
> 大夫會，以謀歸其財，既而無歸，不信孰甚焉！非不義不信之甚，《春
> 秋》之識不至於此也。〔註148〕

魯桓公二年時，桓公不顧宋國華督弒君犯上的惡行，還接受他的賄賂，召開
了稷之會，打算安撫宋國的動亂，實在是「不義」的行爲。而在魯襄公三十
年十月時，爲了宋國火災的緣故，魯國叔孫豹邀集晉國趙武、齊國公孫蠆、
宋國向戌、衛國北宮佗、鄭國罕虎及小邾國等各國大夫，在澶淵會面，商量
贈給宋國財貨的事。可是會見完了之後，卻沒有贈送給宋國什麼東西，這實
在是「不信」的行爲。《左傳》的解釋，的確是三家傳注中最爲合理的。

### 2、以經酌史之輕重

蘇洵曾經探討孔子《春秋》一書能具有「褒貶賞罰」之效用的歷史背景，
他認爲《春秋》是在特殊歷史情境之下的產物。蘇洵爲「賞罰」和「是非」
兩者的差別所下的定義是：

> 賞罰者，天下之公也；是非者，一人之私也。位之所在，則聖人以
> 其權爲天下之公，而天下以懲以勸；道之所在，則聖人以其權爲一
> 人之私，而天下以榮以辱。〔註149〕

在春秋戰國那種禮崩樂壞的情境下，孔子若以合「禮」之道來「是非」天下

---

〔註148〕蘇軾：〈論會於澶淵宋災故〉，《蘇軾文集卷三》，頁74。
〔註149〕蘇洵：〈春秋論〉，《嘉祐集卷六》，頁58。

之事，那是孔子私人的行為，沒什麼不可以。但孔子並非僅是「議論是非」而已，他還要透過《春秋》來「賞罰」被他所評論的人。「賞罰」本應該是天子的權力，孔子認為周公曾經在周成王年幼時，以為天下不可以無賞罰，故「不得已」而攝天子之位，以賞罰天下，以存周室。魯國，是周公之國，當周天子衰弱，無法行使天子之權時，也應該可以學習周公的做法，「假天子之權以賞罰天下」。因此孔子才會把周天子之權交到魯國的手中，「因魯史」而作《春秋》，是表示：「此魯之書也，魯作之也。有善而賞之，曰魯賞之也，有惡而罰之，曰魯罰之也。」〔註150〕至於孔子之後的其他史書，因為已經不存在孔子作《春秋》時的那種特殊情境，所以再刻意模仿《春秋》「褒貶賞罰」的筆法，也是沒有意義的：

> 遷、固之史，有是非而無賞罰，彼亦史臣之體宜爾也。後之效夫子作《春秋》者，吾惑焉。《春秋》有天子之權。天下有君，則《春秋》不當作；天下無君，則天下之權吾不知其誰與。天下之人，烏有如周公之後之可與者？與之而不得其人則亂，不與人而自與則僭，不與人、不自與而無所與則散。嗚呼！後之《春秋》，亂耶，僭耶，散耶！〔註151〕

由「遷、固之史，有是非而無賞罰，彼亦史臣之體宜爾也」的說法，可以看出蘇洵對於作史者的要求，是認為「史書」中應該要表達出自己的「是非判斷」，所以主張詮釋「史書」要用「以經酌其輕重」的方法。他又認為「史書」應該是「一代之實錄」，也因此發展出「辨別史料正誤」的方法。

蘇洵以《春秋》之意來讀司馬遷《史記》和班固《漢書》，認為「其書有不可以文曉，而可以意達者四」，〔註152〕也就是指出這兩本史書的作者，藉由史事的書寫來表達「是非判斷」時，運用了以下四種方式：

（1）隱而章：為了強調為善的重要，對於善多於惡之人偶發的小過失，會在本傳為之隱晦，而記錄在與之相關的其他人的傳記中。如司馬遷是在記錄「趙奢」的事蹟時提到廉頗議救閼與之失；〔註153〕在〈留侯傳〉中記錄

---

〔註150〕同上註，頁58。
〔註151〕同上註，頁59～60。
〔註152〕蘇洵：〈史論下〉，《嘉祐集卷八》，頁74～75。下列四點均出於此文。
〔註153〕戰國趙惠文王二十九年（270 B.C.），秦伐韓，軍於閼與，趙王召廉頗而問曰：「可救否？」對曰：「道遠險狹，難救。」……又召問趙奢，奢對曰：「其道遠險狹，譬之猶兩鼠鬥於穴中，將勇者勝。」王乃令趙奢將，救之。結果大

酈食其謀撓楚權之繆。〔註 154〕班固在〈王陵傳〉中記錄周勃汗出洽背之恥；〔註 155〕在〈匈奴傳〉中記錄董仲舒議和親之疏。〔註 156〕這樣做，是避免「後人善者」以爲「智如廉頗，辯如酈食其，忠如周勃，賢如董仲舒，而十功不能贖一過」，則「將苦其難而怠矣。」

（2）直而寬：對待惡多於善的人，不會只說他的壞事，一定會記錄他的好處。例如司馬遷評論蘇秦時，稱讚他智慧超過常人，不使他獨自遭受壞名聲。〔註 157〕評論北宮伯子〔註 158〕時，稱讚他是愛人的長者。班固評論張湯〔註 159〕時，贊許他推薦賢良，揚人之善。評論酷吏時，稱讚他們「都抗直，引是非，爭大體。……雖酷，稱其位矣。」（《漢書·酷吏傳》）這樣做，是避免「後人惡者」以爲「蘇秦、北宮伯子、張湯、酷吏，雖有善不錄矣，吾復何望哉？」以致「窒其自新之路，而堅其肆惡之志也。」

（3）簡而明：爲了表達對於「夷狄」的輕視，司馬遷的〈十二諸侯年表〉中，沒有把「越國」寫入；而司馬遷實際上是寫了從魯國到吳國等十三國，但卻稱爲「十二」年表，那是沒有把「吳國」算在當中的緣故。因爲司馬遷認爲吳、越均屬於「夷狄」，所以不認爲他們是諸侯，就是寫了也不算。至於爲何還把吳國列入〈十二諸侯年表〉呢？是因吳國是周人的後裔（太伯），而

---

破秦軍。詳見《史記·廉頗藺相如列傳第二十一》，《史記會注考證》，頁 993。

〔註 154〕酈食其主張分封六國之後代以「撓楚權」，劉邦曰：「善」。張良來謁，分析了八個不可用此法的原因，並云：「誠用客（指酈食其）之謀，陛下事去矣。」詳見《史記·留侯世家第二十五》，《史記會注考證》，頁 806〜807。

〔註 155〕漢文帝問右丞相周勃曰：「天下一歲決獄幾何？」勃謝不知。問：「天下錢穀一歲出入幾何？」勃又謝不知。汗出洽背，愧不能對。事見《漢書·張陳王周傳第十》，《新校本漢書并附編二種》，第 3 冊，頁 2049。

〔註 156〕董仲舒議和親云：「義動君子，利動貪人。如匈奴者非可以仁義說也，獨可說以厚利。」班固在贊詞中說：「察仲舒之論，考諸行事，乃知其未合於當時，而有闕於後世也。」見《漢書·匈奴傳第六十四下》，《新校本漢書并附編二種》，第 5 冊，頁 3831。

〔註 157〕《史記·蘇秦列傳第九》太史公曰：「夫蘇秦起閭閻，連六國從親，此其智有過人者。吾固列其行事，次其時序，毋令獨蒙惡聲焉。」見《史記會注考證》，頁 912。

〔註 158〕北宮伯子是西漢文帝時的宦官，深受文帝寵信。見《史記·佞幸列傳第六十五》，《史記會注考證》，頁 1322。

〔註 159〕張湯（？〜115 B.C.），西漢大臣，酷吏之一。據《漢書·張湯傳第二十九》記載，皇上責難，他總自己承擔責任；皇上獎譽，他總說是下屬所爲。「其欲薦吏，揚人之善，解人之過如此。」《新校本漢書并附編二種》，第 3 冊，頁 2639。

且後來稱霸，與中原各諸侯國結盟。

（4）微而切：在班固寫〈列侯年表〉的體例中，對於異姓列侯是號、諡、姓名並用，而同姓列侯只用號諡，不寫姓名。但王莽時，有些同姓列侯的寫法卻是使用異姓列侯的體例，原因在於這些列侯是王莽封的，而不是漢天子親自封的。目的是要呈現和貶斥臣下的「僭越」，並且提醒後世的國君：「權歸於臣，雖同姓不能有，名器誠不可假人矣。」

總而言之，「隱而章」的寫法，可使後人「樂得為善之利」；「直而寬」的寫法，可使後人「知有悔過之漸」；「簡而明」的寫法，可讓人君「知中國禮樂之為貴」；「微而切」的寫法，可讓人君「知強臣專制之為患」。司馬遷的《史記》和班固的《漢書》就是因為在書寫上有這樣的特色，才會受到蘇洵極度的推崇：「其能為《春秋》繼，而使後之史無及焉」。〔註160〕相較於《史記》和《漢書》，蘇洵認為范曄的《後漢書》和陳壽的《三國志》，在見識上與之相差甚遠。蘇洵對於范曄《後漢書》的批評〔註161〕是：

（1）范曄對所傳之人的評價、歸類失當。例如：董宣〔註162〕是忠正剛毅的，卻被歸入〈酷吏傳〉；鄭眾〔註163〕、呂強〔註164〕是廉明直諒的，卻一概只被當作是「宦者」；蔡琰〔註165〕忍受了恥辱，嫁與胡人為妻，卻只是歸入〈列女傳〉；李善〔註166〕、王忳〔註167〕具有深仁厚義的表現，卻只放進〈獨

---

〔註160〕蘇洵：〈史論下〉，《嘉祐集卷八》，頁76。

〔註161〕以下蘇洵對於《後漢書》和《三國志》的批評意見，均見蘇洵：〈史論下〉，《嘉祐集卷八》，頁76～77。

〔註162〕董宣，字少平，陳留圉人，東漢大臣。作官時敢於誅鋤豪強，包括懲治皇親國戚的家奴。死後家中僅有大麥數升，敝車一乘，令皇帝感傷地說：「董宣廉絜，死乃知之！」見《後漢書·酷吏列傳第六十七》，《新校本後漢書并附編十三種》，第4冊，頁2489～2490。

〔註163〕鄭眾（？～114），字季產，南陽犨縣（今河南魯山東南）人，東漢和帝時的宦官。當竇憲竊權時，朝臣莫不歸附，惟鄭眾不從，並首謀誅憲。頗得和帝信任，他是第一個收養子的宦官，宦官專權也是由他開始的。見《後漢書·宦者列傳第六十八》，《新校本後漢書并附編十三種》，第4冊，頁2512。

〔註164〕呂強，字漢盛，東漢靈帝時的宦官，為人清忠奉公，曾上疏反對重用宦官。後為其他的宦者所讒，自殺而死。見《後漢書·宦者列傳第六十八》，《新校本後漢書并附編十三種》，第4冊，頁2528～2533。

〔註165〕蔡琰，東漢末女文學家，字文姬，蔡邕之女。博學多才，通音律。初適衛仲道，夫亡無子。漢末大亂，為匈奴所獲，歸左賢王。後被曹操重金贖回，嫁與董祀。見《後漢書·列女傳第七十四》，《新校本後漢書并附編十三種》，第4冊，頁2800～2803。

〔註166〕李善，東漢時南陽淯陽人，為李元家奴。李元一家遭瘟疫，僅遺孤兒李續，

行傳〉。蘇洵之所以會這樣批評，是因爲他認爲對於有特殊表現的人，要特別加以注重和表彰，而不該僅依其身分入傳。這是「隱而章」、「直而寬」的思想實踐。

（2）范曄的「是非判斷」頗與聖人相異。例如：「論竇武、何進，則戒以宋襄之違天」，〔註168〕其實竇武、何進是爲了誅殺宦官未成而被害身亡，與宋襄公「假仁義」的情況是不同的。〔註169〕若將兩者相提並論，豈不是認爲竇武和何進不應該除滅宦官？范曄又「論西域則惜張騫、班勇之遺佛書」，〔註170〕是惋惜張騫、班勇在記錄其出使見聞時，沒有記載佛教和佛法興盛的狀況。蘇洵認爲這樣的想法，豈不是希望「中國叛聖人以奉戎神乎？」范曄在這兩件事的「是非判斷」上，的確都不太合理。

而蘇洵對於陳壽《三國志》，是批評他以「魏」爲正統。這由陳壽在《魏書》中寫魏的君主，都稱爲「紀」，而在《蜀書》、《吳書》中寫蜀和吳的君主，卻都只稱爲「傳」的情況可以看得出來。但是以實際的歷史發展來說，三國是呈現「鼎立」的狀況，任何一方都沒有辦法掌控其他兩方。所以蘇洵認爲，沒有「臣服」的事實，卻在史書中以魏爲正統，陳壽這樣的判斷是不正確的。〔註171〕

---

諸奴計殺績分其財。李善不能止，負績逃入山中，將其撫養成人。見《後漢書·獨行列傳第七十一》，《新校本後漢書并附編十三種》，第4冊，頁2679～2680。
〔註167〕王忳，字少休，曾於途中遇一病危之書生，贈金四斤，乞葬骸骨。言畢，書生死。王忳以金葬書生，餘金置於棺下。見《後漢書·獨行列傳第七十一》，《新校本後漢書并附編十三種》，第4冊，頁2680～2681。
〔註168〕竇武，其女爲東漢桓帝皇后。何進，其妹爲東漢靈帝皇后。二人均因謀誅宦官未成而遇害。事見《後漢書·竇何列傳第五十九》，《新校本後漢書并附編十三種》，第4冊，頁2239～2253。
〔註169〕宋襄公，春秋時宋國國君，650 B.C.至637 B.C.在位。襄公十三年（638 B.C.）率軍伐鄭，楚救鄭，兩軍戰於泓水之上，因宋襄公固信所謂仁義，宋師大敗，襄公受重傷，翌年而亡。蘇軾和蘇轍對於宋襄公的意見，請參見本論文第四章第三節的討論。
〔註170〕張騫，西漢出使西域之大臣。班勇，是班超的兒子。東漢安帝時，匈奴攻擾西域，他任西域長史，率領西域各族大破北匈奴，進一步鞏固了漢朝在西域的統治。遺佛書，據《後漢書·西域傳第七十八》記載：「佛道神化，興自身毒（印度），而二漢方志莫有稱焉。張騫但著地多暑濕，乘象而戰；班勇雖列其奉浮圖，不殺伐，而精文善法導達之功，靡所傳述。」見《新校本後漢書并附編十三種》，第4冊，頁2931。
〔註171〕三蘇對於「朝代承續」之正統性的主張，詳見本論文第五章第一節的討論。

### （三）「經史互證」觀的延伸發展

蘇洵對於「史書」的另一項要求是「史為一代之實錄」，他曾經將這樣的觀念，運用在編纂《禮書》（《太常因革禮》）上。蘇洵對皇帝說：

> 前所授敕，其意曰纂集故事，而使後世無忘之耳，非曰制為典禮，而使後世遵而行之也。然則洵等所編者，是史書之類也。遇事而記之，不擇善惡，詳其曲折，而使後世得知而善惡自著者，是史之體也。若夫存其善者，而去其不善，則是制作之事，而非職之所及也。〔註172〕

因為皇帝希望這部《禮書》是「纂集故事，而使後世無忘之」，而非「制為典禮，而使後世遵而行之」，可說是偏向於「史書」的性質。因此蘇洵主張應該要「實錄」，只要有其事就要詳細地記載，使讀者能夠「詳其曲折」，在了解實情的狀況下，自己下判斷。不應該由作者採用「經」的筆法，對之隱惡揚善。

因為對於「史」的要求是「一代之實錄」，所以史書中的記載，必須是「事實」，必須經得起考證。同樣的，如果「經」當中所記載的事情不正確，那麼以之所推論出的道理也會受到質疑。由於這樣的要求，因此延伸發展出三蘇在閱讀「經」、「史」時對於「史料正誤」的意見，以及他們用來「辨別史料正誤」的方法。

蘇轍曾在〈古史自敘〉中，指出司馬遷在運用史料上的問題：

> 太史公始易編年之法為本紀、世家、列傳，記五帝、三王以來，後世莫能易之。然其為人淺近而不學，疏略而輕信。漢景、武之間，《尚書》古文、《詩》毛氏、《春秋》左氏皆不列於學官，世能讀之者少，故其記堯、舜、三代之事，皆不得聖人之意。戰國之際，諸子辯士各自著書，或增損古事以自信。一時之說，遷一切信之，甚者或采世俗相傳之語，以易古文舊說。及秦焚書，戰國之史不傳於民間，秦惡其議己也，焚之略盡。幸而野史一二存者，遷亦未暇詳也。故其記戰國，有數年不書一事者。〔註173〕

司馬遷於西漢武帝太初元年（104 B.C.）開始著作《史記》，在他能使用的史料中，沒有「《尚書》古文、《詩》毛氏、《春秋》左氏」等古文經，因為這些書當時「皆不列於學官」，「世能讀之者少」。而戰國諸子辯士的著作中又常「增

---

〔註172〕蘇洵：〈議修禮書狀〉，《嘉祐集卷十四》，頁150。
〔註173〕蘇轍：〈古史自敘〉，《三蘇全書》第3冊，頁351～352。

損古事以自信」，司馬遷也可能分辨得不夠仔細，結果把被改動或添加的事件當作是史實，以非爲是。蘇轍之所以能指出《史記》這兩點問題，是因爲他身處司馬遷之後的朝代，在觀察視角上擁有不同的歷史高度。其實，司馬遷當時在寫作時，已經相當注重史料的「考信」了。蘇軾還曾經稱讚司馬遷：「太史公多見先秦古書，故其言時有可考，以正自漢以來儒者之失。」〔註174〕這是因爲在《史記‧五帝本紀》中說：「舜歸而言於帝，請流共工於幽陵，以變北狄；放驩兜於崇山，以變南蠻；遷三苗於三危，以變西戎；殛鯀於羽山，以變東夷。」是列出了被流放的「四族」之名，而不像《左傳‧文公十八年》中所寫的是：「流四凶族。」〔註175〕蘇軾認爲「四族」並非「窮奸極惡」，否則應該在堯的時候就被誅殺了。舜將四族流放，只是「遷之遠方，爲要荒之君長」，來達到「變四夷之俗」的目的而已。

　　不過，蘇軾也認爲：「凡《史記》所書大事而《左氏》無有者，皆可疑。」〔註176〕舉例來說，蘇軾和蘇轍都曾對《史記‧司馬穰苴傳》提出質疑，〔註177〕認爲司馬穰苴並非齊景公時的人。原因有以下幾點：第一，《左傳》沒有記載司馬穰苴的事。第二，從《左傳》的記載可看出齊景公時，只有齊四次伐晉，並沒有燕、晉伐齊的事。第三，《戰國策》的記載是：「司馬穰苴，爲政者也，（湣王）殺之，大臣不親。」〔註178〕可見司馬穰苴應該是戰國時齊湣王〔註179〕的臣子，但是「戰國雜說，妄以爲景公時」，〔註180〕才使得司馬遷誤信。因此蘇軾提出疑問，認爲應當「更徐考之」。而蘇轍在寫《古史》時，則是直接刪掉司馬穰苴，只爲孫武、吳起立傳。

〔註174〕蘇軾：〈堯不誅四凶〉，《蘇軾文集卷六十五》，頁1998。

〔註175〕出自《左傳‧文公十八年》，《左傳會箋》（臺北：明達出版社，1986年10月），頁703。

〔註176〕蘇軾：〈司馬穰苴〉，《蘇軾文集卷六十五》，頁2002。

〔註177〕蘇軾的意見在〈司馬穰苴〉，《蘇軾文集卷六十五》，頁2002。蘇轍的意見在《古史卷三十六‧孫武吳起列傳第十三》，《三蘇全書》第4冊，頁247。

〔註178〕出自《戰國策卷第十三‧齊策六》（中華書局據士禮居黃氏覆剡川姚氏本校刊，臺灣中華書局，1990年9月臺五版），頁1。

〔註179〕齊湣王（約323～284 B.C.），本名田地，在位十七年，屢建武功，破秦、燕諸國，控制楚國，滅掉宋國。周報王元年（314 B.C.）佔領燕都，燕昭王採納樂毅及蘇秦建議，爭取與國、孤立齊國，蘇秦兩次入齊離間，齊湣王相繼西向攻秦，周報王三十一年燕上將軍樂毅以五國聯軍攻齊，達子戰死，燕軍攻入臨淄，湣王出逃至莒（今山東莒縣），爲楚將淖齒所殺。

〔註180〕蘇轍：《古史卷三十六‧孫武吳起列傳第十三》，《三蘇全書》第4冊，頁247。

再舉一個例子，蘇軾和蘇轍也都認為《史記・仲尼弟子列傳》寫：「宰我為臨淄大夫，與田常作亂，以夷其族，孔子恥之」〔註181〕的記錄不正確。蘇軾是以《史記》本身在〈李斯列傳〉中的記錄來考證：「田常為簡公臣，爵列無敵於國，私家之富與公家均。布惠施德，下得百姓，上得群臣，陰取齊國，殺宰予於庭。」〔註182〕由這段話看出，宰予是因為不跟從田常為亂才被殺的，而不是在跟從田常作亂之後被夷其族。〔註183〕蘇轍所提出的理由有三，第一，宰我是被列於孔門四科的賢人之一，不可能會附從叛逆，做出弒君父的行為。他只不過有畫寢、短喪的過失而已，後世儒者竟然就相信他會作亂。第二，田常本來是和闞止爭政，闞止的字是「子我」，與「宰我」類似，田常所殺的應該是闞止。第三，田常的叛變是成功的，假如宰予真的跟從田常為亂，事成之後又怎麼會被夷其族呢？〔註184〕

第三個例子，蘇轍曾考證《史記・刺客列傳第二十六》對於「曹沫以匕首劫齊桓公求侵地」的記載，〔註185〕認為這件事是不正確的。他所提出的原因包括，第一，《左傳》中沒有這樣的記載；第二，曹沫（就是「曹劌」）在魯莊公十年論戰時，認為「小惠小信」不足恃，唯「忠」可以一戰。〔註186〕可見是「知義者」，不可能做出刺客的行為；第三，魯莊公十年對齊的「長勺之戰」是勝利的，並沒有「三戰三敗」、「割地求和」之事，曹沫也不需要用匕首威脅齊桓公；第四，以《春秋》的體例來說，如果是「要盟」（在要脅之下的結盟）通常是「不書」的，如宋、楚盟於城下，齊、魯盟於夾谷，皆以要盟不書。但是《春秋》對於魯、齊之盟有記載：「秋七月，冬，公會齊侯盟於柯」，〔註187〕可見這次的結盟並非「要盟」。所以蘇轍推論，「曹沫以匕首劫齊桓公求侵地」之事應該是《公羊傳》採用當時的「異說」，又經過戰國遊說之士的渲染，司馬遷誤信而寫入《史記》中的。既然曹沫之事不是史實，於

〔註181〕《史記・仲尼弟子列傳第七》，《史記會注考證》，頁881。
〔註182〕《史記・李斯列傳第二十七》，《史記會注考證》，頁1043。
〔註183〕蘇軾：〈宰我不叛〉，《蘇軾文集卷六十五》，頁2001。
〔註184〕蘇轍：《古史卷三十二・孔子弟子列傳第九》，《三蘇全書》第4冊，頁199～200。
〔註185〕《史記・刺客列傳第二十六》，《史記會注考證》，頁1023～1024。由《索隱》和《考證》中可知「曹沫」就是「曹劌」。
〔註186〕見《左傳・莊公十年》，《左傳會箋》（臺北：明達出版社，1986年10月），頁247～249。
〔註187〕《春秋・莊公十三年》，《左傳會箋》，頁258。

是蘇轍在自己的《古史》中把它刪掉了，並且寫下考證的過程。〔註188〕

　　由以上三個例子，我們可以看出蘇軾和蘇轍對於「史料正誤」的考證，大致採用了三種方式，其一是「以史證史」，以史書本身不同地方的記載或用別的史書來對照考證；其二是「以人情證史」，人之常情、常理古今皆同，違反「人情」的記載也不可能是正確的；其三是「以經證史」，主要是以《春秋》的體例來印證史事的正誤。除了書面上的比對、考證功夫之外，蘇轍還曾經運用「實際地理考察」，來質疑《周禮》中關於「王畿」大小的記載。《周禮》中認為：王畿之大，四方相距千里，如畫棋局，近郊、遠郊，甸地、稍地，大都、小都，相距皆百里。但是蘇轍認為，以實際的地理狀況來說，不論是關中或洛陽，都是東西長，南北短的，而且「短長相補，不過千里」，〔註189〕不可能「四方相距千里」。「王畿大小」的前提已經不正確了，關於「各地方大小」的推論自然也不可能成立。蘇轍用這樣的考證方式，可以推翻《周禮》中許多不合理的記載。藉此也提醒後世的學者不應該「墨守舊法」，因為經、史中所記錄的「法」不見得一定正確，後世運用時應該要「因時而變」、「因地制宜」。〔註190〕

## 第三節　時代背景與詮釋立場

### 一、三蘇之求用時期

　　三蘇的「求用時期」，背景主要是宋仁宗、宋英宗兩朝。〔註191〕可分為兩階段，第一階段是在仁宗慶曆七年（1047）蘇洵舉制策不中返家之後，到仁宗嘉祐元年（1056）三人一起入京，蘇軾、蘇轍應試之前。蘇洵在這個階

〔註188〕蘇轍：《古史卷五十九・刺客列傳第三十六》，《三蘇全書》第4冊，頁436。
〔註189〕蘇轍：《歷代論・周公》，《蘇轍集・欒城後集卷七》，頁960。
〔註190〕《周禮》是王安石變法的主要理論依據，王安石在〈周禮義序〉中說：「惟道之在政事，其貴賤有位，其後先有序，其多寡有數，其遲速有時。制而用之存乎法，推而行之存乎人。其人足以任官，其官足以行法，莫盛乎成周之時。其法可施於後世，其文有見於載籍，莫具乎《周官》之書。」因為他認為《周禮》最重要的是「其法可施於後世」，所以親自訓釋《周禮》，並撰成《周官新義》，指導變法實踐。見《臨川先生文集・卷八十四》（四部叢刊正編・集部，臺北：臺灣商務印書館，1979年11月臺一版），頁528。
〔註191〕請參考本論文文末附表二：〈三蘇年譜簡表〉。

段，也就是由三十九歲到四十八歲這十年間，是他史論基本觀點的形成期。作品包括了：《幾策》兩篇；《權書》十篇；《衡論》十篇；《六經論》六篇；《洪範論》（敘、上、中、下和後序）；《太玄論》（上、中、下、總例引）和其他單篇的議論文章：〈制敵〉〈譽妃論〉、〈明論〉、〈三子知聖人污論〉、〈利者義之和論〉、〈孔子論〉等。蘇洵的史論關注層面涉及了政治、軍事、經濟等各個領域，也反映了當時國家在這些領域中所遇到的問題。

在這個階段，蘇洵不但自己閱讀和創作，更刻意培養蘇軾和蘇轍，希望他們能夠透過科舉考試，走上出仕之路。蘇洵最初參加科舉考試時的制度是先考詩賦，再考經義和策論，而且是逐場定去留，也就是詩賦沒過，下面的考試就沒機會參加了。蘇洵不擅長聲律之學，在這種制度下很吃虧，難怪屢試不第。慶曆變法時，對於科舉制度已經提出「先策論，後詩賦」的變革，在嘉祐二年（1057）歐陽修知貢舉時，不僅堅持了「先策論，後詩賦」，先考「策」，再考「論」，然後「詩賦」，仍然加上「逐場去留」的規定，也就是假如策、論不好，就不給予詩賦考試的資格。這樣的規定，對於受到良好訓練〔註192〕的蘇軾、蘇轍兄弟來說，正好是如魚得水，使得他們在嘉祐二年的科舉中嶄露頭角。這一年，蘇軾二十一歲和蘇轍十八歲，兩人同時通過了舉人考試（作〈儒者可與守成論〉、〈物不可以苟合論〉）、禮部考試（作〈刑賞忠厚之至論〉）、禮部複試和皇帝御試（作〈重巽以申命論〉）。蘇軾在這次應試中所作的試論，都保存在他的文集中，但是蘇轍除了〈刑賞忠厚之至論〉之外，其他都失傳了。

「求用時期」的第二階段，是從嘉祐二年（1057）返蜀奔程夫人之喪後，到英宗治平三年（1066）蘇洵病逝京師為止。嘉祐二年四月，程夫人病故於紗縠行的老家，父子三人倉皇出京，返蜀奔喪。仁宗嘉祐三年（1058）朝廷曾召蘇洵試策論於舍人院，但他託病不赴，主要的原因還是對科舉考試制度的不滿。〔註193〕雖然蘇洵拒絕赴闕應試，但他畢竟是有志於當世的人，仍舊關懷國計民生，憂心政道的治亂興衰，因此寫了〈上皇帝十事書〉，專談政治

〔註192〕詳見本論文第二章第一節的討論。
〔註193〕從當時蘇洵寫給梅聖俞、雷簡夫、歐陽修等人的書信中，可以看出其對科舉制度的不滿情緒。尤其在〈與梅聖俞書〉中說得頗為明白：「僕豈欲試者？惟其平生不能區區以附和有司之尺度，是以至此窮困。今乃以五十衰病之身，奔走萬里以就試，不亦為山林之士所輕笑哉！自思少年嘗舉茂材，中夜起坐，裹飯攜餅，待曉東華門外，逐隊而入，屈膝就席，俯首據案。其後每思至此，即為寒心。今齒日益老，尚安能使達官貴人復弄其文墨，以窮其所不知耶？」見《嘉祐集卷十二》，頁120。

改革，而且主要是談吏治改革。朝廷於嘉祐五年（1060）八月特任命他爲祕書省試校書郎，嘉祐六年（1061）太常寺要修纂建隆以來的禮書，便又任蘇洵爲霸州文安縣主簿，與陳州項城縣令姚闢同修禮書。此書於英宗治平二年（1065）完成，詔以《太常因革禮》爲名，共一百卷。另外，蘇洵兩篇有名的文章〈辨奸論〉〔註194〕和〈管仲論〉，則是寫於仁宗嘉祐八年（1063）。修完禮書之後，蘇洵就積勞成疾，臥病不起，於英宗治平三年（1066）四月二十五日與世長辭。

嘉祐六年（1061）蘇軾和蘇轍同時參加制科考試，蘇軾參加「才識兼茂科」，蘇轍參加「直言極諫科」。制科考試的第一關，是要先交策論五十首，經評定等次，選取文理優長者，再擇日參加祕閣試。蘇軾的《進論》二十五篇包括：〈中庸論〉（上、中、下）、〈大臣論〉（上、下）、〈秦始皇帝論〉、〈漢高帝論〉、〈魏武帝論〉、〈伊尹論〉、〈周公論〉、〈管仲論〉、〈孫武論〉（上、下）、〈子思論〉、〈孟軻論〉、〈樂毅論〉、〈荀卿論〉、〈韓非論〉、〈留侯論〉、〈賈誼論〉、〈晁錯論〉、〈霍光論〉、〈揚雄論〉、〈諸葛亮論〉、〈韓愈論〉，以及《進策》二十五篇包括：〈策略〉五篇、〈策別〉十七篇、〈策斷〉三篇。蘇轍的《進論》二十五篇包括：〈夏論〉、〈商論〉、〈周論〉、〈六國論〉、〈秦論〉、〈漢論〉、〈三國論〉、〈晉論〉、〈七代論〉、〈隋論〉、〈唐論〉、〈五代論〉、〈周公論〉、〈老聃論〉（上、下）、〈禮論〉、〈易論〉、〈書論〉、〈詩論〉、〈春秋論〉、〈燕趙論〉、〈蜀論〉、〈北狄論〉、〈西戎論〉、〈西南夷論〉，以及《進策》二十五篇包括：〈君術策〉五篇、〈臣事策〉（上、下共十篇）、〈民政策〉（上、下共十篇）。這些《進論》和《進策》在形式上是符合考試的需求；在內容上，則都具有史論的性質。

祕閣考試有六道「論」，題目爲：〈王者不治夷狄論〉、〈劉愷丁鴻孰賢論〉、〈禮義信足以成德論〉、〈形勢不如德論〉、〈禮以養人爲本論〉、〈既醉備五福論〉。祕閣六論及格後，八月二十五日仁宗皇帝親御崇政殿主持考試，兩人都完成了〈御試制科策〉。蘇軾的〈制科策〉文長五千五百餘字，本於深厚

---

〔註194〕關於〈辨奸論〉的作者是蘇洵，直至清李紱、蔡上翔以前，似乎沒有人懷疑過。李、蔡二人則斷言〈辨奸論〉乃邵伯溫托名蘇洵而進行的僞造，並認爲首載〈辨奸論〉的張方平〈文安先生墓表〉以及蘇軾〈謝張太保撰先人墓碣書〉也同出邵伯溫之手。對於這樣的說法，曾棗莊針對李、蔡的說法，從歷史背景、內容、始見何書、版本、流傳經過等五方面加以詳細的辨析，最後認爲〈辨奸論〉的作者仍是蘇洵無疑。見《三蘇傳──理想與現實》（臺北：學海出版社，1996年6月），頁183～194。

學養，濟之以一腔忠誠，痛快淋漓的極論國是，「直言當世之故，無所委曲。」
〔註195〕最後獲得評鶯爲第三等，是宋朝自有制策之試以來，獲此最高評等
的第二人。個性溫和的蘇轍，也許是因爲年輕氣盛，他的〈制科策〉寫得比
蘇軾還要激烈、尖銳，甚至直接指斥仁宗，以致在朝廷中引起了軒然大波。
爲了評等的問題，考官之間進行了激烈的爭論。最後是因爲仁宗的仁厚寬
大，才得以入第四等次。〔註196〕

嘉祐七年（1062），蘇軾授大理評事，簽書鳳翔府節度判官；蘇轍授商州
軍事推官。蘇軾赴任，而蘇轍以父親在京修禮書，兄長出仕鳳翔，傍無侍子
爲由，奏乞留京養親，辭不赴任。在京侍父的期間，蘇轍一方面研讀《周易》、
《老子》、《莊子》，一方面又把自己在《進策》中的觀點，進一步概括、提煉，
寫成〈新論〉（上、中、下）。仁宗嘉祐八年（1063）蘇軾在鳳翔府節度判官
任上，因爲實際接觸百姓，看到民生疾苦，有感於嘉祐之法弊，因此作了〈上
韓琦論場務書〉和〈思治論〉。

在這個時期，三蘇的史論，「以古鑑今」，都是針對仁宗朝的弊病而發。
宋仁宗最受到批評的地方，是在朝政上務求苟且，認爲應該遵守「先朝舊規，
不可輕議改革」。當時在財政上的「積貧」和軍事上的「積弱」現象已經頗爲
嚴重，「冗官」、「冗兵」和「冗費」（也就是所謂的「三冗」），造成國家財政
困難、人民生活貧困；「重文輕武」的政策，使得朝廷對內無法控制農民的暴
動，對外無力抵抗遼和西夏的侵擾。自從澶淵之盟後，宋朝每年要向遼國交
納銀十萬兩、絹二十萬匹的「歲幣」，仁宗寶元、康定年間（1038～1041）西
夏積極進犯時，宋朝不但連吃敗仗，而且遼國又乘機迫使宋廷增加歲幣的數
量，更是雪上加霜。〔註197〕不過，這些問題都是其來有自的，不能完全歸咎
於宋仁宗。

眾所周知，北宋是在特殊的歷史條件下取得政權的，其取得政權的方式
與五代各國相比並無本質的區別，都是通過兵變獲得。與五代不同的是，宋

---

〔註195〕蘇軾：〈應制舉上兩制書〉，《蘇軾文集卷四十八》，頁1390。
〔註196〕對於仁宗的寬宏，蘇轍一生都是十分感激的，他後來曾多次談及這點，例如
〈上神宗皇帝書〉：「昔仁宗親策直言之士，臣以不識忌諱，得罪於有司。仁
宗哀其狂愚，力排群議，使臣得不遂棄於世。臣之感激，思有以報，爲日久
矣。」《蘇轍集·欒城集卷二十一》，頁367。
〔註197〕關於宋仁宗時的歲幣政策，三蘇史論多有批判，詳見本論文第五章第三節的
討論。

太祖、宋太宗在取得政權後，吸取了五代更迭迅速的教訓，對新政權進行了全面改革。不僅成功地避免了短命王朝的命運，而且在軍事、政治和經濟等諸方面開創了歷史新局面。一是成功地解決了軍隊的控制問題，實現了禁軍的國家軍隊化，改變了長期以來本末倒置的軍事形勢，完成了唐末、五代社會的歷史性轉變。二是採取臣僚分權、皇帝集權；地方分權、中央集權等措施，實行加強集權的政治改革，保證了宋王朝的政局的穩定，避免了再度出現地方割據、國家分裂的可能。三是宋太祖、宋太宗採取了一系列措施發展經濟，使得社會經濟得到了一定程度的恢復和發展，中央政府的收入也有相當地增加。〔註198〕

　　宋太祖、宋太宗面對唐季以來的「外重內輕」、「君弱臣強」的積弊，不得不採取強硬的措施，實行鐵的手腕，否則那些藩鎮割據勢力就不會土崩瓦解，那些驕兵悍將就不會俯首聽命，剛剛建立的趙宋王朝很可能難逃早夭之命運。但這些因應「特殊歷史條件」而做的改革，經過將近四十年的發展，到了宋真宗時，其內在的矛盾和局限已經開始顯露出來。本來應該要由宋真宗加以變革，使其更為完善的，但是宋真宗「謹守成憲，不思更革」的治國理念以及由太祖、太宗所傳下要求後代子孫謹守「祖宗成法」的遺訓，使得當時的統治者和士大夫階層普遍抵制對祖宗法度的變革。可以說，因為宋真宗對於宋初兩朝所創法度中的與現實不適應之處，未能及時改革、調整，所以使宋朝失去了革除弊政的最好時機。

　　到了宋仁宗即位時，因為才十三歲，所以由章獻劉太后垂簾聽政。從天聖元年（1023）到明道二年（1033），政事主要掌握在劉太后、丁謂、曹利用和宰相王曾、呂夷簡等人手裡。三任宰相的呂夷簡所繼承和堅持的也是宋初以來的循默無為，隱忍保守的施政方針，「守舊規、戒生事」已經成為當時士大夫群體的普遍行為模式和心理特徵。但是，仍有少數具有危機意識的士大夫，感到必須採取措施，來擺脫困境。因而開始對當時死氣沉沉的官僚政治提出批評，提出了改革弊政的主張。在對時政不滿，要求有所改革的官員中，核心人物是范仲淹。范仲淹在仁宗慶曆三年（1043）被召為樞密副使，後任參知政事，由慶曆三年（1043）十月到慶曆四年（1044）上半年朝廷陸續推行新政。但是因為新政觸犯了勢官權貴原有的私利，於是以呂夷簡為主的反

---

〔註198〕參考楊昆：〈宋真宗與北宋興衰〉，哈爾濱：《北方論叢》2005 年第 5 期（總第 193 期），頁 95。

對勢力，就以指責這些不滿統治現狀的官員是「朋黨」，來對他們加以打擊排斥。在流言蜚語的影響下，在官僚、貴族的脅迫下，宋仁宗的改革決心很快地就動搖了。慶曆五年（1045）初，范仲淹被罷免，「慶曆新政」僅歷時一年，就在仁宗意志不堅，自訂自毀下失敗了。

之後，不斷有人上疏要求復用范仲淹，反對用「朋黨」的罪名堵塞言路。歐陽修還作了著名的〈朋黨論〉一文呈獻給宋仁宗，分析了朋黨之說自古有之，君子、小人都各有朋。凡小人之朋得勢，就會以朋黨爲名排斥君子之朋，國必亂亡，要求宋仁宗以歷史上的興衰治亂之跡爲鑒，「退小人之偽朋，用君子之眞朋」。蘇軾後來在哲宗紹聖元年（1094）因爲新舊黨爭的緣故被貶謫時，就曾對這個議題有所回應，寫了〈續歐陽子朋黨論〉，可見「朋黨問題」從仁宗時期開始，就是宋朝統治集團中「臣與臣關係」的一個重要議題。〔註199〕

三蘇的「求用時期」正好是在慶曆變法失敗後，雖然改革弊政的思想受到了抑制，但是社會危機依然繼續存在，困境仍沒有擺脫。因此，還是有不少官員陸續提出各種改變舊法、革除弊政的主張。而且每當國家舉行科舉考試時，也都以策、論的形式，鼓勵考生針對實務，發表建言。因此三蘇在這個時期所作的文章，都是以策論、試論的形式，寫作「史論」來論政，對於仁宗、英宗朝提出了重要的改革意見。

## 二、蘇軾、蘇轍之任官時期

蘇洵在晚年雖然曾任祕書省試校書郎和霸州文安縣主簿，但實際上是在京師修纂禮書，沒有機會擔任實職，也沒有機會實踐以印證自己的治國主張。不過，蘇洵認爲：「士生於世，治氣養心，無惡於身，推是以施之人，不爲苟生也。不幸不用，猶當以其所知，著之翰墨，使人有聞焉。」〔註200〕確實，他對於「古今成敗得失」的議論和主張，已經透過文章著作保留了下來。我們還可以透過蘇軾和蘇轍的任官表現，看到蘇洵對於國家「憂時憂民」的精神和生命，是如何被延續而且發揚光大的。

蘇軾和蘇轍的「任官時期」，其實有兩個時段。第一個時段是在宋神宗熙寧年間（1068～1077），又可以熙寧四年（1071）爲界，分爲前期（在中央任官）和後期（在地方任官）。第二個時段是宋哲宗元祐年間（1086～1093）。

〔註199〕關於這個議題，詳見本論文第四章第四節的討論。
〔註200〕蘇轍：〈歷代論・引〉，《三蘇全書》第18冊，頁140。

### （一）神宗熙寧年間

英宗治平二年（1065）蘇軾的妻子王弗去世，治平三年（1066）蘇洵也去世，於是與蘇轍兩人護喪返回四川，並在蜀居喪，至神宗熙寧元年（1068）十二月還京。神宗皇帝在熙寧二年（1069）二月任用王安石爲參知政事，創立「制置三司條例司」，開始規畫新法事宜。王安石對蘇軾兄弟的安排是經過一番斟酌的，因爲蘇軾的政治主張向來與王安石不同，於是被任爲殿中丞、直史館、判官告院，與新法沒有直接的關係。而蘇轍則因爲在求用時期的《進策》中，特別關注國家的財政狀況，又曾有過變法的主張，因此就被安置在「制置三司條例司」任「檢詳文字」，負責協助新法的草擬事宜。熙寧二年三月，蘇轍向神宗皇帝上書，批評神宗繼位以來所施之政缺乏「先後之次」，提出了自己革新朝政的主張，認爲「治財」是爲國之先務。〔註201〕由表面上看來，蘇轍對於國家財政的意見，與宋神宗、王安石的看法是一致的。但蘇轍與王安石共事之後才發現，兩人雖然都將國家財政問題視爲當務之急，可是在如何解決的實際作法上，卻有著極大的差異。

王安石制定新法時，有其歷史上的依據，他是「法先王之遺意」，參考了歷代以來的制度演變，再加以創造；也有實際考察的依據，他曾「奏遣使者八人分行天下」，深入諸路考察農田、水利、賦役等方面的利弊得失和灌溉興修等實際問題，作爲制定新法，推行各項措施的基礎。這一系列的新法，按照內容和作用，大致可分爲以下四個方面：

1、供應國家需要和限制商人的政策：「均輸法」（熙寧二年七月頒行）、「市易法」（熙寧五年三月）和「免行法」〔註202〕（熙寧六年七月）。

---

〔註201〕蘇轍在〈上神宗皇帝書〉裡說：「夫今世之患，莫急於無財而已。財者爲國之命而萬事之本，國之所以存亡，事之所以成敗，常必由之。」《蘇轍集‧欒城集卷二十一》，頁 368。

〔註202〕宋代京師皇宮和官府所需的各種貨物和人力，除部分由官營手工業作坊生產製作外，其他都是由各商行供應，叫做「行戶祗應」。商人經常被迫用高價收購貨物來供應官府，或是必須忍受官府不合理的需索。大商人往往依托權勢逃避負擔，而中、小商販無可逃避，以致破產失業。「免行泫」的制定，是因應中小商人的請求。熙寧六年（1073），開封肉行徐中正代表二十六家中下等行戶，向官府提出仿照免役法的規定，向官府交納「免行役錢」，不再以實物供應各處官府，官府若有需要，再依照市場價格進行購買。熙寧六年七月，市易務制訂了「免行條貫」（就是「免行法」），規定各商行依據資產多少和獲利多寡，每月交納一定比例的免行錢，行戶不需再以實物或人力供應官府。可參考魯亦冬：《中國宋遼金夏經濟史》（北京：人民出版社，1994 年 4 月），

2、調整國家、地主、農民關係的政策，以及發展農業生產的措施：「青苗法」（熙寧二年九月）、「免役法」（熙寧四年十月）、「方田均稅法」（熙寧五年八月）和「農田水利法」（熙寧二年十一月）。

3、整頓、加強軍隊的措施：「將兵法」（熙寧二年開始）、「保甲法」（熙寧三年十二月）和「保馬法」（熙寧六年）。

4、改革科舉（熙寧四年二月）、整頓學校（熙寧四年十月）。

年輕皇帝神宗支持的王安石變法，本是一場加強宋朝統治，又有進步意義的好事，但是一石激起千層浪，變法在北宋統治集團內部掀起了軒然大波，遭到當時皇族、元老重臣的激烈反對。蘇軾、蘇轍這時也是站在反對新法的陣營中，運用不同的方式表達出自己對於新政的意見。熙寧二年（1069）四月，神宗皇帝曾下詔，令大臣們就科舉制度的革新進行討論。蘇軾便於熙寧二年五月呈上〈議學校貢舉狀〉，其中所表達的意見不僅與王安石不同，也與其他同屬反對派的大臣們有異，表現出他在道德教化主張盛行於世的時代，卻能夠擺脫悠悠之談，把政事與道德分開來看的獨特見識。〔註203〕蘇軾陸續又寫了〈諫買浙燈狀〉、〈上神宗皇帝書〉、〈再上皇帝書〉，他還藉由為國子監舉人考試擬考題時，以「策問」〔註204〕形式暗批王安石的專斷，又在入集英殿編排舉人試卷之際，以「擬考生答卷」〔註205〕的方式表達了對王安石新政的不滿。這些舉動令王安石之黨皆不悅，先是命蘇軾攝開封府推官，想困之以多事；接著又誣陷蘇軾在扶父喪返蜀時販運私鹽，最終當然是查無實據。面對這些事，蘇軾不願再留在朝廷，於是要求離朝外任，熙寧四年（1071）派任為杭州通判。至於蘇轍雖然站在制定新法的第一線，但因為他與王安石在解決問題的實際方法上，有太多意見都不相同，而且就算他表達了自己的看法，也不見得能影響王安石的決策。最後，蘇轍撰寫了〈制置三司條例司論事狀〉全面陳述自己對於新法的意見之後，就上書要求離京外任，比蘇軾離朝的時間還要早。於熙寧三年（1070）受張方平的聘任，至陳州擔任州學

頁113～114：吳慧：《中國商業政策史》（臺北：文津出版社，1995年12月），頁167～168。

〔註203〕可參考李山：〈蘇軾熙寧科制變革時的議論〉，太原：《山西大學學報（哲學社會科學版）》第27卷第2期，2004年3月，頁83～87。

〔註204〕即〈國學秋試策問二首之一：勤而或治或亂斷而或興或衰信而或安或危〉，《蘇軾文集卷七》，頁208～209。

〔註205〕即〈擬進士對御試策並引狀問〉，《蘇軾文集卷九》，頁301～307。

教授。

　　蘇軾和蘇轍在神宗熙寧年間的後期，因為無法在朝廷與主張新法的大臣們共處，均轉到地方上任官。蘇軾歷任杭州通判、密州知州和知徐州軍州事，蘇轍則是擔任了陳州州學教授、齊州掌書記和南京（今河南商邱西）簽書判官。兩人在地方上對於人民在新法實行之後的反應和情況，有更實際的了解。因此熙寧四年（1071）蘇轍在陳州寫了〈陳州代張安道論時事書〉，把神宗即位初期所行之政同後來的變法作對比，對新法繼續進行激烈的抨擊。而熙寧八年（1075）蘇軾在密州寫了〈上韓丞相論災傷書〉，議論「手實法」〔註206〕之嚴酷和密州鹽稅之患。熙寧七年至九年（1074～1076）是朝廷政爭十分激烈的三年，不僅變法派與反變法派鬥爭激烈，而且在變法派內部爭權奪位之爭也越演越烈。熙寧九年（1076）十月王安石第二次罷相後，就未再還朝，當時蘇轍正好罷齊州任，回京等候改官。他見神宗罷王安石之相卻不廢王安石之政，於是寫了〈自齊州回論時事書〉和〈畫一狀〉，有系統又具體地逐條反駁了實行青苗、免役、保甲、市易等法的理由。熙寧十年（1077）蘇軾改知徐州，蘇轍則在南京簽書判官任上。七月時黃河決口，洪水淹到徐州城下。水未至時，蘇軾已經做好防洪準備；水大至時，他積極帶領徐州百姓防洪；水既去，他又進行救災工作，並且建議增築城牆，以防洪水再來。〔註207〕元豐元年（1078）蘇軾因為救治水患有功，而獲得皇帝獎諭。

## （二）哲宗元祐年間

　　元豐八年（1085）三月，三十八歲的宋神宗病逝。年僅十歲的哲宗繼位，尊皇太后高氏為太皇太后，「軍國事並太皇太后權同處分。」〔註208〕宣仁高太

---

〔註206〕「手實法」是呂惠卿所制定的，其主要內容記錄於《宋史‧食貨志上五‧役法上》：「官為定立田產中價，使民各以田畝多少高下，隨價自占；仍并屋宅分有無蓄息立等，凡居錢五當蓄息之錢一。非用器、田穀而輒隱落者許告，有實，以三分之一充賞。將造簿，預具式示民，令依式為狀，縣受而籍之。以其價列定高下，分為五等。既該見一縣之民物產錢數，乃參會通縣役錢本額而定所當輸，明書其數，示眾兩月，使悉知之。」《新校本宋史并附編三種》，第 5 冊，頁 4307。「手實法」的要旨是針對「五等丁產簿多隱漏不實」的目標而發，明顯是針對農村貧困的農戶。它向農民增加賦稅，而且收到了屋宅、資貨、用器、家什、騾馬、豬豕、牛羊、雞鴨頭上，真是開創了亙古未有的先例，對北方廣大地區正在度著災荒的黎庶來說，等於是雪上加霜。

〔註207〕見蘇轍：〈黃樓賦並敘〉，《三蘇全書》第 17 冊，頁 49～50。

〔註208〕《續資治通鑑長編‧卷三五三‧元豐八年三月戊戌》（臺北：世界書局，1961年 11 月）。

皇太后尊重祖宗成法，厭聞革新，因爲嚮往嘉祐時代的太平安樂和寬厚雍睦的政風，所以定年號爲「元祐」。她認爲神宗皇帝用王安石、呂惠卿變成法，行新政，顯然已經失敗了。所以，當她臨朝攝政時，便恢復舊政，召用熙寧、元豐時代的舊臣，並且以司馬光爲相主持政事，史稱「元祐更化」。

司馬光執政後，一方面大刀闊斧地調整人事，蘇軾和蘇轍也在這波人事調動中，由地方回到朝廷中央任官。另一方面是陸續廢止熙、豐年間實施的新法。即使有些新法已經推行了一段時間，確實也有其功效，司馬光仍欲一概廢止。當時爭議最大的是「免役法」，對此提出反對意見的大臣也不只蘇軾和蘇轍兩人。可是司馬光的爲人，有強烈的自尊心和執拗的責任感，堅持既定的主張，根本不肯接受任何人的建議。蘇軾當時所上奏章約有二十篇，主要就是在役法、青苗法上的爭論。其實蘇軾在歷朝都在「唱反調」，都針對當時存在的一些問題，提出了與當政者不同的意見。他曾在〈辯試館職策問箚子〉〔註209〕中歷述自己在仁宗、神宗、哲宗三朝政治主張的不同重點。仁宗朝因循守舊，所以他著重「勸仁宗勵精庶政，督察百官，果斷而力行」；神宗頗有作爲，勵精圖治，於是著重「勸神宗忠恕仁厚，含垢納污，屈己以裕人」；元祐初，「大率多行仁宗故事」，蘇軾擔心「百官有司矯枉過直，或至於媮」，而神宗「勵精核實之政漸至墮壞，深慮數十年之後，馭吏之法漸寬，理財之政漸疏，備邊之計漸弛，則意外之事有不可勝言者。」因此，他又強調新法「不可盡廢」，主張「參用所長」。

蘇轍被召回朝廷後，歷任了右司諫、起居郎、中書舍人、戶部侍郎、翰林學士知制誥、賀遼生辰使、御史中丞、門下侍郎。蘇轍光在哲宗元祐元年（1086）二月至十一月擔任右司諫期間，就上了論時事狀七十四篇，與司馬光在「役法」和「科舉考試」的問題上意見分歧。元祐五年（1090）到元祐六年（1091）之間任御史中丞時，也上了札子近五十篇。這些奏章幾乎涉及當時所有重大的政治問題，多數均被採納施行，對元祐之政起了重大作用。

蘇軾還在哲宗元祐二年（1087）和元祐六年（1091）兩度兼邇英殿侍讀，也因此留下了《邇英進讀》八篇：〈漢高祖赦季布唐屈突通不降高祖〉、〈漢宣帝詰責杜延年治郡不進〉、〈孫叔通不能致二生〉、〈狄山論匈奴和親〉、〈文宗訪鄭公後得魏謨〉、〈張九齡不肯用張守珪牛仙客〉、〈顏眞卿守平原以抗安祿山〉、〈漢武帝唐太宗優劣〉。可見蘇軾爲了引發少年皇帝對於歷史、治道產生

---

〔註209〕見《蘇軾文集卷二十七》，頁 788～793。

興趣，是揀選歷史故事做爲教材，以夾敘夾議的方式，講述治亂興衰、邪正得失的緣由，讓少年皇帝樂於接受。元祐八年（1093）在禮部尙書任上，有《南省說書》十篇：〈問供養三德爲善〉、〈問小雅周之衰〉、〈問君子能補過〉、〈問侵伐土地分民何以明正〉、〈問魯猶三望〉、〈問魯作丘甲〉、〈問雩月何以爲正〉、〈問大夫無遂事〉、〈問定何以無正月〉、〈問初稅畝〉。由這些作品，可以看出蘇軾的思想、史識和政見。

元祐年間的政爭很複雜，除了變法派和反變法派間的鬥爭仍在繼續外，在已經掌權的反變法派內部又形成爲洛黨、蜀黨、朔黨。洛黨以程頤爲首，朱光庭、賈易等爲之輔；蜀黨以蘇軾爲首，呂陶、黃庭堅等爲之輔；朔黨以劉摯、王巖叟、劉安世爲首，從之者極眾。元祐元年（1086）年底，朱光庭和賈易以蘇軾試「館職」策題爲幌子，對其進行攻擊，洛、蜀黨爭由之而展開。之後，洛、蜀、朔三黨之間不斷以各種方式互相傾軋攻訐，主要的方式有三種，第一種是羅織罪名。這主要是臺諫官所採用，對象大多是針對蘇軾。而蘇軾面對這種攻訐方式的反應通常是「自己乞求離朝外任」，因此在元祐四年（1089）外任杭州，元祐六年（1091）八月出知潁州，後移揚州，元祐八年（1093）出知定州。第二種是互相以朋黨之名加諸對方。朋黨素爲宋最高統治者之大忌，加給被攻擊者以朋黨之名，可以引起最高統治者的警覺，置結黨者於死地。第三種是在上書的言詞中，以尖刻的辱罵和人身攻擊來貶低對方。〔註 210〕原本只是政見不同的黨爭至今已經演變成爲黨同伐異的意氣之爭，洛、蜀、朔三黨幾乎將所有的精力都消耗在內爭上。在這種劍拔弩張的政治氣氛中，任何人都很難有所作爲，常常身處風暴中心的蘇軾更是筋疲力盡。

蘇軾和蘇轍在這兩段「任官時期」中，得以將自己的政治理想實踐出來。他們不但有在朝廷任官的經驗，還有多年擔任地方官或幕僚的機會，因此所關注和觀察的範圍也開拓得更廣。在「憂時憂民的任官時期」，蘇軾和蘇轍是以「奏議」和「策問」〔註 211〕的形式，對於新法提出了種種意見。〔註 212〕

〔註 210〕詳情可參考羅家祥：《北宋黨爭研究・第四章　元祐時期的洛、蜀、朔黨爭》（臺北：文史哲出版社，1993 年 11 月），頁 179～208。

〔註 211〕「策問」其實就是「考試題目」，「策問」之所以被認爲是「文」，這是因爲在古人看來，這種試題形式是建立在出題者深入思考的基礎上，提出問題的深度與意義本身，就反映出策問者的見識與水準。在形式上，策問不僅發「問」，而且往往是以「論」帶「問」的，甚至是以「論」爲主，篇末見「問」，其「論」的本身就是一篇短小的論文。參考吳承學：《中國古代文體形態研究》（廣州：中山大學出版社，2000 年 9 月），頁 48～49。

他們寫作「奏議」和「策問」時發揮了「史論」的特長，使得他們對於事理的詮釋，不但通達人情，且注意歷史的複雜性，並善觀世道之變。

## 三、蘇軾、蘇轍之貶謫時期

蘇軾和蘇轍在北宋新舊黨爭的影響下，曾經歷兩次貶謫。第一次在神宗元豐年間，因御史羅織罪證，誣陷蘇軾作詩謗議新法的「烏臺詩案」而導致。第二次在哲宗紹聖之後，因皇帝具有恢復新法的強烈意願並且重用變法派官僚所導致。這次貶謫期很長，一直到兩人去世。蘇軾於徽宗建中靖國元年（1101）去世，蘇轍比他多活了十年，於徽宗政和二年（1112）去世。

### （一）神宗元豐年間

元豐二年（1079）二月，蘇軾改知湖州，因為在〈湖州謝上表〉中說：「（神宗）知其愚不適時，難以追陪新進；察其老不生事，或能牧養小民。」〔註213〕「新進」、「生事」等語刺痛了那些「新近勇銳之士」，他們抓住這兩句話和他那些譏刺新政的詩篇，欲置蘇軾於死地。元豐二年七月，御史中丞李定、舒亶彈劾「知湖州蘇軾初無學術，濫得時名，偶中異科，遂叨儒館，有可廢之罪四」，主要是針對蘇軾以詩文製造混亂、破壞新法而言。〔註214〕舒亶還繳上蘇軾印行的詩稿三卷。神宗本不願追究，但由於御史臺的連章彈劾，只好於元豐二年八月將蘇軾拘捕入京審問，這就是歷史上有名的烏臺（御史臺）詩案。經過近五個月的審理，此案的結果是蘇軾被貶任黃州團練副使，蘇轍受牽連，也貶任筠州監鹽酒稅務。

初到黃州時，蘇軾還在驚魂未定的心理緊張下，不敢任意寫作。〔註215〕不過等到安頓下來之後，還是漸漸恢復了讀書寫作的習慣。蘇軾在黃州讀書的早期，主要是讀佛書，藉以紓解內心的壓迫感。但這只是一時的，因為佛

---

〔註212〕蘇軾和蘇轍對於新法的種種意見，詳見本論文第五章的討論。

〔註213〕蘇軾：〈湖州謝上表〉，《蘇軾文集卷二十三》，頁654。

〔註214〕《續資治通鑑長編‧卷二九九‧元豐二年七月己巳》（臺北：世界書局，1961年11月）。

〔註215〕蘇軾：〈答李端叔書〉：「得罪以來，深自閉塞，扁舟草履，放浪山水間，與樵漁雜處，往往為醉人所推罵。輒自喜漸不為人識。平生親友，無一字見及，有書與之亦不答，自幸庶幾免矣。」親友不與他通問，是怕惹上是非，他自己也怕「文字為累」，因此在此信後，還再三叮囑端叔：「自得罪後，不敢作文字，此書雖非文，然信筆書意，不覺累幅，亦不須示人。必喻此意。」文見《蘇軾文集卷四十九》，頁1432～1433。

書不能滿足一個淑世精神未死的人，所以後來則以讀史為多。研讀史書時，蘇軾有抄書〔註216〕和做筆記、寫感想的習慣，因此陸續留下了將近百篇的「史評」短文，所評論的內容包括了上古至唐代各階段的史事。例如元豐三年（1080）九月蘇軾讀《戰國策》，就寫了〈商君說〉一文。表面上是對法家治術的批判，但也可以聯想為是針對王安石變法失敗而發，只是不敢明白形諸文字，於是就「藉古諷今」。另外，比較不會招惹是非的工作，大概就是注釋經典了，因此蘇軾在黃州時，也開始了對儒家經典的訓釋工作，他說：

> 某閒廢，無所用心，專治經書。一二年間，欲了卻《論語》、《書》、《易》，舍弟亦了卻《春秋》、《詩》。雖拙學，然自謂頗正古今之誤，粗有益於世，瞑目無憾也。〔註217〕

> 到黃州無所用心，輒復覃思於《易》、《論語》。端居深念，若有所得。遂因先子之學，作《易傳》九卷。〔註218〕

> 某自謫居以來，可了得《易傳》九卷，《論語說》五卷。今又下手作《書傳》。迂拙之學，聊以遣日，且以為子孫藏耳。子由亦了卻《詩傳》，又成《春秋集傳》。〔註219〕

可見蘇軾在黃州所完成的經典注釋有《論語說》和《易傳》兩部，也開始著手撰寫《書傳》，但尚未完成。而注釋時所需的資料，陳季常幫忙他很多：「欲欲借《易》家文字，及《史記》索引、正義，如許告季常為帶來。」〔註220〕

蘇轍被貶筠州監鹽酒稅，這個工作是非常繁瑣忙碌的職務，「晝則坐市區，鬻鹽沽酒稅豚魚，與市人爭尋尺以自效。」〔註221〕蘇轍剛接任時，常常忙到筋疲力竭，「暮歸，筋力疲廢，輒昏然就睡，不知夜之既旦。」〔註222〕不過，等到比較適應之後，又因為被貶謫，無法依常規調動職務，他便利用

---

〔註216〕蘇軾曾三經手鈔《漢書》，事見《西塘集耆舊續聞》卷一：「東坡曰：『不然，某讀《漢書》，至此（謫居黃州）凡三經手鈔矣。初則一段事，鈔三字為題，次則二字，今則一字。』……東坡云：『足下試舉題一字。』公（朱載上）如其言。東坡應聲，輒誦數百言，無一字差缺。凡數挑皆然。」引自孔凡禮撰《蘇軾年譜》（北京：中華書局，1998 年 2 月），頁 24。

〔註217〕蘇軾：〈與滕達道（二十一）〉，《蘇軾文集卷五十一》，頁 1482。

〔註218〕蘇軾：〈黃州上文潞公書〉，《蘇軾文集卷四十八》，頁 1380。

〔註219〕蘇軾：〈與王定國（十一）〉，《蘇軾文集卷五十二》，頁 1519～1520。

〔註220〕蘇軾：〈與陳季常（六）〉，《蘇軾文集卷五十三》，頁 1566。

〔註221〕蘇轍：〈東軒記〉，《蘇轍集‧欒城集卷二十四》，頁 405。

〔註222〕同上註。

閒暇時間，開始了《詩集傳》、《春秋集解》、《老子解》和《古史》的著述。蘇轍曾自述寫作的動機和目的：

> 予少好讀《詩》、《春秋》，皆爲之《集傳》。讀《太史公書》，質之《詩》、《書》、《左氏》、《戰國策》，知其未能詳覆，而遽以爲書。亦欲正之，而未暇也。元豐中，以罪謫高安，五年不得調。職雖賤且冗，而予僚許以閒暇，乃以其間終緝二傳，刊正古史，得七本紀、十世家、七列傳，功未及究也。〔註223〕

> 予年四十有二，謫居筠州。……有道全者，住黃蘗山，南公之孫也。……是時予方解《老子》，每出一章，輒以示全，全輒嘆曰：「皆佛說也！」〔註224〕

> 謫監筠州鹽酒稅，五年不得調。平生好讀《詩》、《春秋》，病先儒多失其旨，欲更爲之傳。《老子》書與佛法大類，而世不知，亦欲爲之注。司馬遷作《史記》，記五帝三代，不務推本《詩》、《書》、《春秋》，而以世俗雜說亂之；記戰國事，多斷缺不完，欲更爲《古史》。功未及究，移知歙績溪。〔註225〕

由這幾段話中，可以看出蘇轍在神宗元豐年間貶謫筠州的這五年中，《詩集傳》和《春秋集解》已經大致完成了，《古史》和《老子解》則尚未完成。著述的工作未完成，是受到職位調動的影響。

### （二）哲宗紹聖之後

太皇太后高氏於元祐八年（1093）九月病逝後，十九歲的哲宗終於得以親政。哲宗早就對高太皇太后和一幫守舊派不滿，因此當他親政之後，便開始貶斥元祐舊臣。以人治爲骨幹的政治體制裡，國家政策變更，總是要從調整人事，汰舊換新入手。不過，哲宗紹聖年間的變革，於人事更迭之外，另又挾著報復仇恨的心理。皇帝要報復被太皇太后壓制，被大臣漠視的仇恨；捲土重來的新政派官僚們，則要報復這多年來被排擠在外，投閒置散的怨憤。仇恨與政治權力的結合，使得皇帝和新政派官僚做出一連串非理性的行爲。

在紹聖元年（1094）三月哲宗試進士的策問中，就可以看出哲宗想要學

---

〔註223〕蘇轍：《古史‧書後》，《三蘇全書》第4冊，頁443。
〔註224〕蘇轍：〈題老子道德經後〉，《三蘇全書》第5冊，頁482～483。
〔註225〕蘇轍：〈潁濱遺老傳上〉，《蘇轍集‧欒城後集卷十二》，頁1017。

習神宗皇帝，恢復熙、豐之政的心聲。因此當蘇轍以〈論御試策題劄子〉：「臣伏見御試策題歷詆近歲行事，有欲復熙寧元豐政事之意」〔註226〕進行強諫時，哲宗絲毫未予理睬。及蘇轍奏對時，「上益怒」，切責蘇轍把神宗比作漢武帝，「聲甚厲」。〔註227〕蘇轍下殿，上〈待罪劄子〉，要求「少寬刑誅，特賜屏逐」。〔註228〕結果蘇轍被命出知汝州（今河南），六月再貶袁州（今江西宜春），尚未到達袁州，七月又被命分司南京，筠州（今江西高安）居住。這就是所謂的「歲更三黜」，〔註229〕一年中先後貶官汝州、袁州、筠州。四月時，御史虞策上言彈劾蘇軾，說他從前所作的詔誥文字，語涉譏訕；殿中侍御史來之邵則上疏說：「軾凡所作文字，譏斥先朝，援古況今，多引衰世之事，以快怨憤之私。」至紹聖元年閏四月，五十九歲的蘇軾以「詆斥先朝」罪，先貶英州（廣東英德），在赴貶所的半途，又接到新的命令，「責授寧遠軍節度副使，惠州（廣東惠陽）安置」。

到了紹聖四年（1097）二月時，朝廷先藉口司馬光等「偶緣身死，不及明正典刑」，追貶司馬光、呂公著等；接著又藉口死者已重處，而生者「雖嘗懲責而罰不稱愆」，因此流放呂大防、劉摯、范純仁等於嶺南，蘇轍被責授化州別駕，雷州（廣東海康）安置。蘇軾則是責授瓊州別駕，昌化軍安置。朝廷中的新政派官僚又擔心元祐黨人的後裔有朝一日復起，會以同樣的方式懲治新黨。於是，元祐黨人的後裔也遭到了厄運，不僅被限制「不得住本州」，還被剝奪了出仕任官的資格。

蘇軾在海南大約三年，生活漸漸安定下來後，就為無書可讀而煩惱。第一次由張中陪同往訪黎子雲時，見他家有柳宗元集數冊，立即借回來終日玩誦。〔註230〕後來又得在惠州當官的老朋友鄭嘉會（靖老）來信，說有書千餘卷，將託船運裝到海南來借他。元符二年（1099）五月，書籍運到，蘇軾非常開心，與兒子蘇過兩人將書編排整齊，作書報謝：「此中枯寂，殆非人世，然居之甚安。諸史滿前，甚有與語者也。借書，則日與小兒編排整齊之，以

〔註226〕蘇轍：〈論御試策題劄子二首之一〉，《蘇轍集‧蘇轍後集卷十六》，頁1066。
〔註227〕《皇宋通鑑長編紀事本末‧卷一百‧紹述》（《宛委別藏》，臺北：臺灣商務印書館，1981年10月），頁3183～3184。
〔註228〕蘇轍：〈待罪劄子〉，《蘇轍集‧蘇轍後集卷十六》，頁1068。
〔註229〕蘇轍：〈分司南京到筠州謝表〉，《蘇轍集‧欒城後集卷十八》，頁1079。
〔註230〕許顗：《許彥周詩話》中說：「東坡在海外，盛稱柳柳州詩，黎子雲家有柳文，日久玩味，雖東坡觀書亦須著意研窮，方見用心處耶！」見王雲五主編：《叢書集成初編》（上海：上海商務印書館，1939年12月），頁5。

須異日歸之左右也。」〔註231〕有了必要的書籍，蘇軾就開始整理黃州所作《書傳》的未完稿，並對已成的《易傳》、《論語說》作了修訂和補充，至元符三年（1100）完成了《書傳》十三卷，〔註232〕他在〈答李端叔（三）〉中說：「所喜者，海南了得《易》、《書》、《論語傳》數十卷，似有益於骨朽後人耳目也。」〔註233〕

蘇軾即使流貶海南，也還是維持著研讀歷史的興趣。蘇軾〈與程秀才書〉中曾說：「兒子到此，抄得《唐書》一部，又借得《前漢》欲抄。若了此二書，便是窮兒暴富也。呵呵。老拙亦欲爲此，而目昏心疲，不能自苦，故樂以此告壯者爾。」〔註234〕可見蘇軾將自己抄書的習慣傳承給兒子，並指導他讀史。至於他自己雖然已經沒有抄書的精力，但仍舊注重歷史中世事盛衰、風俗演變的情況，進而思考其中原委，形諸筆墨。《志林》中所收的〈論古〉十三條：〈論武王〉、〈論養士〉、〈論秦〉、〈論魯隱公〉、〈論魯隱公里克李斯鄭小同王允之〉、〈論管仲〉、〈論孔子〉、〈論周東遷〉、〈論范蠡〉、〈論伍子胥〉、〈論商鞅〉、〈論封建〉、〈論始皇漢宣李斯〉、〈論項羽范增〉，應該就是在海南時期所寫作的文章。〔註235〕

蘇轍在第一次被貶筠州時，就已經大致完成了《詩集傳》和《春秋集解》，〔註236〕也開始進行《老子解》和《古史》的著述。後來因爲元祐年間回朝任官，而有所停頓。在紹聖元年（1094）開始的這一次貶謫時期中，一方面是先完成《古史》和《老子解》，另一方面則是對這四部學術著述不斷進行修改。紹聖二年（1095）三月於筠州完成了《古史》，蘇轍說：

太守柳君平，年老更事，憐予遠來，其吏民亦知予疇昔之無害也，

〔註231〕蘇軾：〈與鄭靖老（一）〉，《蘇軾文集卷五十六》，頁1674。

〔註232〕蘇軾《書傳》十三卷，收入《四庫全書‧經部‧書類》，其提要曰：「軾究心經史之學，明於事勢，又長於議論，於治亂興亡，披抉明暢，較他書獨爲擅長。」見《景印文淵閣四庫全書》（臺北：臺灣商務印書館，1986年3月），第54冊，頁485。

〔註233〕蘇軾：〈答李端叔（三）〉，《蘇軾文集卷五十二》，頁1540。

〔註234〕蘇軾：〈與程秀才（三）〉，《蘇軾文集卷五十五》，頁1629。

〔註235〕明‧茅坤：「予覽志林十三首，按年譜，子瞻由南海後所作，公於時經歷世途已久，故上下古今處所見尤別。」見《蘇文忠公文鈔‧始皇論二》卷十二。蘇軾在〈與鄭靖老（三）〉中說：「《志林》竟未成，但草得《書傳》十三卷，甚賴公兩借書籍檢閱也。」見《蘇軾文集卷五十六》，頁1675。

〔註236〕蘇轍〈春秋集解引〉中說：「予始自熙寧謫居高安，覽諸家之說而裁之以義，爲《集解》十二卷。」見《三蘇全書》第3冊，頁13。

> 相與安之。於城東南陬得民居十數間，茸而居之，逾月而定。借書
> 於州學，不足者，求之諸生，以續《古史》之缺。明年三月而成，
> 凡六十卷。〔註237〕

看來，筠州的太守對蘇轍不錯，還肯從州學裡借書給他，讓他得以完成《古史》。蘇轍在紹聖四年（1097）三月再貶雷州後，完成了《老子解》，並且寄給蘇軾看。蘇轍說：

> 予至海康，閑居無事，凡所爲書多所更定，乃再錄《老子》書以寄子瞻。〔註238〕

元符元年（1098）三月遷循州（廣東龍川），又對《春秋集解》再三改定。蘇轍在元符二年（1099）閏九月時所寫的〈春秋集解引〉中說：

> 紹聖之初，遷於南方，至元符元年，凡三易地。最後卜居龍川之白
> 雲橋，杜門無事，凡所改定，亦復非一。〔註239〕

　　另外，蘇轍在龍川追憶了平生所參與的各項重大政治活動，命幼子蘇遠書之於紙，名爲《龍川略志》，共十卷。又追記平日所聞前賢、時賢的軼事，成《龍川別志》四卷。蘇轍的筆記政治色彩濃厚，具有較高的史料價值，有助於後世了解元祐之政和北宋名臣的言行事蹟。

　　元符三年（1100）正月，年僅二十五歲的宋哲宗病逝。宋徽宗繼位後，大赦天下，貶謫嶺南的元祐大臣逐漸內遷，元符三年六月，蘇軾渡海北歸，建中靖國元年（1101）七月二十八日病逝於常州。蘇轍也陸續北還，由永州、岳州、鄂州，最後終於可以在潁昌居住。可是宋徽宗初即位時想調停新舊兩黨，調停不成，他很快又開始迫害元祐臣僚。建中靖國元年十一月，改元崇寧，表示要崇尚熙寧之政。崇寧元年（1102）五月韓忠彥罷相，追貶司馬光等四十四人，其子弟不得在京師作官。七月以蔡京爲尚書右僕射兼中書侍郎，九月立黨人碑於端禮門，蘇軾、蘇轍及蘇門四學士皆在黨籍中。崇寧二年（1103）二月詔黨人子弟不得至京師，四月詔毀司馬光等在景靈宮的繪像及三蘇等人的文集。九月令州軍立黨人碑，宗室不得與黨人子孫爲婚。宋徽宗、蔡京對元祐大臣及其後代的迫害，比宋哲宗、章惇還要厲害。

　　由宋徽宗建中靖國元年（1101）到政和二年（1112）蘇轍閑居潁昌，對於

---

〔註237〕蘇轍：《古史・書後》，《三蘇全書》第 4 冊，頁 443。
〔註238〕蘇轍：〈再題老子道德經後〉，《三蘇全書》第 5 冊，頁 483。
〔註239〕蘇轍：〈春秋集解引〉，《三蘇全書》第 3 冊，頁 13。

其重視的那四本學術著作又作了精心的修改，他說：「予自居潁川，十年之間，於此四書復多所刪改。以爲聖人之言，非一讀所能了。故每有所得，不敢以前說爲定。」〔註240〕除了上這些學術論著外，最重要的作品是《歷代論》四十五篇，這是繼二十五篇《進論》之後的另一組史論。《進論》以評各朝的得失爲主，《歷代論》則以評價歷史人物爲主，從遠古的堯舜，一直評到五代時的馮道。蘇轍在〈歷代論引〉中自述寫作動機：

> 元符庚辰，蒙恩歸自嶺南，卜居潁川。身世相忘，俯仰六年，洗然無所用心，復自放圖史之間，偶有所感，時復論著。……然心所嗜，不能自已，輒存之於紙，凡四十有五篇，分五卷。〔註241〕

《歷代論》名爲論史，其實還是論政，而且所謂「偶有所感」，不僅僅是對於歷史記載的感觸，更多的是有感於現實而發。由此組史論，可以看出蘇轍晚年的政治思想，並可以藉此觀察其思想與外在環境互動而變化的軌跡。〔註242〕

「閱讀」與「寫作」是心靈寄託的重要方式之一，蘇軾和蘇轍在神宗元豐年間和哲宗紹聖之後這兩段「貶謫時期」，就是依靠這樣的方式，得以在經歷貶謫的磨難後，能承受憂患、理解憂患並最終超越憂患以獲取自由人格。因爲在黨爭的嚴峻情勢下，不容許蘇軾和蘇轍實際發揮才能來報效國家，也不容許他們再如任官時期一般直接批判時政，於是他們轉以「著書立說」作爲抒發意見的管道。蘇軾撰寫了《論語說》、《易傳》和《書傳》，蘇轍撰寫了《詩集傳》、《春秋集解》、《古史》和《老子解》。他們相當注重學術研究的嚴肅性、深刻性和創造性，不但多次修訂，而且彼此交換意見，最後，兩人對於自己的研究成果都相當的自豪和自信。另外，兩人都保持了研讀歷史的興趣，蘇軾寫了《志林》中的「史評」，蘇轍寫了《歷代論》，以之發揮「藉古諷今」、「託古喻今」和「援古證今」的實用效果。

## 第四節　小　結

在這一章中，主要說明三蘇史論詮釋立場之建立，分別是由「成學背景」、「知識傳統」和「時代背景」三方面來討論。綜上所述，我們可以發現三蘇

---

〔註240〕蘇轍：〈再題老子道德經後〉，《三蘇全書》第 5 冊，頁 483～484。

〔註241〕蘇轍：〈歷代論引〉，《蘇轍集・欒城後集卷七》，頁 958。

〔註242〕可參考陳秉貞：〈蘇轍《歷代論》的歷史詮釋與意義建構〉，臺北：《人文及社會學科教學通訊》第 13 卷第 6 期，2003 年 4 月，頁 187～206。

史論的詮釋立場具有很高的同質性。

在成學背景與詮釋立場方面，三蘇有四項共同的特色：第一個特色是以古為師。蘇洵的學習是來自直接閱讀古代各種典籍，親炙古代聖賢的心靈，蘇軾和蘇轍承襲父學，也具有相同的學習途徑。

第二個特色是廣博涉獵。三蘇都廣泛閱讀了經、史、諸子、詩、文等各類歷史文獻、學習效法當朝人物的事蹟和文章，以及透過遊歷來增廣並印證從書本上學到的知識。廣博涉獵的特色使得三蘇的史論具有廣闊的關注層面，讓他們在創作時有更深厚的內涵基礎。閱讀歷史的習慣，也幫助蘇軾和蘇轍在貶謫時期，能夠更好地安頓自我惶惑不安的心靈。

第三個特色是務出己見。蘇洵、蘇軾、蘇轍都主張應該要直接閱讀經典本身，以閱讀者個人的心靈去體會聖人寫作時的心靈，突破受繁複言辭迷惑的困境，藉此與聖人直接對話，來獲得個人的創見。當個人的創見累積到一個程度，並且積蓄了許多「非表達不可的強烈情感」之後，就會引發創作的意念。因此，三蘇之所以寫作史論，三蘇的史論之所以能具有感染力，與務出己見的特色是息息相關的。

第四個特色是適於實用。蘇氏父子寫作史論的共同目標是「以古今成敗得失為議論之要」，也就是要從歷史中尋繹成敗得失的原則，以之議論當今之事，提供下判斷、作抉擇時的依據。因為這種自覺性的追求，以史論今的表現在三人的史論中隨處可見。尤其是蘇軾，對於歷史典故的運用，最為靈活與大膽。

在知識傳統與詮釋立場方面，三蘇有三個共同的傾向：第一個傾向是重禮輕法，三蘇把「禮」當作六經的核心，認為禮是重視人倫關係、符合人情發展的；而執行不當的法，卻是違反人情，又會破壞人倫關係的。重禮輕法的傾向，使得三蘇史論對於「人」有極大的關注和詮釋，也影響了三蘇史論對於「政治制度」的看法。

第二個傾向是明勢通變，三蘇之所以重視「勢」和「變」，是因為《尚書》、《周易》、賈誼著作和兵家思想的啟發。這個傾向，使得三蘇史論的歷史觀在承認歷史變動的前提下，強調著人事的可能性。蘇軾更在這個基礎上，對於「變」與「不變」的因應之道，提出獨特的見解，以處理道德理想主義和歷史經驗主義兩極化所可能產生的問題。

第三個傾向是經史互證，蘇洵所建立的經史互證觀念，形成了三蘇蜀學

「重史」的特色，有別於宋代其他學術流派對於經史關係的看法。三蘇經史互證的觀念落實在蘇軾和蘇轍用「以史證經之褒貶」的原則來詮釋《春秋》，通常選擇採用重視歷史記事的《左傳》來說明《春秋》的微言大義。蘇洵則是用「以經酌史之輕重」的原則來詮釋史書，選擇以《春秋》作爲標準，來評價「四史」。蘇軾、蘇轍又發展出考證史料正誤的方式：以史證史、以人情證史、以經證史、以實際地理考察證史。他們希望提醒後世，對於史料的運用應該要「因時而變」、「因地制宜」。經史互證的傾向，使得三蘇史論在材料的選取和判斷方面具有嚴謹的特色。

由時代背景與詮釋立場方面，可看出在不同時期中，三蘇史論關懷的內容和書寫形式就有不同的表現。藉此可以觀察三蘇史論的內容與「現實」之間的關係和脈絡，以及他們如何因應時代大環境的改變而調整史論的書寫形式。

三蘇父子共同的仕宦經歷，就是「求用時期」，背景主要在宋仁宗、宋英宗兩朝（英宗朝僅有四年）。三蘇在這個時期所寫的史論，其呈現形式大都是策論、試論，而內容則是針對仁宗朝的弊病而發，意圖改變舊法、革除弊政，因此在觀點上有頗高的同質性。蘇洵於宋英宗治平三年（1066）去世之後，蘇軾和蘇轍兩人共同經歷了「任官時期」和「貶謫時期」。從宋神宗熙寧二年（1069）任用王安石施行新政開始，北宋便陷入了新、舊兩黨的論爭和權力交替中。對於王安石所推行的新法，蘇軾和蘇轍都是站在反對的立場，意見一致，因此在「任官——貶謫——任官——貶謫」的出處際遇上也相似。蘇軾和蘇轍於「任官時期」所寫的史論，其表現形式是以奏議和策問爲主，內容都是針對新法而發。而於「貶謫時期」所寫的史論，表現形式偏重於經典注疏和歷史筆記，在內容上則是發揮了「藉古諷今」、「託古喻今」和「援古證今」的實用效果。整體來說，不論際遇如何，蘇軾和蘇轍都繼續撰寫史論，堅持呈現出「重史」的家學特質，只是受限於現實環境，不得不改變了表達史論的形式，因此也開拓了史論的表現形式。

# 第三章　三蘇史論之歷史觀

　　人既是歷史性的存在，也是不斷通過理解歷史而創造意義的存在。在歷史詮釋與意義建構的過程中，歷史性和詮釋性是相互糾纏、共同生成的。一方面是對文本歷史寓意的超越，一方面是闡釋主體在闡釋中經由文本歷史寓意的超越而獲得自我超越。闡釋不僅完成著先啓後承的時間結構，同時也完成著多元對話、互啓互動、互相生成的空間結構。〔註1〕

　　三蘇寫作史論的主要目的之一，就是要探討歷史變動的原因及探求其中內在之「理」，這是理解歷史的根本思考。他們所論的基本範疇包括了「天人關係論」、「勢論」和「中庸論」，分別探討了在歷史變動中的「天命與人事的關係」、「時勢與人事的關係」，以及人在因應時空流轉的變化時應該追求的「理想境界」。

## 第一節　天人關係論

　　在先民與大自然搏鬥求生存的歷程中，「天」與「人」的關係應該是他們最早開始思索的問題之一。隨著人類社會發展的複雜化，漸漸地開展出幾種不同類型的天人關係論。

　　整體來看，中國的「天人關係論」雖不限於「天人合一」，但「天人合一」可說是天人關係論中最主要的思想模式。由於對於「天」涵義認知的不同，又發展出三種不同類型的「天人合一論」：〔註2〕

---

〔註1〕　參考高楠：〈闡釋的主體性及超越性〉（汝信、王德勝主編：《中國美學》，總
　　　　第1輯，北京：商務印書館，2004年），頁185。
〔註2〕　參考楊慧傑：《天人關係論——中國文化一個基本特徵的探討》（臺北：大林

一、天人感應型：天的涵義是至上神，與天相應的人爲天子。天處於主宰性的地位，對天子有賞罰之權。天子承受天命，爲人間的王，必須體恤天的仁愛，以活萬民。這一種意義的天人關係論，在歷史上大抵出現於周初「德、命符應」之說，主要因應的是統治權轉移的問題。殷人認爲上帝既是至上神，又是自己的祖先，因此「天命」是不會移易的；周人則從夏、殷、周的更迭，得出「如果統治者違背了天命，天命就會發生轉移」的結論。爲了獲得「天命」，周初的統治者一再提倡「德」的重要，只有發揚這個重「德」的傳統，才能維護長久的統治。之後墨子恢復古老傳統的法天思想，藉以建立平治天下的學說。《易傳》則在《易經》六十四卦的變化所顯示的獨有結構中，主張效法天地之變化，並在變化中找出人生行爲的規律和智慧的啓發。到了西漢董仲舒的天人感應系統中，這一類型獲得很大的發展。因爲混入了陰陽家的災異觀念，故認爲人（天子、大臣）的行爲須對天地間的祥瑞災變負責任。

二、天人合德型：天的涵義是道德的化身，與天相應的人爲聖賢，以及所有能經由修養工夫而到達聖賢的人。人們因爲面對春秋時期王室衰微、諸侯活躍、大國爭霸、戰爭頻仍、社會動盪的種種現象，開始對「天命」有所懷疑，便轉由從「人事」本身來解釋社會現象，有的思想家、政治家更破天荒地提出了與「天道」相對立的「人道」。這一類型以儒家人本精神爲主導，認爲人性本諸天命，所以「人性」與「天道」相貫通。人可以經由心性工夫，使人德與天德相齊。在這個意義上，天人合一的模式遂表現爲天人合德或天人同德，而形成一「道德的宇宙」。由於肯定「性即本諸天命」，因此所謂對天的了解，其實是以了解人性和在自然中的人類情態爲目標的。孔子首先在道德自我的實踐中開出天人合德的境界，孟子則進一步爲這個境界揭示一套心性的修養工夫。中庸的天人關係論與孟子最爲接近，但使用的概念不同，中庸使用的主要概念是誠，即由誠而貫通天人。孟子心性之學著力在顯現道德的主體，而中庸對於道德的終極境界有較多積極性的思考。

三、因任自然型：天的涵義是自然，與天相應的人就是具有赤子情懷的神人或眞人。這一類型的天人關係，是在道家自然主義的發展中形成的。在道家的思想中，人生的最高境界就是物我渾然一體，天人調適而不相勝。因此人要通過個體精神的超越，追求眞樸和諧的人生，達到神人或眞人的境界。老子的思想中雖涵有自然主義的天人合一論，但畢竟不是重點。這一類型的天人關係

出版社，1981 年 1 月）。

論，到莊子才有重大的發展。莊子經由心的虛靜工夫，追求與天地萬物冥合的精神境界。在這一過程中，他發展出動態的生命觀，並將自然精神化。

至於中國傳統史學思考的中心思想，可以歸納為「天道」、「人道」和「治道」三方面。「天道在變易中見，人道在善惡中見，治道在興亡中見。治道是人道的實踐，人道是天道的主體，天道是人道的法則。」〔註3〕因此，「天人關係」也可說是中國古代歷史理論中一個根本性的問題。關於它的認識和討論，涉及到如何看待社會存在的形式和歷史運動的原因。

影響歷史運動的原因和社會存在形式的構成，最主要當然是「人」的活動。針對一個歷史事件，我們可能會產生的疑問包括：「人」為什麼「能」這麼做？「人」為什麼「要」這麼做？「人」為什麼會有這種「下場」？「人」應該「如何」做，才能避免發生同樣的下場？這些問題大部分可以從「人」本身找到答案，但不可否認的是，確實也有一股推動歷史卻又非人力所能充分理解的力量存在，這就會被當作「天」的問題來探討。針對歷史現象的「天人關係」，我們要思考的是：何者是屬於天的範圍，何者是屬於人的範圍，要到什麼界線才是「人事」所不能著力，而必待之「天道」？

三蘇史論裡的「天人關係」論，主要是以「天人合一」為基礎來發展的。他們吸收融會了傳統文化中天人合一論的三種主要類型，並且創造性地呈現出自己對於客觀形勢（天）與主觀判斷（人）之關係的新認識。

# 一、三蘇對於「天」的概念

## （一）「天」的概念之一：自然萬物

對於「天人感應型」中的「災異」說法，蘇氏父子都是反對的。像蘇洵曾經批評司馬遷《史記》中對於商、周始祖來源的記載，是「神奇妖濫」：

> 《史記》載帝嚳元妃曰姜原，次妃曰簡狄。簡狄行浴，見燕墮其卵，取吞之，因生契，為商始祖。姜原出野，見巨人跡，忻然踐之，因生稷，為周始祖。其祖商、周信矣，其妃之所以生者，神奇妖濫，不亦甚乎！〔註4〕

而蘇軾對於《公羊傳》的說法大都不採信，原因就在於《公羊傳》好言災異：

---

〔註3〕 呂謙舉：〈中國史學思想的概述〉，見《中國史學史論文選集》（臺北：華世出版社，1976年），頁1090。

〔註4〕 蘇洵：〈譽妃論〉，《嘉祐集卷八》，頁78。

三家之傳，迂誕奇怪之説，《公羊》爲多，而何休又從而附成之。後
之言《春秋》黜周王魯之學與夫讖緯之書者，皆祖《公羊》。〔註5〕

蘇轍更是在〈御試制策〉中，明白地表示他反對「災異」説的意見：

陛下戒慎天災，震懼日食、淫雨、暖氣、江河之失度，而思聞告戒
消伏之理，推劉向之傳，考呂氏之紀。夫劉向之説五行事，各以類
感滯於一方，而不得相通。呂氏之書，隨其時月而指其必然之災異，
其言皆迂怪而難信，安足爲陛下道哉？臣聞災異之説有二：有可得
而推知其所從來者，有不可得而推知其所從來者。可得而推者，人
之所爲也；不可得而推者，天之所爲也。人之所爲者，不過盜賊竊
發於山林，戰敗兵破而不得復。盜賊竊發，是衣食不足，政暴吏苛
之罪也；戰敗兵破，是任人不明，將不爲用之過也。至於天之所爲，
凶旱、水溢、蟲蝗、霜雹、日食、地震、星辰隕墜，是安知其所由
來哉？譬如人之將病也，五臟失據於中，而變見動於四肢，發於百
體。醫者切其脈，而觀其色曰是「心病也」，「肺病也」，是皆可也。
至於鬼嘯於梁，捐瓦於堂，而動之曰「是心也」，「是肺也」。則可乎？
要以人之神明精爽消散而不充，是以邪物得而干之，而尚何擇乎心
肺之間哉？古之儒者其論災異，則皆有此弊也。〔註6〕

在這段話中，蘇轍指出：「可得而推知其所從來」的事情，都是「人之所爲」；
而「不可得而推知其所從來」的，則是「天之所爲」。像有盜賊或打敗仗等，
是人爲因素的災禍，可以透過改善經濟、法治、吏治和軍事措施來防止。但
是像水旱災、蟲災、地震和天象變化等「天災」，在當時的知識背景之下，既
然無法明白它們的產生原因，就不能説是因爲「某個」施政措施不當而對應
導致的。蘇轍認爲這些「天之所爲」的災異與國家的關係是在於：國家的施
政有許多不當，造成自身「體質」衰弱，所以才會很容易受到天災發生的干
擾。如果施政良好，國家「體質」健壯，又何必擔心這些大自然的災害呢？

由此可知，三蘇在評論「天人感應説」時，「天」這個詞是指「大自然」
和「天地萬物」。進一步思考：人與大自然萬物之間的「天人關係」是怎麼樣
的呢？蘇洵曾説：

因天地萬物有可以如此之勢，而寓之於事，則其始不強而易成，其

---

〔註5〕蘇軾：〈論春秋變周之文〉，《蘇軾文集卷三》，頁76。
〔註6〕蘇轍：〈御試制策〉，《蘇轍集·欒城應詔集卷十二》，頁1356。

> 成也窮萬物而不可變。聖人見天地之間以物加物，而不能皆長，不
> 能皆短，於是有度；見一人之手不能盛江湖之沙礫，而太山之谷納
> 一石而不加淺，於是有量；見物橫於空中，首重而末舉，於是有權
> 衡。長短之相形，大小之相盛，輕重之相抑昂，皆物之所自有，而
> 度量權衡者因焉。〔註7〕

所謂「因天地萬物有可以如此之勢，而寓之於事」，可以說是人類最現實的天
人關係：「物質利用關係」。先民們為了要謀生，就必須利用和改造自然界各
種現成物，以滿足自己的需要。在這樣的利用關係中，第一層次是直接以外
在自然界的各類對象為「材料」，製造、加工、構築成為生活所需的各種物品。
第二層次就是蘇洵在此提到的，藉由自然界萬物「特性」的啟發，創建出「人
文制度」。第三層次則是掌握存在於萬物間的「至理」，並且運用至人事上。
蘇轍說：

> 事物之變，紛紜雜出，若不可知，然而有至理存焉。禍福治亂之際，
> 傾側多故，若不可處，然而有夷路存焉。世之人不知至理之所在也，
> 迷而妄行，於是有風波作於平地，親戚化為仇怨者矣。聖人不然，
> 虛心以待物，物至而情偽畢陳於前。夫知所以御之，是以遇繁而若
> 一，履險而若夷，未嘗有所難者。《易》曰：「聖人有以見天下之動，
> 而觀其會通，以行其典禮。繫辭焉以斷其吉凶，是故謂之爻。」會
> 通者，理之所出也；典禮者，其所以接物也。〔註8〕

我們常常會被萬物龐雜紛亂的表象所迷惑，以至惶惶不安，無所適從。蘇轍
指出，各種事物都是循「至理」存在而且運行的，人世間的禍福治亂，也都
有一定的理路可循。我們應該要學習聖人「見天下之動，而觀其會通」，掌握
萬物共通之理，再把此「理」運用到人事當中，來因應複雜的人事物。

### （二）「天」的概念之二：天道

　　三蘇論「天人關係」，往往由《周易》中獲得啟發，例如上段引文，蘇轍
所引用的「聖人有以見天下之動，而觀其會通，以行其典禮。繫辭焉以斷其
吉凶，是故謂之爻。」便是出自《周易‧繫辭上》。〔註9〕蘇洵的〈易論〉則
是以卜與筮進行過程的不同，來論天與人的關係：

---

〔註7〕蘇洵：〈送吳侯職方赴闕引〉，《三蘇全書》第6冊，頁111。
〔註8〕蘇轍：〈觀會通以行典禮論〉，《蘇轍集‧欒城三集卷六》，頁1214。
〔註9〕《周易‧繫辭上》，《十三經注疏‧周易正義》，頁150。

> 卜筮者，天下之至神也。而卜者，聽乎天而人不預焉者也，筮者決
> 之天而營之人者也。龜，漫而無理者也，灼荊而鑽之，方功義弓，
> 惟其所爲，而人何預焉？聖人曰：是純乎天技耳，技何所施吾教？
> 於是取筮。夫筮之所以或爲陽、或爲陰者，必自分而爲二始；卦一，
> 吾知其爲一而卦之也；揲之以四，吾知其爲四而揲之也；歸奇於扐，
> 吾知其爲一、爲二、爲三、爲四而歸之也，人也。分而爲二，吾不
> 知其爲幾而分之也，天也。聖人曰：是天人參焉，道也，道有所施
> 吾教矣。〔註10〕

用龜殼、牛骨進行占卜，人所能做的只是前置作業，而兆象的產生則是決定
於火燒灼後的自然龜裂，所以說是「聽乎天而人不預焉」。而「筮」的過程，
則是由人先在五十根蓍草中抽出一根，再將其餘分爲兩部分，然後四根一數，
以定陰爻或陽爻。在分爲兩部份的那個階段，決定權在「天」，具有「神秘不
可知」的特性。但是之後四根一數以定陰爻陽爻的階段，執行和解讀的都是
「人」，將「天意已定但未知」的結果明朗化並歸結出道理，再教化百姓。

　　蘇軾也曾由「巽」卦的〈象辭〉論「天人關係」：

> 天地之化育，有可以指而言者，有不可以求而得者。今夫日，皆知
> 其所以爲煖；雨，皆知其所以爲潤；雷霆，皆知其所以爲震；雪霜，
> 皆知其所以爲殺。至於風，悠然布於天地之間，來不知其所自，去
> 不知其所入，噓而炎，吹而泠，大而鼓乎大山喬嶽之上，細而入乎
> 竅空窌屋之下，發達萬物，而天下不以爲德；摧拔草木，而天下不
> 以爲怒，故曰天地之化育，有不可求而得者。此聖人之所法，以令
> 天下之術也。……聖人之在上也，天下可由而不可知，可言而不可
> 議，蓋得乎巽之道也。〔註11〕

「巽」卦代表的是「風」，〈象辭〉則是「重巽以申命」〔註12〕（兩個巽卦相
合，強調命令與順從）。蘇軾所要解釋的，就是「風」與「重巽以申命」之間
的對應關係。「風」是「來不知其所自，去不知其所入」的，可以「發達萬物，
而天下不以爲德；摧拔草木，而天下不以爲怒」，具有「神秘不可知」的特性。
在蘇洵和蘇軾的這兩段論述中，都把「人力所不能掌控」、「不可求而得」、「不

---

〔註10〕蘇洵：〈易論〉，《嘉祐集卷六》，頁52。
〔註11〕蘇軾：〈御試重巽以申命論〉，《蘇軾文集卷二》，頁35。
〔註12〕《周易‧巽卦》，《十三經注疏‧周易正義》，頁129。

可知」的部分歸於是「天」，而且也都提到要聖人效法天道。善用「因不可知而令人敬畏」的特性，使聖人教化之道受尊重推崇；善用「可由而不可知」的特性，使眾人樂於遵循與服從聖人教化之道。

　　總而言之，三蘇把「天」的概念區分為兩個層次，最上層是有一定原則、規律的「天道」，具有「不可知」、「人力不可掌控」的特性；其下是紛紜龐雜的「大自然萬物」，有「至理」存在其中，是「可知」的，也是可被運用的。

## 二、三蘇對於天人關係的主張

　　在上述對於「天」的認知之下，三蘇進一步發展出下列幾種對於天人關係的主張：

　　（一）人生之初，便由上天稟受了個性、性向等種種「天賦」。有了怎麼樣的天賦和才能，就會順著那樣的方向發展，是勉強不來的。蘇軾說：

> 道可以講習而知，德可以勉強而能，惟知人之明不可學，必出於天資。如蕭何之識韓信，此豈有法而可傳者哉！以諸葛孔明之賢，而知人之明，則其所短，是以失之於馬謖。而孔明亦審於自知，是以終身不敢用魏延。〔註13〕

從蕭何能識韓信，而以諸葛孔明之賢卻失之於馬謖的歷史事實，蘇軾認為：「道理」可以透過教導而認知，「德行」可以透過修養而成就，但是像「知人之明」這樣的「才能」，只能說是「天賦」、「天資」。實際上也是如此，哪一位統治者不知道應該要知人善任？但是卻沒有人可以「學會」知人之明。蘇洵也說：

> 在朝廷而百官肅，在邊鄙而四夷懼，坐之於繁劇紛擾之中而不亂，投之於羽檄奔走之地而不惑，為吏而吏，為將而將。若是者，非天之所與，性之所有，不可勉強而能也。道與德可勉以進也，才不可強揠以進也。〔註14〕

要能夠做什麼像什麼，也是一種「天賦」的才能，沒有當將軍的天賦才能，如何能統馭千軍萬馬，保家衛國？沒有擔任官吏的天賦才能，又如何能處理好繁雜瑣碎的事務，讓國家循常軌運行？

　　蘇洵對於這一點感觸極深，他因為不擅長「屬對聲律」之學，所以科舉屢試不中。即使後來透過刻苦自學，在思想和文學上已經卓然有成了，仍舊

---

〔註13〕蘇軾：〈擬進士對御試策并引狀問〉，《蘇軾文集卷九》，頁306。
〔註14〕蘇洵：《衡論・養才》，《嘉祐集卷五》，頁39。

未能擔任可以實際發揮其治國理念的官職。其實他自己是有「觀古今興亡成敗之得失，以用於當世」的才能的，但是因為考試制度的僵化，使得真正的人才不能被重用。不過蘇洵並不自暴自棄，他在〈上田樞密書〉中，表明了自己的心志：

> 天之所以與我者，夫豈偶然哉。堯不得以與丹朱，舜不得以與商均，而瞽叟不得奪諸舜。發於其心，出於其言，見於其事，確乎其不可易也。聖人不得以與人，父不得奪諸其子，於此見天之所以與我者不偶然也。夫其所以與我者，必有以用我也。我知之不得行之，不以告人，天固用之，我實置之，其名曰棄天；自卑以求幸其言，自小以求用其道，天之所以與我者何如，而我如此也，其名曰褻天。棄天，我之罪也；褻天，亦我之罪也；不棄不褻，而人不我用，不我用之罪也，其名曰逆天。然則棄天、褻天者其責在我，逆天者其責在人。在我者，吾將盡吾力之所能為者，以塞夫天之所以與我之意，而求免乎天下後世之譏。在人者，吾何知焉。吾求免夫一身之責之不暇，而為人憂乎哉？孔子、孟軻之不遇，老於道途而不倦不慍、不怍不沮者，夫固知夫責之所在也。衛靈、魯哀、齊宣、梁惠之徒之不足相與以有為也，我亦知之矣，抑將盡吾心焉耳。吾心之不盡，吾恐天下後世無以責夫衛靈、魯哀、齊宣、梁惠之徒，而彼亦將有以辭其責也，然則孔子、孟軻之目將不瞑於地下矣。夫聖人、賢人之用心也固如此。如此而生，如此而死，如此而貧賤，如此而富貴，升而為天，沉而為淵，流而為川，止而為山，彼不預吾事，吾事畢矣。〔註15〕

其實在歷史上多的是懷才不遇的例子，即使像孔子、孟軻這樣的聖賢，也曾經無法實踐自己的治國理想於當世。因此蘇洵認為，人有責任努力運用上天所賦予的才能，不可棄而不用，那是「棄天」；也不可小看自己，那是「褻天」。至於是否被任用，責任就是在別人的身上了。如果別人不用我的才能，是他「逆天」。我們只需要擔心自己是否能盡責就好了，不必替他人的「逆天」憂慮，也不要讓自己的「不盡心」，成為別人「逆天」的藉口。

（二）歷史上所見許多人物或事件的下場，都符合「天道」中的「因果」關係。這個觀點，在蘇轍《古史》的史論中表現得最為明顯。例如蘇轍論蒙恬：

> 蒙氏為秦吞滅諸侯，其所殘暴多矣。子孫以無罪戮死，此天意也。恬

---

〔註15〕蘇洵：〈上田樞密書〉，《嘉祐集卷十》，頁103。

以長城之役，竭民力，斷地脈，自知當死。而毅以忠信事上，自許無罪，死而不厭。夫偷合取容，咎亞李斯，此其所以不免者哉！然始皇病於琅邪，使毅還禱山川，至沙丘而崩。使毅尚從，則趙高、李斯廢適之謀，殆不能發。嗚呼！天之所廢，人謀固無所復施耶！〔註16〕

蒙恬雖然盡心爲秦做事，但是他殘暴地役使百姓、殺戮敵國人民，甚至爲了築長城而「絕地脈」。這些違反自然、天意的「因」，使他的子孫必須遭受「無罪戮死」的「果」。蘇轍《古史・蒙恬列傳》中還記載了蒙恬自殺前的自我省思：

恬喟然太息曰：「我何罪於天？無過而死乎！」良久，徐曰：「恬罪固當死矣。起臨洮，屬之遼東，城塹萬餘里，此其中不能無絕地脈哉？此乃恬之罪也。」乃吞藥自殺。〔註17〕

蒙恬本來還自以爲無辜，但是當他明白自己作爲的「違天」時，也只好接受死亡的後果。秦國的白起在死前，也有一段類似的自省：

起引劍將自剄，曰：「我何罪於天，而至此哉！」良久，曰：「我固當死。長平之戰，趙卒降者數十萬人，我詐而盡坑之，是足以死。」遂自殺。〔註18〕

長平之戰中的趙國降卒四十萬人被坑殺，這是多麼殘忍的事，也是傷害「天理」的事，因此白起必須擔負起責任，以自己的生命償還。這種「報應不爽」的論點，還出現在對於商鞅和李斯的評論中。蘇轍在《古史・商君列傳》分析商鞅的種種措施，例如「不告奸者腰斬，告奸者與斬敵首同賞，匿奸者與降敵同罰，民有二男不分異者倍賦，事末利及怠而貧者，舉爲收孥」〔註19〕等，他認爲都是違反「人情」的，而且還導致了後來李斯有「偶語《詩》、《書》者棄市，以古非今者族」的作爲。至於李斯，蘇轍在《古史・李斯列傳》中認爲秦始皇本身雖然暴虐，但如果不是李斯的「助紂爲虐」，也不至於這麼嚴重。而且李斯明知道趙高的奸詐，還跟他勾結、合作。等到趙高的勢力壯大起來後，才想要除掉他，已經是來不及了。〔註20〕因此認爲「鞅之死至於車裂，而李斯之死至具五刑，皆被赤族之禍。天之報人，豈誣也哉！」〔註21〕

〔註16〕蘇轍：《古史卷五十七・蒙恬列傳第三十四》，《三蘇全書》第4冊，頁420。
〔註17〕同上註。
〔註18〕蘇轍：《古史卷四十四・白起王翦列傳第二十一》，《三蘇全書》第4冊，頁318。
〔註19〕蘇轍：《古史卷三十九・商君列傳第十六》，《三蘇全書》第4冊，頁264。
〔註20〕蘇轍：《古史卷五十六・李斯列傳第三十三》，《三蘇全書》第4冊，頁416。
〔註21〕蘇轍：《古史卷三十九・商君列傳第十六》，《三蘇全書》第4冊，頁264。

可說是「自作孽，不可活」的典型。

蘇軾也是用這樣的觀點來解釋「管仲爲何無後」〔註22〕的。即使管仲的所作所爲令孔子稱其仁，令左丘明稱其有禮，但是他是「以魚鹽富齊」，「與民爭利」的，有一些做法勢必不夠道德，因此不容於天理。還有西漢時的梁統，認爲「高、惠、文、景、武、宣以重法興，哀、平以輕法衰」，居然進言希望「增重法律」。蘇軾一直都是主張「輕法省刑」的，因此認爲梁統的建議不合於天道，說他「一出此言，遂獲罪于天。其子松、竦皆死非命，冀卒滅族。」〔註23〕

除了管仲和梁統之外，還有戰國時的伍子胥（伍員），「員至鞭舊君以逞，逆天而傷義，卒以盡忠而喪其軀，豈非天哉！」〔註24〕戰國七雄中，秦、楚、燕的政治傳承雖然未經篡奪，但是治民暴虐無道；其他四國：韓、趙、魏、齊，都是大夫篡奪而來，治民也非義。上天不喜歡這樣的混亂，本來想要假手於秦來整頓，但是秦國自己也是淫亂的。於是天意就讓呂不韋納妾於子楚，斷絕嬴氏之後，而且傳到二世時，又殺掉了所有的兄弟。〔註25〕蘇轍引《老子》的話：「天網恢恢，疏而不失」來評論這種情況。戰國時春申君黃歇「相楚王，患王無子，而以己子盜其后」，讓楚國的傳承斷絕了，這是因爲楚國「無功於民，而獲罪於天」。但是黃歇這樣的行爲也不正當，所以最後也「與之俱斃」。〔註26〕之後，西漢的桑弘羊被滅族；唐代的韋堅、楊愼矜、王涯之徒，不免於禍；五代後唐時的孔循受誅而死等，都是這樣的原因。

（三）人可以「助天以爲治」。由因果關係來看，天道應該是「賞善罰惡」的，只是其運行可能要跨越世代，非個人短暫的生命所能看見。因此國君可以加強「賞善罰惡」的「及時性」，而史官可以加強其「歷時性」。

蘇轍在〈史官助賞罰論〉中認爲，賞罰之權力所在有三，一是上天，二是君主，三就是史官。上天的賞罰，是「能壽夭禍福天下之人，而使賢者無夭橫窮困之災，不賢者無以享其富貴壽考之福」。但是往往我們看到的卻是賢人遭難，不賢者怡然自得，可見「天之權有時而有所不及也」，所以人君要「用其賞罰之權，於天道所不及之間，以助天爲治」。不過君主的賞罰，局限於「一

〔註22〕蘇軾：〈管仲無後〉，《蘇軾文集卷六十五》，頁2000。
〔註23〕蘇軾：〈梁統議法〉，《蘇軾文集卷六十五》，頁2015。
〔註24〕蘇轍：《古史卷三十五‧伍員列傳第十二》，《三蘇全書》第4冊，頁242。
〔註25〕蘇轍：《古史卷五十五‧呂不韋列傳第三十二》，《三蘇全書》第4冊，頁401。
〔註26〕蘇轍：《古史卷四十八‧春申君列傳第二十五》，《三蘇全書》第4冊，頁347。

時」，不能「明著暴見於萬世之下」，這時就要由史官來記錄，使之流傳千古。

古代的史官，「在周曰佚，在魯曰克，在齊曰南氏，在晉曰董狐，在楚曰倚相。」以這些史官正直的個性看來，他們的記載必定有「助賞罰」的功效，可惜書面資料均已失傳。幸好孔子作《春秋》，是非二百四十二年。「雖其名為經，而其實史之尤大章明者也」，其「助賞罰」的情況是：

> 故齊桓、晉文有功於王室，王賞之以侯伯之爵、征伐四國之權，而
> 《春秋》又從而褒進之，此所以助乎賞之當於其功也。吳、楚、徐、
> 越之僭，皆得罪於其君者也，而《春秋》又從而加之以斥絕擯棄不
> 齒之辭，此所以助乎罰之而當於其罪也。若夫當時賞罰之所不能及，
> 則又為之明言其狀，而使後世嗟嘆痛惜之不已。〔註27〕

孔子著《春秋》是站在維護周天子的角度，來論斷「是非」的。齊桓公、晉文公之所以被《春秋》稱讚，是因為他們「有功於王室」；而吳、楚、徐、越等國，因為僭越了自己的身分，「皆得罪於其君者也」，《春秋》則「加之以斥絕擯棄不齒之辭」，以彰顯其過失。蘇轍認為希望達到「無遺天下之是非」，就必須以「天」、「君」、「史官」這三種賞罰權力互相輔助。在這個觀點中，蘇轍將「天理」、「歷史」、「政治」三者的關係緊緊地聯繫在一起，為「天人關係論」開展出歷史性和政治性的向度。

# 第二節　勢　論

在三蘇的「天人關係」論中，認為天有其運行規律，大自然萬物和人都服膺在這個規律、原則之下，因此萬物之中有「至理」存在，人則稟受才能於天。大自然萬物對人事並不存在著超越的決定關係，反而是人可以因物之理而運用。尤其在天道的因果關係之下，有了壞的「因」，就會導致壞的「果」。因此不論是國家的治亂興衰、戰爭的勝負，還是個人的成敗得失，人都必須為自己的行為負責。

## 一、由「天人關係」到「勢」的討論

雖然「人事」有著重要地位，但三蘇藉由歷史閱讀，發現仍有一種超越於人的主觀之外的力量在對人類社會起作用，制約著歷史的發展變化，他們

---

〔註27〕蘇轍：〈史官助賞罰論〉，《蘇轍集·欒城應詔集卷十一》，頁1346。

稱之爲「天命」或是「勢」。例如「高帝（漢高祖）之入秦，一戰於武關，兵不血刃而至咸陽。此天也，非人也。」漢高祖是趁著章邯和項梁兩敗俱傷之際，秦國內部空虛，而乘虛直入。等到章邯回兵來救時，又正好與項羽相持，對漢高祖一點影響也沒有。漢高祖雖然把握了時機，但是能有這樣的「時勢」，並不是他的「努力」，所以蘇轍說：「此天命，非人謀也。」〔註28〕

又如樂毅與田單在莒和即墨二城的對峙，蘇轍認爲：「此非戰之罪，勇智相敵，勢固然耳。」本來客觀形勢對樂毅是有利的，就像廉頗拒王齕於長平、司馬懿拒諸葛亮於岐山，撑得久的一方就能勝利。但是燕昭王卻在這時去世，導致人事的變動。這樣的「時勢」，也不是樂毅的「錯誤」所造成的，蘇轍認爲這就是「天命」。因此，他同情樂毅，而贊揚田單，因爲田單「兵不滿萬人，堅守二城，以抗百倍之師，相持五年，而無可乘之隙。遷延稽敵，以須天命之復，可不謂知過人哉！」〔註29〕由這兩個歷史事件，導出了探討「時勢」與「人事」關係的「勢論」。

## 二、三蘇論勢之始：蘇洵〈審勢〉

在我們日常生活中，與「勢」相關的辭彙是洋洋可觀的，例如：「風勢」「火勢」「形勢」「時勢」「地勢」「趨勢」「姿勢」「優勢」「勢力」……等等。而在學術思想史上，「勢」也是一個被廣泛運用的特殊語詞。它被用在軍事學上時，是先秦兵家特有的核心概念之一；被用在統治學上時，又成爲法家三大核心主張之一；被用在美學上時，則是書法家「筆勢」、文評家「定勢」之論的重要術語。對三蘇來說，「勢」的論述是他們對於「歷史變化動因」詮釋的一個核心概念。

「勢」的概念是一種「相對關係」〔註30〕的思維，「勢」所隱含的時間觀及空間觀，在本質上即帶有多層次的「相對關係」之義涵。第一個層次是「物質」佔有時間或空間在兩定點之間的相對關係，即「此時／彼時」之「時間相對」或「此地／彼地」之「空間相對」。第二個層次是指「人」與「時間」或「空間」的相對位置，以及「人」對「時間位移」或「空間位差」的反應。

〔註28〕蘇轍：《歷代論・漢高帝》，《蘇轍集・欒城後集卷七》，頁965。
〔註29〕蘇轍：《古史卷五十二・田單列傳第二十九》，《三蘇全書》第4冊，頁382。
〔註30〕參考盧瑞容著：《中國古代「相對關係」思維探討——「勢」「和」「權」「屈曲」概念溯源分析・第一篇「勢」概念之形成及其義涵發展》（臺北：商鼎文化出版社，2004年6月15日），頁77～88。

通常「人」在面對與「物」的關係時，常常希望居於主動操控的位置。由於「物的時間變遷」和「物的空間變遷」會造成「情勢重組」，「人」在這種「情勢重組」的改變中，固然有其主動出擊的智慧和能力，但也常常為大環境所迫而無可如何，或者固執不肯改變自己，或者因缺乏足夠的智慧而不及或不知應變。第三個層次是「人」與「人」之間的相對位置，以及其間錯綜複雜的人際關係。「時間相對位差」即指「年齡差距」，而「空間相對位差」就是「社會地位差距」。中國傳統社會特別注重「社會位差」，通常高者對低者，如同高山之臨深谷，本身就已構成了脅迫感（威勢）。而地位高者又握有較大權力（權勢），可以支配地位低者，更加深了彼此之間緊張、對立的關係。

蘇洵有一篇名叫〈審勢〉的文章，專論「天下之勢的強弱」和「調節之道」。在這篇文章中的「勢」，涵義有「客觀情勢」和「權勢」兩種，但主要是在論「權勢」。蘇洵肯定君主的地位，因此權勢的「強」與「弱」，取決於政治的主控權是否掌握在朝廷（君主）手中。在論述上，蘇洵拿周代和秦代的歷史作比較，並且運用來判斷宋代當時的狀況：

> 昔者周有天下，諸侯太盛。當其盛時，大者已有地五百里，而畿內反不過千里，其勢為弱。秦有天下，散為郡縣，聚為京師，守令無大權柄，伸縮進退無不在我，其勢為強。……吾宋制治，有縣令，有郡守，有轉運使，以大系小，絲牽繩聯，總合於上。雖其地在萬里外，方數千里，擁兵百萬，而天子一呼于殿陛間，三尺豎子馳傳捧詔，召而歸之京師，則解印趨走，惟恐不及。如此之勢，秦之所恃以強之勢也。

周的「弱勢」，是因為決策權掌握在諸侯手中，天子沒有實權。而秦的國君能夠掌控一切，所以是「強勢」的。以這個標準來看，宋代的天子對於地方的官吏、經濟、軍事都具有高度的掌控權，應該可以獲得很強的權勢才對，但是實際上宋代呈現出的卻是官吏無能、冗兵驕狂、外族欺凌，而朝廷無能為力的衰落狀況。

可見君主權勢的強弱，不能光靠客觀情勢的強弱來決定。蘇洵於是強調「人」（執政者）在其中的主觀能動性，提出「政」，作為與「勢」相對的概念。他依然由周、秦的對比來說明「政」之強弱：

> 然方其成、康在上，諸侯無大小莫不臣伏，弱之勢未見於外。及其後世失德，而諸侯禽奔獸遁，各固其國以相侵攘，而其上之人卒不

> 悟，區區守姑息之道，而望其能以制服強國，是謂以弱政濟弱勢，
> 故周之天下卒斃於弱。秦自孝公，其勢固已駸駸焉日趨於強大，及
> 其子孫已併天下，而亦不悟，專任法制以斬撻平民。是謂以強政濟
> 強勢，故秦之天下卒斃於強。

周朝的執政者本身「無德」，不能吸引百姓歸服，又對諸侯採取「姑息之道」，
這就是「弱政」。而秦朝則用「嚴刑峻法」來統治，這是「強政」。問題在於
周「以弱政濟弱勢」，因此「斃於弱」；秦「以強政濟強勢」，則「斃於強」。
所以蘇洵提出他最重要的主張：

> 天下之勢有強弱，聖人審其勢而應之以權。勢強矣，強甚而不已則
> 折；勢弱矣，弱甚而不已則屈。聖人權之，而使其甚不至於折與屈
> 者，威與惠也。夫強甚者威竭而不振，弱甚者惠褻而下不以為德。
> 故處弱者利用威，而處強者利用惠。乘強之威以行惠，則惠尊，乘
> 弱之惠以養威，則威發而天下震慄。故威與惠者，所以裁節天下強
> 弱之勢也。

蘇洵採用了「陰陽調和」的概念。針對「弱政」，他認為要以「威」調和；針對
「強政」，則以「惠」調和。以宋朝當代情勢來看，蘇洵認為其弱在政，不
在於勢。宋朝之所以是「弱政」，是因為「由賞與刑與兵之不得其道」：

> 曰官吏曠惰，職廢不舉，而敗官之罰不加嚴也；多贖數赦，不問有
> 罪，而典刑之禁不能行也；冗兵驕狂，負力幸賞，而維持姑息之恩
> 不敢節也；將帥覆軍，匹馬不返，而敗軍之責不加重也；羌胡強盛，
> 陵壓中國，而邀金繒、增幣帛之恥不為怒也。若此類者，大弱之實
> 也。

因此他建議皇帝應該要「用其威以濟其弱」，「威」的具體表現，是在賞罰分
明、循名責實、令出必行等方面：

> 今誠能一留意於用威，一賞罰，一號令，一舉動，無不一切出於威，
> 嚴用刑法而不赦有罪，力行果斷而不牽於眾人之是非，用不測之刑，
> 用不測之賞，而使天下之人視之如風雨雷電，遽然而至，截然而下，
> 不知其所從發而不可逃遁。朝廷如此，然後平民益務檢慎，而奸民
> 猾吏亦常恐恐然懼刑法之及其身而斂其手足，不敢輕犯法。此之謂
> 強政。政強矣，為之數年，而天下之勢可以復強。

蘇洵論「勢」，是以「提高君主權勢」為主要關注。君主權勢的建立必須有外

在情勢的配合，更需要有君主本身主動的努力。在採取相對應的措施之前，要先審度客觀情勢，做出正確判斷後，再以「陰陽調和」的原理來選擇施政方針。蘇洵相信，如果君主願意「審勢」而且主動地改變，客觀形勢就可以被改變。就像齊威王的事蹟一樣：

> 夫齊，古之強國也，而威王又齊之賢王也。當其即位，委政不治，諸侯並侵，而人不知其國之為強國也。一旦發怒，裂萬家，封即墨大夫，召烹阿大夫與常譽阿大夫者，而發兵擊趙、魏、衛，趙、魏、衛盡走請和，而齊國人人震懼，不敢飾非者，彼誠知其政之弱，而能用其威以濟其弱也。〔註31〕

齊威王即位之初，君主的權勢不振，國內的政治勢力掌握於諸侯手裡。但是當他下定決心，開始了政治改革，用強烈的手段消除那些不守禮法的臣子和不友善的鄰國之後，馬上就重振了齊國的君主權威。蘇洵認為當朝的仁宗皇帝，可以效法齊威王「用其威以濟其弱」的作法。

## 三、三蘇論勢的目的

從蘇洵〈審勢〉這篇文章，我們可以看到蘇洵論勢的重要概念，並且由此延伸以觀蘇軾、蘇轍論勢的異同。以論勢的目的來說，蘇洵相信歷史的必然性，周、秦已經發生過的情形，是可能在宋代再發生的。要使錯誤不再發生，就要從歷史中提煉出事情演變（趨勢）的原則，然後照著原則去做。

蘇軾和蘇轍對於歷史的歸納能力也都很強，在他們的史論中，有許多由長段歷史事實中找出演變原則的篇章。例如蘇軾有一篇策問〈漢之變故有六〉，就是考察了漢代政局變動的歷史趨勢，進而思考如何因應的。漢代為了防備「異姓」奪權，於是分封諸侯。沒想到「同姓」諸侯的勢力擴大，而發生七國之亂。好不容易內亂平息了，接著卻要面對「匈奴之患」。內亂、外患都平息之後，又有「外戚」王莽起來掌權。東漢光武帝「上懲韓、彭之難，中鑒七國之變，而下悼王氏之禍，於是盡侯諸將，而不任以事，裁減同姓之封，而黜三公之權」，該防備的似乎都注意到了，結果卻出現「宦官」之亂。為了誅滅宦官，只好把權力釋出給朝廷外的將領，最後造成董卓、曹操等權臣「挾天子以令諸侯」。歷史當中有許多像漢代這種防不勝防──「所憂者，

---

〔註31〕本小節之引文均出自蘇洵：《幾策・審勢》，《嘉祐集卷一》，頁1～4。

非其所以亂與亡；而其所以亂與亡者，常出於其所不憂也」的情形，令蘇軾提出疑問：

> 由此觀之，治亂存亡之勢，其皆有以取之歟？抑將不可推，如江河之徙移，其勢自有以相激，而不自知歟？其亦可以理推力救而莫之為也？今將使事至而應之，患至而為之謀，則天下之患，不可以勝防，而政化不可以勝變矣。則亦將朝文而暮質，忽寬而驟猛歟？意者亦有可以長守而不變，雖有小患而不足卹者歟？〔註32〕

到底國家治亂存亡的趨勢，是否有一定的規則？人在這樣的趨勢中，可以掌握什麼呢？如果沒有一定的因應對策，整個政局會陷入混亂，但是天下禍患的可能性那麼多，顧此失彼，又要如何防範呢？這是一篇策問，是要讓考生作答的，蘇軾自己並沒有說出答案。但是我們可以從最後一個提問，看出蘇軾的暗示和預設，其實蘇軾是認為應該有「可以長守而不變，雖有小患而不足卹」的執政原則的。只要把握了一定的施政原則，就可以避免漢代的變故再次在宋代發生。他也認為，人不應屈服於外在情勢的改變，而隨波逐流、自亂陣腳。

同樣的，蘇洵雖然也認為外在客觀情勢對於事情的發展會有影響，但絕非唯一的條件，他更強調的是人的「主觀能動性」，只要人能夠「審其勢而應之以權」，勢就可以被改變。

## 四、「因勢權變」的提出和做法

所謂「審其勢而應之以權」，就是「權變」的概念。「勢」本身包含了兩種變化的可能性，一是自己變，就是「趨勢」；一是被改變，也就是「因勢權變」。蘇轍曾在考察魏晉南北朝的歷史之後，得出這樣的結論：「英雄之士能因天下之勢而遂成之。天下之勢未有可以必成者也，而英雄之士常因其隙而入於其間，堅忍而不變，是以天下之勢遂成而不可解。」〔註33〕魏晉南北朝是一個南北勢力相持，誰也無法統一誰的時代。蘇轍認為並不是南、北兩方都使對方無隙可乘，而是當時的國君沒有好好把握住時機。像是宋武帝劉裕，本來可以趁北方因姚興死亡而混亂的機會，北伐統一的。可惜他有奪皇位的私心，沒來得及完成統一大業就匆匆南歸，「惟不能因天下之勢而遂成之也，

---

〔註32〕蘇軾：《私試策問‧漢之變故有六》，《蘇軾文集卷七》，頁200～201。
〔註33〕蘇轍：〈七代論〉，《蘇轍集‧欒城應詔集卷二》，頁1254。

則夫天下之勢亦隨去之而已矣。」藉由這一段歷史事蹟，蘇轍除了主張「因天下之勢而成之」之外，還批判了「見小利而大事不成」的錯誤。由此可看出，在三蘇因勢權變的觀念中，並不同意為滿足私人欲望而不擇手段的作法，這與戰國縱橫家的主張是很不相同的。

　　以蘇洵之好言兵來說，他寫了《權書》專論兵事。也許有人會說：「儒者不言兵，仁義之兵，無術而自勝。」但是蘇洵認為自己是把論兵當作「用仁濟義」之術，當處於「仁義之窮」的形勢時，應該要採取的權宜措施。它與孫武言兵的不同，在於孫武是把論兵當作目的，而蘇洵論兵是「不得已而言之」。〔註34〕也就是說，人們不能眼睜睜地看著仁義被漠視、輕視，而應該改變做事的方法，運用權宜之計，來重振仁義的地位。於是我們可以明白，為何蘇洵在〈審勢〉一文的最開頭，討論的卻是「治天下者定所尚」：

> 治天下者定所尚，所尚一定，至於萬千年而不變，使民之耳目純於一，而子孫有所守，易以為治。故三代聖人其後世遠者至七八百年。夫豈惟其民之不忘其功以至於是，益其子孫得其祖宗之法而為據依，可以永久。夏之尚忠，商之尚質，周之尚文，視天下之所宜尚而固執之，以此而始，以此而終，不朝文而暮質以自潰亂。故聖人者出，必先定一代之所尚。〔註35〕

蘇軾在〈思治論〉中有相同的看法，他不斷強調要「先定規摹」：

> 夫所貴於立者，以其規摹先定也。古之君子，先定其規摹，而後從事，故其應也有候，而其成也有形。眾人以為是汗漫不可知，而君子以為理之必然，知炊之無不熟，種之無不生也。是故其用力省而成功速。〔註36〕

蘇轍的說法，則是要立「為治之地」：

> 今世之弊，患在欲治天下而不立為治之地。夫有意於為治而無其地，譬猶欲耕而無其田，欲賈而無其財，雖有鋤櫌車馬，精心強力，而無所施之。故古之聖人將治天下，常先為其所無有，而補其所不足。使天下凡可以無患而後徜徉翱翔，惟其所欲為而無所不可，此所謂為治之地也。……凡今世之所謂長幼之節，生養之道者，是上古為

---

〔註34〕本段的引文，均出自蘇洵：《權書・權書敘》，《三蘇全書》第 6 冊，頁 127。
〔註35〕蘇洵：《幾策・審勢》，《嘉祐集卷一》，頁 1。
〔註36〕蘇軾：〈思治論〉，《蘇軾文集卷四》，頁 116。

治之地也。至於堯、舜三代之君，……舉今周官三百六十人之所治者，皆其所以爲治之地。〔註37〕

不論是「定所尚」、「先定規摹」或「立爲治之地」，都是主張要建立一個可長可久的執政原則。這個原則又應該是什麼呢？蘇轍的看法是：「余讀《詩》、《書》，歷觀唐、虞至於夏、商，以爲自生民以來，天下未嘗一日而不趨於文也。」〔註38〕他對於「文」的定義是：「萬物各得其理」，而且「凡世之所謂文者，皆所以安夫人之所不安；而人之所安者，事之所當然也。」爲了安頓人們內在心靈的需求和調和因社會位差所帶來的位勢間的對立衝突，所發展出合理的外在形式就是「禮」。那可長可久的執政原則，就是合乎「禮」的原則。因勢權變的大方向，在於糾正偏離原則（違禮）之變，回歸於原則（合禮）之不變。

三蘇的勢論偏重於勢的第三層次之相對關係，即由人與人之間的相對位置所產生的「位勢」問題。以國家而論，由君和臣構成的是「上下之勢」；由中央和地方構成的是「內外之勢」。不論「上下之勢」或是「內外之勢」失去平衡，都會導致國家傾滅。因此，蘇洵提出「調和」的觀念，也就是在〈審勢〉文中所說的「乘強之威以行惠，則惠尊；乘弱之惠以養威，則威發而天下震慄」，主要是要調和「上下之勢」。

蘇轍觀察唐代安史之亂，認爲原因在於「內外之勢」失調。他在〈唐論〉一文的論述中，由唐代之前的歷史加以考察：東周末年，因爲「內不勝於外」，故分裂爲戰國諸國；當秦統一六國後，認爲其外不可太重，於是轉爲「收天下之兵而聚之關中」、「天下之命皆制於天子」。但是趙高擅權時，就沒有外在的勢力與之抗衡；漢朝時，覺得秦朝太孤立了，於是分封諸侯，其結果是七國之亂；漢武帝將權力收回於內，傳到王莽時，卻又無人能加以制衡，以至於篡漢。蘇轍認爲會有這樣的循環，是因爲「不求其勢之本末，而更相懲戒，以就一偏之利」。何謂「勢之本末」？蘇轍以爲「天下之勢，內無重，則無以威外之強臣，外無重，則無以服內之大臣而絕奸民之心。此二者，其勢相持而後成，而不可一輕者也。」〔註39〕也就是強調「內外之勢」要均衡。

唐初的制度原本符合相持之勢：在國家邊境分設節度使，「上足以制夷狄

---

〔註37〕蘇轍：〈新論上〉，《蘇轍集‧欒城集卷十九》，頁347～348。

〔註38〕蘇轍：《古史卷五‧周本紀第五》，《三蘇全書》第3冊，頁399～400。

〔註39〕蘇轍：〈唐論〉，《蘇轍集‧欒城應詔集卷三》，頁1259。

之難，下足以備匹夫之亂，內足以禁大臣之變」，有周之諸侯外重之勢；在國內設府兵，有秦之關中內重之勢，可與在外的節度使相制衡。這種均衡之勢之所以失衡，是因為從唐天寶開始，將府兵外調，中央失去了內在制衡的力量，是以安祿山等人能攻打到京師，莫之能禁。後人卻往往只看到唐代亡於節度使之亂，就以為設立節度使是錯誤的政策。其實那不是制度的問題，而是「內外之勢」沒有調和均衡的問題。歷史之所以一再重演，就是因為看歷史的眼光不夠深遠，只見到變亂的表面現象，未看透真正的原因。三蘇論勢之調和，並不規定固定、僵化的方式，而是指出重要的演變趨勢原則，讓執政者因勢權變，實在是具有深邃的歷史眼光的。

## 五、「順勢權變」的提出和做法

　　人固然希望能夠因勢權變，也願意相信勢可以被改變，但是事實上並非所有的情勢都能受到人力掌控。就像蘇轍論合縱和連橫兩種計策對於戰國諸國的利弊時，雖然他對蘇秦說動燕、趙、齊等國合縱的能力極為稱讚，但是實際上合縱並沒有維持多久，盟約就破滅了。蘇轍認為這是「諸侯異心，譬如連鳩，不能俱飛，勢固然矣。」〔註40〕因此在檢討國家政策或制度興革時，常會因當時情勢如此而不得不有某種措施，蘇軾和蘇轍在對周公的所作所為進行論述時，都是以這樣的角度切入的。

　　蘇軾認為周公在成王年幼不能親自處理政事時，「以王命賞罰天下」，是「不得已而已」的。蘇軾在〈周公論〉一文中，辯駁了「周公踐天子之位，稱王而朝諸侯」的說法，他認為周公只是攝政，並未稱王，也不應該稱王，因為「天下雖亂，有王者在，而己自王，雖聖人不能以服天下。」周公的所作所為，已經是審度了當時情勢之後，所做的最好選擇了。至於「管、蔡之叛，非逆也，是其智不足以深知周公而已矣。周公之誅，非疾之也，其勢不得不誅也。」〔註41〕

　　蘇轍則是以伊尹和周公比較，說明「怎樣才算不得已」以及「不得已的前提」。伊尹先立了太甲為君，可是當太甲無法好好執政時，伊尹將他放逐，天下不以為伊尹不義。而周公在成王年幼時，先攝天子之位，等到成王長大後再還政。但不只是召公不悅，還引起了管叔、蔡叔叛亂。同樣是攝政，為

〔註40〕蘇轍：《古史卷四十‧蘇秦列傳第十七》，《三蘇全書》第4冊，頁281。
〔註41〕蘇軾：〈周公論〉，《蘇軾文集卷三》，頁86。

何會有不同的結果？蘇轍認爲伊尹當時是「有所不得已而然」，因爲大家都看到了太甲的無道，也相信伊尹的德行，所以伊尹的攝政沒有阻力。但周公之時，「其勢未至於不得已也」，只是因爲成王年幼，周公又「未有以服天下之心而強攝」，難怪他的攝政會引起別人的懷疑和反對。

蘇轍爲何說周公時「其勢未至於不得已也」？因爲周公還有「使成王拱手以居天下之上，而周公爲之佐，以成王之名號於天下，而輔之以周公」的選擇。也就是說，讓成王當一個沒有實權的天子，實際上發號施令的卻是周公。但蘇轍認爲周公選擇攝政，而不選擇「挾天子以令諸侯」，是正確的。因爲「人臣而用天子之事，此天子之所忌也」。一個臣子如果得不到國君的信任，又不斷被自己的同事誹謗，即使再忠心，仍然難以免除災禍。而且「挾天子以令諸侯」的舉動，會使「世之奸雄之士所以動其無君之心而不顧也」，反而爲國君帶來更大的災害。因此周公寧可先攝政，「以破天下讒慝之謀，而絕其爭權之心」，〔註42〕先除去包藏禍心的管叔、蔡叔，等成王長大後再還政，便可以兩全其美。

當情勢似乎演變到人力難以扭轉的狀況時，往往會導向不得不然的相應措施，這可說是一種「順勢」的做法。與「因勢權變」之積極的、明顯的改變比較起來，「順勢」可說是一種更微妙的變化。蘇轍曾說：「夏、商之衰，湯、文王皆起於諸侯，積德深厚，天下歸之，不得已而後應。故雖取天下而無取天下之患，其後皆數十世。」〔註43〕就是主張「順勢權變」要能夠成功，必須等待情勢的能量蓄積到不可遏抑，才能順勢而發。本來在中國傳統政治倫理中，君上臣下的位置及其間的統治關係是根深柢固的概念，改變相對位勢的可能性是不被允許的。但在不得已而順勢權變的主張中，提供了打破這種僵固性的可能。只是他們仍然重視「正名」的觀念，「名不正則言不順，言不順則事不成」，要不是情勢眞的發展到那種不得不的狀態，只是以不得已爲藉口，而做出不合禮的舉動，仍舊是會引人非議，造成失敗的。

## 六、「事勢」和「理勢」的涵義

三蘇論勢，還使用了「事勢」和「理勢」這兩個名詞。例如蘇轍談到宋代所應該改革的事項時，以前代的皇帝爲切入論述的角度說：

〔註42〕本段引文均出自蘇轍：〈周公論〉，《蘇轍集·欒城應詔集卷三》，頁1263。
〔註43〕蘇轍：《古史卷十六·晉唐叔世家第九》，《三蘇全書》第3冊，頁582。

> 祖宗之世，士之始有常秩者，俟闕則補，否則循資而已，不妄授也。
> 仁宗末年，任子之法，自宰相以下無不減損。英宗之初，三載考績，
> 增以四歲。神宗之始，宗室袒免之外，不復推恩。袒免之內，以試
> 出仕。此四事者，使今世欲爲之，將以爲逆人心、違舊法；不可言
> 也，而況於行之乎？雖然，祖宗行之不疑，當世亦莫之非。何者？
> 事勢既極，不變則敗，眾人之所共知也。〔註44〕

這裡「事勢」所指的，是「依照現實狀況發展的趨勢」。人類社會並非停滯不
前，因時間流轉而情勢隨之改變，許多舊制度必然已僵化不符合當前需要。
這個時候當然要改弦更張、與時俱進，才能維持社會的生命力。另外如蘇軾
讀了《戰國策》之後的感想說：

> 商君之法，使民務本力農，勇於公戰，怯於私鬥，食足兵強，以成
> 帝業。然其民見刑而不見德，知利而不知義，卒以此亡。故帝秦者
> 商君也，亡秦者亦商君也。其生有南面之福，既足以報其帝秦之功
> 矣；而死有車裂之禍，蓋僅足以償其亡秦之罰。理勢自然，無足怪
> 者。〔註45〕

這裡用「理勢」，則是指「照道理發展的趨勢」。在歷史演進中最容易看到的
道理，就是因果關係。某一個歷史人物之所以有某種下場，一定有導致他如
此的原因。換句話說，「事勢」一詞著重於現象敘述，而「理勢」一詞則著重
於本質敘述。人不論是要「審勢」、「因勢」還是「順勢」，都必須先對「事勢」
和「理勢」有所認識。蘇洵說：

> 事有必至，理有固然，惟天下之靜者乃能見微而知著。月暈而風，
> 礎潤而雨，人人知之。人事之推移，理勢之相因，其疏闊而難知，
> 變化而不可測者，孰與天地陰陽之事，而賢者有不知，其故何也？
> 好惡亂其中而利害奪其外也。〔註46〕

蘇洵指出，要認識「事勢」和「理勢」的前提，是要「心靜」，不受個人好惡
的影響和外在名利的誘惑。至於人要怎樣才能不讓「好惡亂其中而利害奪其
外」？這屬於修養論的問題，留待第四章第二節再做深入探討。

---

〔註44〕蘇轍：〈收支敘〉，《蘇轍集‧欒城後集卷十五》，頁1053。
〔註45〕蘇軾：〈商君功罪〉，《蘇軾文集卷六十五》，頁2004。
〔註46〕蘇洵：〈辨奸論〉，《三蘇全書》第6冊，頁233。

# 第三節　中庸論

## 一、由「勢」到「中庸」的討論

　　三蘇在勢論的探討中，導出了權變的概念，並且認爲權變與勢之間的關係，包括了「因勢權變」和「順勢權變」兩種。「權」的原義是秤錘，在度量衡工具中的作用是呈現物體的重量，因此有「衡量輕重」的引申義。又因爲在使用度量衡工具時，必須靈活地移動秤錘，以達到重量的平衡，由此可使人悟得「隨外物而移動以維持平衡」的道理，使得「權」產生了「時中」的涵義。時中就是中於時，亦即主張君子要能因時因地因人因事之變化，而有最合乎時宜的行爲表現，這就是積極意義的「中庸」，〔註47〕而且權變的最終目標是指向於平衡的。

## 二、理想的歷史發展原則

　　歷史是一種時間的存在，時間是流動的，因此「時中」也不會是一個定點，而是依時空流轉而變動不居的。這並非意味著變動不居的「中」是沒有原則的隨波逐流，相反地，它的原則正是隨著時間的流動而隨時掌握最佳的那一點。蘇軾曾經出過三道國家考試的試題（策問），都是以歷史事件的反省，導向「中庸」的思索：

　　（一）在〈國學秋試策問：勤而或治或亂斷而或興或衰信而或安或危〉中提出這樣的思索：士大夫觀察古今成敗得失，是爲了從中獲得行事爲人的準則。但是否可以「昔之人嘗有以是成者，我必襲之，嘗有以是敗者，我必反之」呢？一般人都會以爲這是理所當然的，不過蘇軾的想法更爲深刻。他說，大家都認爲「勤勉」、「決斷」、「信任」這三者是君主所應追求的特質，但是歷史證明，並非能「勤」、「斷」、「信」，就一定有好結果：

> 昔之爲人君者，患不能勤。然而或勤以治，亦或以亂。文王之日昃，漢宣之屬精，始皇之程書，隋文之傳餐，其爲勤一也。昔之爲人君者，患不能斷。然而或斷以興，亦或以衰。晉武之平吳，憲宗之征蔡，符堅之南伐，宋文之北侵，其爲斷一也。昔之爲人君者，患不

---

〔註47〕成中英：〈中道、中和與時中——論儒家的中庸哲學〉，臺北：《孔孟月刊》第21卷第12期，1983年8月，頁26。

能信其臣。然而或信以安，亦或以危。秦穆之於孟明，漢昭之於霍光，燕噲之於子之，德宗之於盧杞，其爲信一也。〔註48〕

周文王專注勤奮於政事，太陽都西斜了，還沒有吃午飯；漢宣帝發憤圖強，力求有所作爲；秦始皇事必躬親，政務繁忙，文書多到要用秤和秤錘來計算；隋文帝每次在朝廷上理政，往往坐到太陽西斜的時候還不下朝，使得禁衛之士只好站著傳餐而食。同樣都是「勤勉」於政事，但周、漢爲之興盛，秦、隋卻國祚短暫。又以「決斷」的特質來說，晉武帝決定平吳、唐憲宗決定征蔡後，國家興盛；可是苻堅南伐，宋文帝北侵之後，卻使國家衰落。至於「信任」，秦穆公信任孟明，漢昭帝信任霍光，有和諧的君臣關係，國政良好；但是燕王噲信任子之，唐德宗信任盧杞之後，國家卻因此危亡。可見「貪慕其成功而爲之，與懲其敗而不爲，此二者皆過也。」要如何才能避免這樣的過失？

（二）在〈試館職策問：師仁祖之忠厚法神考之勵精〉中，蘇軾提出這樣的思索：同樣是實行「親親而尊尊，舉賢而上功」，爲何在三代時創造了盛世，傳到了齊、魯之後世，卻有「寖微之憂」和「爭奪之禍」？西漢文帝爲人寬仁，朝政並沒有「怠廢不舉之病」；西漢宣帝重視任才與考核名實，也沒有「督責過甚之失」。但是爲何「今朝廷欲師仁祖之忠厚，而患百官有司不舉其職，或至於偷。欲法神考之勵精，而恐監司守令不識其意，流入於刻」？〔註49〕要怎麼樣才能「忠厚而不偷，勵精而不刻」呢？

（三）在〈私試策問：人與法並用〉中有這樣的思索：如果只重視人才，不重視法律，則法律會越來越簡陋，無法對人產生約束作用。當某個臣子的權勢過大時，國君的威勢會下移，而且將無力挽回頹勢。如果過於重視法律，不重視人才，則法律會變得很繁瑣。在繁複嚴苛的法律之下，人人「動輒得咎」。爲了避免觸犯法律，人將會什麼都不敢做，更不敢表現自己的才能，國家於是無人才可用。要怎樣才能「人才」和「法律」並用，「輕重相持」，「使近古而宜今，有益而無損」〔註50〕呢？

這三個題目的重點，都指出了「過於偏頗」會產生的問題，希望避免「過

---

〔註48〕蘇軾：《國學秋試策問：勤而或治或亂斷而或興或衰信而或安或危》，《蘇軾文集卷七》，頁208。

〔註49〕蘇軾：《試館職策問：師仁祖之忠厚法神考之勵精》，《蘇軾文集卷七》，頁210。

〔註50〕蘇軾：《私試策問：人與法並用》，《蘇軾文集卷七》，頁219。

與不及」的毛病。也就是說，從歷史中獲取鑑戒時，不能只是死守某些標準，還必須找到能夠因應時空流轉的最佳原則，那就是「時中」，也就是「中庸」。

## 三、對「中庸」的定義

蘇軾有〈中庸論〉上、中、下三篇，闡發「中庸」的道理，他將「中庸」、「皇極」、「時中」等概念聯繫起來解釋，有其獨到的見解：

> 皇極者，有所不極，而會于極。時中者，有所不中，而歸于中。吾見中庸之至於此而尤難也，是故有小人之中庸焉。有所不中，而歸於中，是道也，君子之所以爲時中，而小人之所以爲無忌憚。《記》曰：「小人之中庸也，小人而無忌憚也。」嗟夫，道之難言也，有小人焉，因其近似而竊其名，聖人憂思恐懼，是故反覆而言之不厭。何則？是道也，固小人之所竊以自便者也。君子見危則能死，勉而不死，以求合於中庸。見利則能辭，勉而不辭，以求合於中庸。小人貪利而苟免，而亦欲以中庸之名私自便也。此孔子、孟子之所爲惡鄉原也。〔註51〕

「皇極」一詞最初見於《尚書·周書·洪範》，「洪範」是指大法或治國方略，因此「皇極」指的是「皇帝爲了統治所建立的準則、規範」。蘇軾則是把「極」看做是「至德」，〔註52〕「極之於人也，猶方之有矩也，猶圓之有規也，皆有以繩乎物者也」，〔註53〕是所有人在爲人處事上應遵守的準則。在一般人的概念中，往往認爲「極則非中也，中則非極也」，蘇軾認爲這是不對的，它會讓人以爲「中庸」是處在「過」和「不及」之間的一個停滯狀態，而使人什麼事都不敢做，「近於鄉原」，令人厭惡；或者讓人以爲既然要隨時勢變動而求其「中」，就可以不顧任何準則，無所不爲。這兩者，都是「小人」的表現。

其實對於君子來說，「中庸」應該是一種「動態」的追求過程——「有所不極，而會于極」；「有所不中，而歸于中」。不但要隨時符合時勢發展，強調「隨時而中」，「隨事而中」，反映出不死守成規，順應時變的靈活性；在順應時變之時，還是必須持守一定的原則，不可把「中庸」、「時中」拿來當藉口，爲了個人私利而不擇手段。

---

〔註51〕蘇軾：〈中庸論下〉，《蘇軾文集卷二》，頁63。
〔註52〕蘇軾：〈乃言底可績〉，《蘇軾文集卷六》，頁165。
〔註53〕蘇軾：〈論好德錫之福〉，《蘇軾文集卷三》，頁65。

　　蘇軾一方面批判故意「因其近似而竊其名」以至於「無忌憚」的小人，另一方面也顧及到在追求過程中能力比較不足的人：

　　　　昔聖人既陳五常之道，而病天下不能萬世而常行也，故為之大中之
　　　　教曰：「賢者無所過，愚者無所不及，是之謂皇極。」聖人安焉而入
　　　　乎其中，賢者俯而就之，愚者跂而及之。聖人以為俯與跂者，皆非
　　　　其自然，而猶有以強之者。故於皇極之中，又為之言曰：「苟有過與
　　　　不及，而要其終可以歸皇極之道者，是皇極而已矣。」〔註54〕

這裡所說的，是希望一般人不要擔心自己達不到最高標準。雖然聖人所設立的標準，對於「愚者」來說，必須「跂而及之」，必須給自己一點壓力，努力去遵行。但是只要不斷地朝向最高標準——「皇極」去追求，就算過程中偶有「過」與「不及」，也可以算是符合「皇極」的。

## 四、追求中庸的目的

　　三蘇認為追求「皇極」就是追求「時中」，也就是要達到「中庸」的境界。這樣追求的目的，是希望「使道長久」，「萬變而不可窮」。像蘇洵就很明白地說，聖人之所以「用其機權以持天下之心」，就是要「濟其道於無窮」〔註55〕的。而蘇轍更以伯夷、叔齊的行為為例，說明過於偏頗的行為，因為無法長久遵行，並不是他們所欣賞的類型：

　　　　物之所受於天者異，則其自處必高，自處既高，則必趯然有所不合
　　　　於世俗。……故夫才不同則無朋，而勢遠絕則失眾，才高者身之累
　　　　也，勢異者眾之棄也。昔者伯夷、叔齊已嘗試之矣，與其鄉人立，
　　　　以其冠之不正也，捨而去之。夫以其冠之不正也捨之而去，則天下
　　　　無乃無可與共處者耶？舉天下而無可與共處，則是其勢豈可以久
　　　　也？苟其勢不可以久，則吾無乃亦將病之？與其病而後反也，不若
　　　　其素與之之為善也。伯夷、叔齊惟其往而不反，是以為天下之棄人
　　　　也。以伯夷之不吾屑而棄伯夷者，是固天下之罪矣。而以吾之潔清
　　　　而不屑天下，是伯夷亦有過耳。古語有之曰：「大辯若訥，大巧若拙。」
　　　　何者？懼天下之以吾辯而以辯乘我，以吾巧而以巧困我。故以拙養
　　　　巧，以訥養辯，此又非獨善保身也，亦將以使天下之不吾忌，而其

道可長久也。〔註56〕

伯夷、叔齊的高潔品格，歷來受到稱頌。但是蘇轍認為，他們過於狷介，有道德上的「潔癖」，沒辦法與天下的人共處，這樣他們的影響力就不會長久。既然影響力無法長久，他們所持守的準則也就不能成為通行於天下的大道了。為了「使道長久」，可以「以拙養巧」、「以訥養辯」，這種看來是「過與不及」的行為，目的不僅在於「獨善保身」，更是希望天下人不會因為某個人的行為而拒絕接受「道」。

總而言之，三蘇對於「中庸」的追求，看重的是「內心」對於「道」（皇極、準則）的持守和最終境界的呈現。至於追求過程中的外在行為表現，他們認為可以隨著當時的時勢狀態作調整。例如，蘇轍比較伯夷、叔齊和柳下惠的行為表現，雖然差異很大，但是都受到孔子的讚美，這是因為他們內心所持守的道是相同的：

> 伯夷、叔齊，不降其志，不辱其身，義不事武王；而柳下惠，降志辱身，三黜於魯而不去。行若冰炭之異，而聖人皆取之者，其心一也。心苟不然，則伯夷必陷於狷，柳下惠必陷於鄉原，而孔子奚取焉？《易》曰：「君子之道，或出或處，或默或語。二人同心，其利斷金。」夫君子平治其心，外累既盡，至於不可加損，人莫得而見也。雖其出處語默，應於外者不一，而其中未嘗違仁，然後知其為同耳。〔註57〕

三蘇所認同的「道」，是儒家之道，因此蘇轍認為在順應時變之時，所必須持守的原則，是「仁」。人之「中於時」的行為，除了受到外物（時、地、人、事）的牽連，其實還有內在的因素——人心對於這世界的主觀認識與牽掛。因為伯夷、叔齊、柳下惠等人的內心「不違仁」，因此依照他們的個性和當時時勢所觸發的行為，也都可以算是「時中」的表現了。

## 五、達到中庸的原則和做法

三蘇的中庸論，基本上是繼承儒家中庸哲學裡的「時中觀」而來的。從孔子開始，就認為時中與權變是相通的，他主張「天下有道則見，無道則隱」，對待古代禮儀要視不同具體情況而定，治國策略之寬嚴，也視國情民情而定，

---

〔註56〕蘇轍：〈上劉長安書〉，《蘇轍集・欒城集卷二十二》，頁389～390。
〔註57〕蘇轍：《古史卷二十六・柳下惠列傳第三》，《三蘇全書》第4冊，頁158。

「寬以濟猛，猛以濟寬，政是以和」。孔子作《春秋》，主要以褒貶歷史事實的手法，宣揚他所認定的準則。雖然有所持守，但是並不僵化。因此蘇軾把握住其精神，對「《春秋》書遂」一事做了這樣的詮釋：

> 《春秋》之書遂一也，而有善惡存焉，君子觀其當時之實而已矣。
> 利害出於一時，而制之於千里之外，當此之時而不遂，君子以爲固。
> 上之不足以利國，下之不足以利民，可以復命而後請，當此之時而
> 遂，君子以爲專。專者，固所貶也，而固者，亦所譏也。故曰：《春
> 秋》之書遂一也，而有善惡存焉，君子觀其當時之實而已矣。〔註58〕

這段評論是針對《春秋》裡兩件事情的記錄，一是莊公十九年「秋，公子結
媵陳人之婦於鄄，『遂』及齊侯、宋公盟。」意思是說：秋天，公子結送陳國
夫人陪嫁的媵女到鄄這個地方，「於是」就和齊侯、宋公結盟。一是僖公三十
年「公子遂如京師，『遂』如晉。」意思是：公子遂到京都去，「隨即」到了
晉國。本來「大夫無遂事」，意指大夫出使，不應當在受命所辦的事情以外，
自主去做另一件未曾受命的事情。但是這兩則記錄中的公子都行了「遂」事，
其褒貶之義爲何？就必須連繫當時的實際情況才能明白。蘇軾認同《公羊傳》
的解釋，認爲公子結的事：「有可以安社稷利國家者，則專之可也。」表示說
雖然未曾受命，但是如果所做的事情是有助於社稷國家的，就可以專斷，這
是對於公子結的贊同。而認爲公子遂的事：「大夫無遂事。此其言遂何？公不
得爲政也。」原來是因爲魯僖公已經沒有約束臣下的力量了，公子遂才不理
會魯僖公的命令，自行到晉國去，這是貶斥公子遂的行爲。

　　出使在外，本來就可能會發生許多變數，是原本授命者難以預料的。出
使者若不能衡量當時的利害輕重，隨機應變，那是「固執不通」；但若時勢並
沒有那麼緊迫，事情也不見得是利國利民的話，隨便下決定就會變成是「專
斷」。不能說「固」一定不好，也不能說「專」一定不對，一切都必須連繫「當
時之實」來看，才能明白《春秋》之褒貶。蘇軾認爲如果不採取「時中」的
態度，而過於偏頗、武斷，可能會發生的情形是：

> 《春秋》者，後世所以學爲臣之法也。謂遂之不譏，則愚恐後之爲
> 臣者，流而爲專。謂遂之皆譏，則愚恐後之爲臣者，執而爲固。故
> 曰：觀乎當時之實而已矣。西漢之法，有矯詔之罪，而當時之名臣，
> 皆引此以爲據。若汲黯開倉以賑飢民，陳湯發兵以誅郅支，若此者，

---

〔註58〕蘇軾：〈問大夫無遂事〉，《蘇軾文集卷六》，頁189。

專之可也。不然，獲罪於《春秋》矣。〔註59〕

一個人在面對「個人」的抉擇時，「時中」的原則在於「不違仁」；而面對「國家」的抉擇時，「時中」的原則在於「利國利民」。只要原則正確，就可以在時勢變動中做出正確的抉擇，朝向「中庸」的境界邁進。

　　三蘇論「中庸」主要是強調「心志正確」之重要，但也提供了達到中庸的「方法」。因為在三蘇的觀念中，每個人由天所稟受的天賦不同，因此有「聖人」、「君子」和「小人」之分，而且在達到中庸的方法上是有所不同的。蘇轍說：

> 聖人之所以御物者三：道一也，禮二也，刑三也。《易》曰：「形而上者謂之道，形而下者謂之器。」禮與刑皆器也。……夫道以無為體，而入於群有。在仁而非仁，在義而非禮，在智而非智。惟其非形器也，故目不可以視而見，耳不可以聽而知。惟君子得之於心，以之御物，應變無方，而不失其正，則所謂時中也。小人不知而竊其名，與物相遇，輒捐理而徇欲，則所謂無忌憚也。故孔子不以道語人，其所以語人者，必以禮。禮者，器也，而孔子必以教人，非吝之也，蓋曰：「君子上達，小人下達。」君子由禮以達其道，而小人由禮以達其器。由禮以達道，則自得而不眩；由禮以達器，則有守而不狂。此孔子之所以寡言道而言禮也。若其下者，視之以禮而不格，然後待之以刑辟，三者具而聖人之所以御物者盡矣。〔註60〕

蘇轍將《周易》的「道器說」、儒家的「禮法說」和道家的「有無說」結合起來，呈現他自己獨到的見解。在蘇轍的觀念中，「道」是「以無為體」的，而且有「辯之而無窮，攻之而無間」〔註61〕的特性。聖人的境界最高，他可以明白「道」，透過「窮理盡性，然後得事之眞，見物之情。以之事天則天成，以之事地則地平，以之治人則人安。」〔註62〕並且運用「禮」和「刑」來教化「君子」和「小人」。君子學習了「禮」之後，可以由「禮」而上達「體道」，因此君子可以運用「道」，「得之於心，以之御物，應變無方，而不失其正」，達到「時中」的境界。小人的境界雖然沒有那麼高，無法「體道」，但是至少

---

〔註59〕蘇軾：〈問大夫無遂事〉，《蘇軾文集卷六》，頁189。

〔註60〕蘇轍：《歷代論‧王衍》，《蘇轍集‧欒城後集卷九》，頁985。

〔註61〕蘇轍：〈老聃論上〉，《蘇轍集‧欒城應詔集卷三》，頁1265。

〔註62〕蘇軾：〈乃言厎可績〉，《蘇軾文集卷六》，頁165。

學了「禮」之後，有了具體遵行的準則，可以「有守而不狂」，逐漸向中庸的境界邁進。至於境界更下等的人，無法以「禮」教化，就只好使用「刑辟」，給予更強力的約束了。

追求自我欲求和自我利益的滿足，是人性使然。但是，物質和財富畢竟是有限的，因此儒家提出以「禮義」作爲原則，來制導人們求欲求利的行爲，以解決有限的物質、財富與無限的私欲、私利之間的矛盾和衝突。三蘇繼承了「以禮義爲原則」的觀點，並且在「中庸」論的基礎上，發展出「義利調和」的觀點。「義」、「利」如何能夠調和？《禮記・中庸》首章說：「喜怒哀樂未發謂之中，發而皆中節謂之和，致中和，天地位焉，萬物育焉。」可見想達到「中和」，必須「發而皆中節」。第二十章則說：「義者，宜也。」也是強調「義」要適度合理，無過無不及。尙「義」，並不表示就要走極端，一味地貶斥「利」。讓「義」與「利」調和，是爲了使「義」實行得更好。

蘇洵在〈利者義之和論〉中認爲「義」可以分爲「徒義」和「利義」兩種，「利」也可以分爲「徒利」和「義利」兩種。「徒義」的本質是「剛直」的，「聖人聚天下之剛以爲義，其支派分裂而四出者爲直、爲斷、爲勇、爲怒，於五行爲金，於五聲爲商。凡天下之言剛者，皆義屬也。是其爲道決裂慘殺而難行者也。」可見，「徒義」是偏頗的，不是「發而皆中節」的。不合乎中庸的道理，自然無法推行長久。舉例來說，伯夷、叔齊殉大義而餓死於首陽山，但是「天下之人安視其死而不悲也」，因爲天下之人看不出爲了大義而餓死有什麼好處（利），而沒有好處的事，誰想去做呢？這就是「徒義」的缺點。而利（好處）有公利、私利之分，如果只求一己之私利，就是「徒利」，是另一種極端，因此「君子之恥言利，亦恥言夫徒利」。

所謂的「利義」，就是指合乎全民利益的義行，例如「聖人滅人國，殺人父，刑人子，而天下喜樂之，有利義也。」至於「義利」，是指在獲取利益時，仍舊保持合於義的行爲，例如「與人以千乘之富而人不奢，爵人以九命之貴而人不驕，有義利也。」如果沒有義，「天下將流蕩忘反，而無以節制之也」；如果沒有利，則義也無法推行了，因此蘇洵主張：

> 「義利」、「利義」相爲用，而天下運諸掌矣。五色必有丹而色和，
> 五味必有甘而味和，義必有利而義和。〔註63〕

說到底，「義」就是國家、社會和他人的「公利」，在這一點上說，義和

---

〔註63〕蘇洵：〈利者義之和論〉，《嘉祐集卷八》，頁84。

利是統一的。「義利調和」說，是三蘇中庸論中的一個重要觀念，主張重大義、重公利，使個人利益服從於國家、社會的利益；使局部的利益服從於全局、長遠的利益；使求利的活動同時成為替國家、替社會、替他人做貢獻、謀福利的行為。盡量追求人事在歷史變化中所能發揮的最大作用，並且趨向於「致中和，天地位焉，萬物育焉」的中庸理想境界。

# 第四節　小　結

蘇洵、蘇軾和蘇轍在史論中所呈現的歷史觀，可以分為三個層次來探討，即：天人關係論、勢論和中庸論。

在天人關係論中，三蘇透過歷史的觀察，體會到確實有一股推動歷史，卻又非人力所能充分理解的力量存在，因此他們共同的看法，是將「天」的概念區分為兩個層次，最上層是有一定原則、規律的「天道」，具有「不可知」、「人力不可掌控」的特性。天道對於人的影響，包括使人具有個性、性向等種種天賦，人必須順著天賦發展，勉強不來；而歷史人物和事件的下場，也都符合天道中的因果關係。天道之下，是紛紜龐雜的大自然萬物。人可以藉由自然萬物的特性啟發，而創建出人文制度，也可以掌握存在於萬物之間的「至理」，將之運用到人事上。特別的是，蘇轍提升了史官的價值，認為史官可以加強天道賞善罰惡的「歷時性」。他的這個主張將天理、歷史、政治三者的關係聯繫在一起，為「天人關係論」開展出歷史性和政治性的向度。

天道在歷史演變中的呈現，就是「時勢」。勢的本質可說是時間與空間、人與物、人與人之間多層次的「相對關係」。時勢的存在是必然的，因此關鍵是在於人如何應對。三蘇一方面主張人要能「權變」，但是一方面又主張變的時候要持守一定的原則。為了調整時勢的變動所產生的相對位差，三蘇都主張人應該要發揮主觀能動性，以「因勢權變」的方式因應。而蘇軾、蘇轍進一步提出，當情勢發展到不得不然時，則要以「順勢權變」的方式應對。但是不論如何權變，都要先建立合乎禮的原則，因為「禮」是為了安頓人們內在心靈的需求，以及調和因社會位差所帶來的位勢之間的對立衝突，所發展出合理的原則和可行的方式。

在權變與原則之間取得平衡，是人在因應歷史變化時的理想狀態。對於這種理想狀態，三蘇用「中庸」的觀念來闡述。蘇軾對於中庸的觀念有獨到

的見解，成爲三蘇史論「中庸論」的理論基礎。他認爲中庸應該是一種動態的追求過程，要在符合時勢發展，強調「隨時而中」、「隨事而中」，反映出不死守成規、順應時變的靈活性與持守一定的原則，不爲了個人私利而不擇手段的原則性之間，不斷取得平衡。爲了取得平衡，三蘇看重的是個人內心對於道的持守和最後的呈現，至於在追求中庸的過程中所呈現的外在行爲表現，他們認爲可以隨著當時的時勢狀態作調整。蘇轍對於「達到中庸的方法」有獨到的見解，提出以「禮」作爲具體遵行的準則，讓人在追求中庸境界的過程中有所依循，逐漸提升。擴展到國家的範圍來思考，蘇洵特別提出「義利調和」說，希望讓「個人利益」與「國家社會利益」之間取得良好的平衡。

# 第四章 三蘇史論之人物論

　　品評人物，古稱「方人」或「品藻」。自史官設置和史學產生之後，論載人物一直爲史家所重，且被嘆爲難事。正因爲如此，中國古代產生了大量品評人物的史論，也累積了豐富的理論與方法。

　　品評人物重在辨別是非得失，評斷善惡功罪，必須先確立一個良好的評判標準。以品評歷史人物的標準來說，中國古代雖然在評價標準的認識和把握上各有差別，但大致未超出「三不朽」觀念的範圍。〔註1〕《左傳‧襄公二十四年》曰：「太上有立德，其次有立功，其次有立言。雖久不廢，此之謂不朽。」關於「立德」，主要包括品德修養和爲政之德。例如孔子裁量人物，說要「據於德，依於仁」，這是看道德修養；又說「爲政以德」、「博施於民而能濟眾」，這是看爲政情況。關於「立功」，史家關注的首先是帝王功業，其次是「功臣世家賢士大夫之業」，另外還有一部份的下層社會成員，如遊俠、醫卜、商賈、俳優等，受到了少數史家的關注。至於「立言」，既指著書立說，也包括了才智謀略。「三不朽」的觀念，是著重由歷史人物「既成的外在行爲表現」來評論功過是非的。

　　三蘇史論中，也有著相當多以評議歷史人物是非功過爲主的「人物史論」。三蘇評論歷史人物時，會將歷史人物的具體行爲和心理狀態相結合，並從政治、心理等多方面的角度，來研究人物的歷史地位和歷史價值，藉以提供鑑戒。

## 第一節　人性論

　　三蘇對「六經」發表評論時，其一貫的詮釋立場，就是「重人情」、「以

---

〔註1〕參考張子俠：〈品評歷史人物的理論與方法〉，開封：《史學月刊》2004 年第 9 期，頁 18～20。

人情解說六經」。〔註2〕而「人情」，正是屬於「人性論」的討論範疇。「人」是歷史的存在，也是現時的存在，探討歷史人物的人性、心理，其實就是為了尋找自我定位和自我發展的目標。

中國的「人性論」偏重於討論「人性的本質」，也就是論「人性善惡」。自先秦諸子以來，學者論性不知凡幾，大致可以分為四種：〔註3〕一、性善論：孟子首創。以為人類生而具有理性，亦即先天賦有良知良能；至於惡行，乃後天不良環境所促發，而非出於天性。二、性惡論：荀子主之。以為人性本惡，如有善行，只是人為努力的結果。三、性有善有惡論：以揚雄、王充為先驅。以為人類本性兼具善惡，君子小人均無例外，只是各人的善惡成分有多有少而已。既然人類天性同時兼有善惡兩種傾向，則人人皆可為善，人人亦皆可為惡。其用意在勉勵世人：修其善性，去其惡性。四、性無善無惡論：告子主之。以為人性如白紙，本無所謂善惡，所以有善惡之表現，純為後天環境之結果。優良環境引導人類行為向善，惡劣環境促使人類行為趨惡，可見環境力量對於人類行為的影響。

在這四種人性論中，「性善」、「性惡」和「性有善有惡」三種看法，都是從人性實踐以後的行為現象來判斷。而「性無善無惡」論，則是從人性先天的本質來體認。因其立足點不同，所得結論自不一樣，亦因此而爭訟不休。三蘇的「人性論」則是很明確地把「人性本質」和「人性實踐」分為兩個層次來談，具有清晰的邏輯理路。

## 一、「性」與「道」的關係

透過「天人關係」的討論，我們已經知道三蘇認為：人生之初，便由上天稟受了個性、性向等種種「天賦」。在「人性論」中，他們更明確地將「道」與「性」的關係結合在一起。蘇轍對「一陰一陽之謂道，繼之者善也，成之

〔註2〕如王素琴主張三蘇議論之共同點，在於以人情立論。見其《蘇轍古文研究》（國立政治大學中文所碩士論文，1996年6月），頁65～66。陳致宏認為蘇洵「六經論」有以人情為本的傾向。見其〈蘇洵「六經論」次第與經學思想探析〉（臺北：《孔孟月刊》37卷3期），頁25～34。李青認為蘇軾常以一般人情物理立其議論。見〈蘇軾議論文的寫作特色〉（北京：《中國古代近代文學研究》第13期，1985年）。陳正雄也說：「蘇氏兄弟對於儒家經典的解釋，都是依循蘇洵六經論的觀點，以人情說解六經。」見其《蘇轍學術思想述評》（臺北：文史哲出版社，2000年12月），頁71～72。

〔註3〕參考張松禮：《人性論》（臺北：幼獅文化，1976年10月），頁67～125。

者性也。」〔註4〕的詮釋是：

> 一陰一陽，陰陽之未形也，猶喜怒哀樂之未發也。陰陽之未形也謂
> 之道，喜怒哀樂之未發也謂之中，中則道也。其在人爲性。〔註5〕

> 何謂道？何謂性？請以子思之言明之。子思曰：「喜怒哀樂之未發謂
> 之中，發而皆中節謂之和。中也者，天下之大本也；和也者，天下
> 之達道也。致中和，天地位焉，萬物育焉。」中者性之異名也，性
> 者道之所寓也。道無所不在，其在人爲性。〔註6〕

《周易・繫辭》是從陰陽變化來論天道，而蘇轍認爲「道」是「陰陽未形」
的狀態，而且是無所不在的。當「道」在「人」的身上顯現，就稱爲「性」。
因此「性」的狀態是和「道」相似的。「陰陽之未形也，猶喜怒哀樂之未發也」，
而「喜怒哀樂之未發」被稱爲「中」，所以「中則道也」。也就是說，人「性」
來自於天「道」，因此具有如同「陰陽未形」的道的特質，也是「喜怒哀樂之
未發謂之中」的狀態的。而這種「中」的狀態，其境界相當高妙：

> 性之未接物也，寂然不得其朕，可以喜，可以怒，可以哀，可以樂，
> 特未有以發耳。〔註7〕

> 性之所有事之謂故。方其無事也，無可無不可。〔註8〕

> 夫性之於人也可得而知之，不可得而言也。〔註9〕

> 道常無名，則性亦不可名矣。故其爲物，舒之無所不在，而斂之不
> 盈毫末。〔註10〕

> 性之爲體，充遍宇宙，無遠近古今之異。〔註11〕

既然「性」是「喜怒哀樂之未發」的狀態，它就有無限的可能性和發展性。
任何人都無法只執其所表現出的一端，就給予斷言。如同老子說：「道可道，
非常道。」意思是說「常道」是「無名」的，是「可得而知之，不可得而言
之」的。「性」就是顯明在人身上的「道」，所以也有如此玄妙的境界。

---

〔註4〕出自《周易・繫辭上》，《十三經注疏・周易正義》，頁148。
〔註5〕蘇轍：《古史卷三十四・孟子孫卿列傳第十一》，《三蘇全書》第4冊，頁237。
〔註6〕蘇轍：〈易說〉，《蘇轍集・欒城三集卷八》，頁1224。
〔註7〕同上註。
〔註8〕蘇轍：《孟子解・第十一章》，《蘇轍集・欒城後集卷六》，頁953。
〔註9〕蘇轍：《孟子解・第十二章》，《蘇轍集・欒城後集卷六》，頁954。
〔註10〕蘇轍：《老子解・第三十二章》，《三蘇全書》第5冊，頁436。
〔註11〕蘇轍：《老子解・第四十七章》，《三蘇全書》第5冊，頁451。

## 二、人性本質：「性」的內涵

因為「性」是「道」在人身上的顯現，所以是聖人和小人所共有的。蘇軾說：「聖人之所與小人共之，而皆不能逃焉，是真所謂性也。」〔註12〕他藉由批評韓愈「離性以為情，而合才以為性」的觀點，來主張「性情為一」和「才性二分」。

聖人與小人相同的「性」，都是有食衣住行的生理需要和喜怒哀樂的情感表現。蘇軾認為：「人生而莫不有饑寒之患，牝牡之欲，今告乎人曰：饑而食，渴而飲，男女之欲，不出於人之性也，可乎？是天下知其不可也。聖人無是，無由以為聖；而小人無是，無由以為惡。」〔註13〕蘇轍也說：「視色、聽音、嘗味，其本皆出於性。」〔註14〕人類初生，就有求生欲望，需要食物以維持其生長。青春期開始，有求偶欲望，需要異性以綿延其種族。這些基本欲望，是「人之常情」，的確是天生即有的「性」，不應視之為罪惡。因此蘇軾說：「儒者之患，患在於論性，以為喜怒哀樂皆出於情，而非性之所有。」〔註15〕實際上，喜怒哀懼愛惡欲等情感，也是人性的表現，因此三蘇建立了「性情為一」的觀念，其論「人情」，就是論「人性」。

至於「才性二分」的觀念，蘇軾以樹木作比喻來說明。樹木的本性是「得土而後生，雨露風氣之所養，暢然而遂茂」的，所有的樹木都相同。但是有些樹木堅硬，適合做車轂；有些樹木較柔軟，適合做車輪。喬木可以當作屋子的楹柱，灌木就只能拿來作承接木條及屋頂的椽桷，這是不同樹木的不同特色，屬於「才」，而不是「性」，不應把兩者混為一談。因此蘇軾批評：「天下之言性者，皆雜乎才而言之，是以紛紛而不能一也。」〔註16〕

## 三、人性實踐：「習」的內涵

蘇轍認為：「習者，性之所有事也。」〔註17〕「習」的產生，是因為「性」與「外物」接觸了。人是用自己本能的感官能力，與外界接觸的，也就是「目

---

〔註12〕蘇軾：〈揚雄論〉，《蘇軾文集卷四》，頁110。
〔註13〕蘇軾：〈揚雄論〉，《蘇軾文集卷四》，頁111。
〔註14〕蘇轍：《老子解・第十二章》，《三蘇全書》第5冊，頁412。
〔註15〕蘇軾：〈韓愈論〉，《蘇軾文集卷四》，頁114。
〔註16〕蘇軾：〈揚雄論〉，《蘇軾文集卷四》，頁110。
〔註17〕蘇轍：《孟子解・第十二章》，《蘇轍集・欒城後集卷六》，頁954。

緣五色、耳緣五音、口緣五味」。〔註18〕人與外物接觸之後，必定會有反應，「及其與物接，而後喜怒哀樂更出而迭用。」〔註19〕蘇轍將這些反應稱為「氣」。他說：「天下之人莫不有氣，氣者，心之發而已。」〔註20〕

　　「善」、「惡」是在人性與外物接觸的這個層次產生的，聖人與小人的差異，也是在這個層次區分開來的。「聖人以其喜怒哀懼愛惡欲七者御之，而之乎善；小人以是七者御之，而之乎惡。」。〔註21〕至於何謂「善」、「惡」，蘇轍有一段清楚的詮釋：

> 夫性之於人也可得而知之，不可得而言也。遇物而後形，應物而後動。方其無物也，性也。及其有物，則物之報也。惟其與物相遇而物不能奪，則行其所安而廢其所不安，則謂之善。與物相遇而物奪之，則置其所可而從其所不可，則謂之惡。皆非性也，性之所有事也。〔註22〕

「善」的標準應該是「及其發而中節，仁義禮智之用見於物。」〔註23〕也就是說，人與外物接觸後，不受到外物的誘惑，能持守一定的原則，做安於良心的事，不做壞事，這就是「善」的表現。這樣的境界，又可以被稱為「和」。

　　反之，「惡」的表現是「發而不中節」。例如「奪於所緣而忘其本，則雖見而實盲，雖聞而實聾，雖嘗而實爽也。」〔註24〕這是因為無法抗拒外物的誘惑，流於毫無節制，結果迷失了自己的本性。或者是「性之所有事之謂故。……及其有事，未有不就利而避害者也。知就利而避害，則性滅而故盛矣。故曰：故者，以利為本。」〔註25〕本來「就利而避害」應該是「人之常情」，但若是導致「性滅」，就是過分的表現了，所以蘇轍對於「以利為本」的「故」評價不高。

　　蘇軾再由個人擴及天下來說，「天下之所同安者，聖人指以為善，而一人之所獨樂者，則名以為惡。」〔註26〕因為，若每個人都只追求自己的利益而不擇手段，天下就會大亂了，這當然是「惡」的表現。在這樣的認知前提之

---

〔註18〕蘇轍：《老子解・第十二章》，《三蘇全書》第5冊，頁412。
〔註19〕蘇轍：〈易說〉，《蘇轍集・欒城三集卷八》，頁1224。
〔註20〕蘇轍：《孟子解・第五章》，《蘇轍集・欒城後集卷六》，頁949。
〔註21〕蘇軾：〈揚雄論〉，《蘇軾文集卷四》，頁111。
〔註22〕蘇轍：《孟子解・第十二章》，《蘇轍集・欒城後集卷六》，頁954。
〔註23〕蘇轍：《古史卷三十四・孟子孫卿列傳第十一》，《三蘇全書》第4冊，頁237。
〔註24〕蘇轍：《老子解・第十二章》，《三蘇全書》第5冊，頁412。
〔註25〕蘇轍：《孟子解・第十一章》，《蘇轍集・欒城後集卷六》，頁953。
〔註26〕蘇軾：〈揚雄論〉，《蘇軾文集卷四》，頁111。

下，三蘇史論對於歷史人物只求個人「私利」或是「急功近利」的行為，都是給予反面的評價。

因為三蘇認為，善與惡是人性與外物接觸之後所產生的狀況，所以他們對於孟子「性善說」和荀子「性惡說」都是持反對立場。蘇轍有一段很明白的總結性說法：

> 孟子學於子思，得其說，而漸失之，則指善以為性。至於孫卿，自任而好異，因孟子而反之，則曰：「人性惡」。夫善惡皆習也，指習以為性，而不知其非，二子之失一也。然而性之有習，習之有善、惡，譬如火之能熟與其能焚也。孟子之所謂善，則火之能熟者也，是火之得其性者也。孫卿之所謂惡，則火之能焚者也，是火之失其性者也，孫卿之失則遠矣。〔註27〕

總而言之，三蘇的「人性論」是其「天人關係論」的接續，而著重在「人」的部份的開展討論。因此他們先探討「人性」與「天道」的關係，得出「人性」與「天道」一樣，有無限的發展可能性，具有可知卻難以言說的高妙境界。其次探討「人性」的內涵，他們把人天生的食衣住行之生理需要、視聽言動之感官能力和產生喜怒哀樂之感觸能力，看作是「人性」，並且在這個層次上把「人之常情」（人情）和「人性」等同了，成為他們論述時重要的詮釋立場。接著，他們把「與外物接觸」當作是「性」與「習」之間的分野。有無限發展可能性的「性」與外物接觸之後，如果產生的反應是合乎中道的，相應的行為是正當的，就可以稱為「善」；但若是毫無節制、只圖求個人私利、急功近利，那就被稱為「惡」。「性」是聖人和小人所共有的，但聖人與外物接觸之後，因為自我控制力夠，能表現出「善」；小人卻常「為外物所奪」，反而受到物欲的控制，產生過與不及的行為，陷於「惡」的泥沼中。三蘇的「人性論」將「人性本質」和「人性實踐」分開討論，有助於釐清「性善」、「性惡」之間的糾葛。他們對於「人性」之能動性及「外物」（環境）之影響性的看重，則帶出了「修養論」的探討。

# 第二節　修養論

人性論是修養論的前提和基礎；修養論是人性論的體現和踐履。修養論

---

〔註27〕蘇轍：《古史卷三十四・孟子孫卿列傳第十一》，《三蘇全書》第 4 冊，頁 238。

屬於經驗的層面，可以爲人的知性所理解與把握，因而通過道德的修養與實踐，我們可以體證到超越的人性。

## 一、「修養」的可能性和必要性

三蘇認爲，處於「喜怒哀樂之未發」狀態的人性，具有無限的發展可能性，這樣便使得修養具有了可能性。當人性與外物接觸之後，則是會受到每個人本身習氣以及不同環境的影響與牽引，使自己的本性無法往善的方向發展，因此產生了修養的必要性。

先從每個人本身的習氣來說，蘇轍把人性和外物接觸後所激發出的反應稱爲「氣」，例如「忿」就是「不平之氣」。一般人生氣時，往往在氣頭上，做出不理智的行爲：

> 行道之人，一朝之忿而鬥焉，以忘其身，是亦氣也。方其鬥也，不知其身之爲小也，不知天地之大，禍福之可畏也，然而是氣之不養者也。不養之氣橫行於中，則無所不爲而不自知。於是有進而爲勇，有退而爲怯。其進而爲勇也，非吾欲勇也，不養之氣盛而莫禁也。其退而爲怯也，非吾欲怯也，不養之氣衰而不敢也。〔註28〕

這是因爲生氣時，人是受到氣的控制，而不能控制氣，以至於什麼都顧不得了，唯一的反應就是暴力相向。而且氣盛時表現的勇，只是匹夫之勇；氣衰時表現的怯，也只是莫名的自卑。這樣的狀態必須透過「養氣」的修養功夫，加以改變。

再以外在環境的局限來說，人會受到自然環境和人文環境兩方面的影響。蘇轍說：

> 世之人爲物所蔽，性分於耳目，內爲身心之所紛亂，外爲山河之所障塞。見不出視，聞不出聽，戶牖之微，能蔽而絕之。〔註29〕

「外爲山河之所障塞」指的是自然環境的狀況會限制了人與外界接觸的程度，使得人看不遠、聽不廣，受制於狹小的生存空間。蘇轍自身的經驗是：

> 轍生十有九年矣，其居家所與遊者，不過其鄰里鄉黨之人，所見不過數百里之間，無高山大野可登覽以自廣，百氏之書雖無所不讀，然皆古人之陳跡，不足以激發其志氣。〔註30〕

---

〔註28〕蘇轍：《孟子解・第五章》，《蘇轍集・欒城後集卷六》，頁949。
〔註29〕蘇轍：《老子解・第四十七章》，《三蘇全書》第5冊，頁451。
〔註30〕蘇轍：〈上樞密韓太尉書〉，《蘇轍集・欒城集卷二十二》，頁381。

受限於自然的生存環境，使得人無從發展。所以蘇轍「決然捨去，求天下奇聞壯觀，以知天地之廣大。過秦、漢之故都，恣觀終南、嵩、華之高，北顧黃河之奔流，慨然想見古之豪傑。至京師，仰觀天子宮闕之壯，與倉廩、府庫、城池、苑囿之富且大也，而後知天下之巨麗。見翰林歐陽公，聽其議論之宏辯，觀其容貌之秀偉，與其門人賢士大夫游，而後知天下之文章聚乎此也。」〔註31〕自然環境給人帶來的限制，必須要透過修養功夫加以改變。

至於人文環境方面的影響，則是因為身分階層所造成的視野限制和處事方式上的局限，蘇軾曾說：

> 今夫匹夫匹婦皆知潔廉忠信之為美也，使其果潔廉而忠信，則其智慮未始不如王公大人之能也，惟其所爭者，止於簞食豆羹，而簞食豆羹足以動其心，則宜其智慮之不出乎此也。簞食豆羹，非其道不取，則一鄉之人，莫敢以不正犯之矣。一鄉之人，莫敢以不正犯之，而不能辦一鄉之事者，未之有也。推此而上，其不取者愈大，則其所辦者愈遠矣。讓天下與讓簞食豆羹，無以異也。治天下與治一鄉，亦無以異也。然而不能者，有所蔽也。天下之富，是簞食豆羹之積也。天下之大，是一鄉之推也。非千金之子，不能運千金之資。販夫販婦得一金而不知其所措，非智不若，所居之卑也。〔註32〕

匹夫匹婦的智慮能力不見得就不如王公大人，只是他們把智慮都損耗在「簞食豆羹」之類的小事爭奪上，而無暇顧及更遠大的志向。蘇軾認為，這是因為「所居之卑」，他們受限於自己的身分階層，所接觸的範圍狹小，以致視野受到障蔽。其實，如果他們能明白「天下之富，是簞食豆羹之積也。天下之大，是一鄉之推也。」就能由小及大，由下及上，真正發揮自己的能力。因此必須靠修養功夫，推擴自己的認知，突破人文環境帶來的局限。

修養的必要性，來自人必須面對和突破本身習氣的牽引和外在環境的影響。而修養的可能性，是建立在人性本身。因此三蘇所建立的修養途徑不在於向外尋找，試圖去改變外在環境，而是回歸本性，向內探求。如蘇洵所說：

> 為將之道，當先治心，泰山崩於前而色不變，麋鹿興於左而目不瞬，然後可以制利害，可以待敵。〔註33〕

---

〔註31〕同上註。
〔註32〕蘇軾：〈伊尹論〉，《蘇軾文集卷三》，頁84。
〔註33〕蘇洵：《權書・心術》，《嘉祐集卷二》，頁11。

因爲可以控制自己的心懷意念，所以處變不驚，「泰山崩於前而色不變，麋鹿興於左而目不瞬」，進而可以從容地、適當地處理變局，達到「不動心」的境界。

## 二、個人修養的原則和方法

歸納三蘇對於「修養」功夫的意見之後，發現他們心目中的修養原則和方法可分爲：「知」、「守」、「樂」三個層次。

### （一）第一個層次：知

蘇軾透過對於〈中庸〉：「自誠明謂之性，自明誠謂之教。誠則明矣，明則誠矣」的詮釋，傳達出他對於「修養」的看法：

> 夫誠者，何也？樂之之謂也。樂之則自信，故曰誠。夫明者，何也？
> 知之之謂也。知之則達，故曰明。〔註34〕

他把「誠」詮釋爲「樂之」，把「明」詮釋爲「知之」，又說到「誠」與「明」之間的關係：

> 君子之欲誠也，莫若以明。夫聖人之道，自本而觀之，則皆出於人
> 情。不循其本，而逆觀之於其末，則以爲聖人有所勉強力行，而非
> 人情之所樂者。夫如是，則雖欲誠之，其道無由。故曰：「莫若以明」，
> 使吾心曉然，知其當然，而求其樂。〔註35〕

由此看來，蘇軾認爲「誠」（樂之）是修養的最高層次，而「明」是「誠」的入門功夫，也就是說「知之」是「樂之」的先決條件。人的行動是隨著「認知」而來的，如果以爲聖人行道都是勉強而然，就沒有人願意去嘗試，也就不可能有機會達到「樂之」的境地了。所以，「知」是修養的第一個層次。

求「知」，原則上要避免「過」與「不及」。所謂「過」是指「以外傷內」，而「不及」指的是「自我封閉」。蘇轍說：

> 心動則氣傷，氣傷則號而啞。終日號而不啞，是以知其心不動，而
> 氣和也。和者，不以外傷內也。〔註36〕

從三蘇的「人性論」中，我們可以知道他們把「性」（在此稱爲「心」）看作是「內」，而把「物」視爲「外」，兩者接觸而產生的是「氣」。因外物而使「心」動，就會傷「氣」，這是「以外傷內」。不以外傷內，就能達到「氣和」。具體

---

〔註34〕蘇軾：〈中庸論上〉，《蘇軾文集卷二》，頁60。
〔註35〕蘇軾：〈中庸論中〉，《蘇軾文集卷二》，頁61。
〔註36〕蘇轍：《老子解》第五十五章，《三蘇全書》第5冊，頁458～459。

來說，常使人動心的外在誘因是「利」。如果能夠「不役於利」，就能看清自己的處境，做有效的謀畫。蘇軾以用兵者爲例：

> 古之善用兵者，見其害而後見其利，見其敗而後見其成。其心閑而
> 無事，是以若此明也。不然，兵未交而先志於得，則將臨事而惑，
> 雖有大利，尚安得而見之？〔註37〕

假如爲了怕以外傷內，就把自己封閉於內，不與外界接觸，這便走到了「不及」的另一個極端。蘇轍說：「如使深居自閉於閨闥之中，兀然頹然而曰『知道知道』云者，此乃所謂腐儒者也。」〔註38〕把自我封閉起來，絕對不是求知的好態度。其實，「天下利害不難知也。士大夫心平而氣定，高不爲名所眩，下不爲利所怵者，類能知之。」〔註39〕只要我們能夠掌握正確的方法，就不必害怕與外物接觸。

在「不以外傷內」和「不自我封閉」的原則下，「求知」的過程應該是一個「自內而外」和「由外歸內」往復的動態過程。

「自內而外」的過程，蘇轍主要強調的是「君子養其義心以致其氣，使氣與心相狎而不相難，然後臨事而其氣不屈。」〔註40〕就是先鞏固自己的內心，把握自己的本性。可是蘇轍又說：「惟身之爲見，愛身之情篤，而物始能患之矣。生死病疾之變攻之於內，寵辱得失之交攖之於外，未有一物而非患也。」〔註41〕的確，當局者迷，關心則亂，這是人之常情。我們可以採用的修養方法是「靜而自觀」，蘇洵說：

> 夫能靜而自觀者，可以用人矣。吾何爲則怒，吾何爲則喜，吾何爲
> 則勇，吾何爲則怯？夫人豈異于我？天下之人，孰不能自觀其一身？
> 是以知此理者，途之人皆可以將。〔註42〕

當我們對人、事、物產生喜、怒或勇、怯的情緒反應時，要告訴自己「冷靜」、「安靜」下來，想想自己的情緒爲何會產生。而人性是相通的，使自己產生喜怒勇怯的原因，也是別人會有情緒的原因。安靜下來反思之後，人對於自己的「氣」就比較能控制了，也能夠同理於別人的心理，並成爲「用人」的

---

〔註37〕蘇軾：〈孫武論上〉，《蘇軾文集卷三》，頁91～92。
〔註38〕蘇轍：〈上兩制諸公書〉，《蘇轍集‧欒城集卷二十二》，頁388。
〔註39〕蘇轍：《歷代論‧漢武帝》，《蘇轍集‧欒城後集卷八》，頁968。
〔註40〕蘇轍：《孟子解‧第五章》，《蘇轍集‧欒城後集卷六》，頁950。
〔註41〕蘇轍：《老子解‧第十三章》，《三蘇全書》第5冊，頁413。
〔註42〕蘇洵：《權書‧法制》，《嘉祐集卷二》，頁13。

依據。

「由外歸內」的過程，則是在廣博接觸各樣事物之後，歸納尋求其內在統一的道理。蘇轍說：

> 博學而識之，強力而行之，卒然而遇之，有自失焉。故心必有所守而後能不動。心之所守，不可多也。多學而兼守之，事至而有不應也。是以落其枝葉，損之又損，以至於不可損也，而後能應。〔註43〕

如果只是博學強記，卻沒有找到內心可以持守的原則，那麼在與外物接觸時，還是有可能動搖。如果所找到的原則不是精要的道理，而是一堆繁文縟節，這樣在遇事時，仍然無法做出正確的回應。所以應該要「損之又損」，在廣博繁雜的各種事物、現象中，體悟出那精純專一的原則。蘇轍又以他自己讀書的經驗來說明：

> 今夫使天下之人因說者之異同，得以縱觀博覽，而辯其是非，論其可否，推其精粗，而後至於微密之際，則講之當益深，守之當益固。……昔者轍之始學也，得一書，伏而讀之，不求其博，而惟其書之知，求之而莫得，則反覆而思之，至於終日而莫見，而後退而求其得。何者？懼其入於心之易，而守之不堅也。及既長，乃觀百家之書，從橫顛倒，可喜可愕，無所不讀，泛然無所適從。蓋晚而讀《孟子》，而後遍觀乎百家而不亂也。〔註44〕

對於原則的體悟，是需要下工夫的。蘇轍覺得如果「入於心易」，可能就「守之不堅」。因此他在讀書時，會針對一本書不斷精研，直到確實掌握其理，才換另一本。只是當書越讀越多，每本書也似乎都各有其理，他不禁覺得「無所適從」。直到讀了《孟子》：「君子深造之以道，欲其自得之也。自得之，則居之安。居之安，則資之深。資之深，則取之左右逢其原。故君子欲其自得之也。」他才體悟到「自得」的涵義，之後便可以「觀乎百家而不亂」，並進而達到「居之安」、「資之深」和「取之左右逢源」的境界了。

### （二）第二個層次：守

「自內而外」和「由外歸內」的「求知」過程，是一個不斷往復的動態過程，同時也是一個漫長的歷程。除了有好的開始，還需要有毅力持守其追求過程和堅守已經體悟的道理，因此，「守」應該是修養的第二個層次。

---

〔註43〕蘇轍：《孟子解・第五章》，《蘇轍集・欒城後集卷六》，頁950。
〔註44〕蘇轍：〈上兩制諸公書〉，《蘇轍集・欒城集卷二十二》，頁387～388。

「持守」的首要之道，在於「專一」。蘇洵說：

> 聖人之明，吾不得而知也。吾獨愛夫賢者之用其心約而成功博也，
> 吾獨怪夫愚者之用其心勞而功不成也。是無他也，專於其所及而及
> 之，則其及必精，兼於其所不及而及之，則其及必粗。〔註45〕

人天生的資質有所不同，能力也有差異。蘇洵主張「專於其所及而及之」，就是在自己能力範圍內作得到的，專一去做，則結果將會是「用其心約而成功博」。假如是「兼於其所不及而及之」，注意力被分散了，其效果必然不佳，就會「用其心勞而功不成」了。

有所持守，專一去做之後，還要注意自己在追求成果時的心態。蘇洵以歷史上的例子說明：

> 曩者，陛下即位之初，寇萊公為相，惟其側有小人不能誅，又不能
> 與之無忿，故終以斥去。及范文正公在相府，又欲以歲月盡治天下
> 事，失於急與不忍小忿，故群小人亦急逐之，一去遂不復用，以殘
> 其身。〔註46〕

這是宋朝初年的例子，應該是讓人記憶猶新的。寇準和范仲淹都有為天下謀福利的熱誠和能力，但是寇準對於小人「不忍小忿」，范仲淹則是「失於急」。於是使得小人有可乘之機，最終兩人都無法施展自己的抱負。針對「失於急」的鑑戒，蘇轍於是主張不可強求，不要急功近利：

> 夫君子之於道，朝夕從事於其間，待其自直，而勿強正也；中心勿
> 忘，待其自生而勿助長也，而後獲其真。強之而求其正，助之而望
> 其長，是非誠正而誠長也，迫於外也。〔註47〕

如果時機未成熟卻強求，所得到的後果會是虛幻和短暫的。正確的作法應該是「中心勿忘，待其自生而勿助長」，這樣才能獲得真實、穩固的成果。同樣的，學習知識的過程也是如此：

> 古之學者其為學必遲，而信道必篤。蓋非其遲，則不能至於篤也。……
> 故夫當今之世，無惑乎其無信道之士也。古之養士者莫善於太學，
> 而今太學之教，一日之所為必若干，取方冊之難知者而悉論之，不
> 待其問而先告之，無先後，無少長，無賢愚，其問同而其功等。其

---

〔註45〕 蘇洵：〈明論〉，《嘉祐集卷八》，頁81。
〔註46〕 蘇洵：〈上富相公書〉，《嘉祐集卷十》，頁101。
〔註47〕 蘇轍：《孟子解·第五章》，《蘇轍集·欒城後集卷六》，頁951。

> 上者無以優游翱翔以寬綽其心，而其下者勉強困躓不暇於爲善。故
> 其學也必速，而守道必不篤。何者？非其自得之也。夫人之才，譬
> 如草木焉，雨以濡之，風以動之，則其長也可立而待。〔註48〕

學習者對於所學的東西，是需要時間消化和內化的，因此不應該求速成。蘇轍認爲宋代時的太學教育，過於功利。不但每天要求一定的學習進度，而且所講解的內容都是「方冊之難知者」，毫不考慮學習者原有的程度和學習興趣。學習過程是這樣地倉促，難怪對於道理的持守就越來越不確實和不穩固。因此，「守」的修養功夫必須「待其自至而不強」。

至於爲了避免「不忍小忿」的後果，蘇軾所主張的是「忍」，他說：「夫君子之所取者遠，則必有所待，所就者大，則必有所忍。」〔註49〕要「忍」，是因爲「所取者遠」，也就是有更遠大的志向。反過來說，要做到「忍」，要先知道自己所求的遠大志向是什麼。因此蘇洵說：「古之取天下者，常先圖所守。」〔註50〕

歷史上有許多因爲「能忍」而成就大事的人，蘇軾舉出：張良受書於圯上老人、楚莊王伐鄭時，鄭伯肉袒牽羊以逆、句踐臥薪嚐膽、漢高祖能忍項籍，養其全鋒而待其弊等歷史事蹟，以之歸結出「志向遠大」與「忍」之間的關係：

> 古之所謂豪傑之士者，必有過人之節。人情有所不能忍者，匹夫見辱，
> 拔劍而起，挺身而鬥，此不足爲勇也。天下有大勇者，卒然臨之而不
> 驚，無故加之而不怒，此其所挾持者甚大，而其志甚遠也。〔註51〕

因爲有一個高遠的目標要追求，對於眼前的小是小非，就能以一個更高的角度去觀察和因應。於是可以做到「卒然臨之而不驚，無故加之而不怒」，甚至可以達到蘇洵所說：「地有所不取，城有所不攻，勝有所不就，敗有所不避。其來不喜，其去不怒」，〔註52〕超越人情之所能忍的境界。在這樣的認知前提下，蘇軾對於賈誼的「不能自用其才」，感到相當惋惜：

> 夫謀之一不見用，安知終不復用也。不知默默以待其變，而自殘至
> 此，嗚呼，賈生志大而量小，才有餘而識不足也。〔註53〕

---

〔註48〕蘇轍：〈私試進士策問二十八首之五〉，《蘇轍集‧欒城集卷二十》，頁358。
〔註49〕蘇軾：〈賈誼論〉，《蘇軾文集卷四》，頁105。
〔註50〕蘇洵：《權書‧項籍》，《嘉祐集卷三》，頁23。
〔註51〕蘇軾：〈留侯論〉，《蘇軾文集卷四》，頁103。
〔註52〕蘇洵：《權書‧項籍》，《嘉祐集卷三》，頁22。
〔註53〕蘇軾：〈賈誼論〉，《蘇軾文集卷四》，頁106。

把「持守」的功夫運用在政治上時，蘇軾認為被任用者，尤其是被君主委以守國重任的臣子，應該要有「節」和「氣」：

> 至於捍社稷、托幼子，此其難者不在乎才，而在乎節；不在乎節，而在乎氣。天下固有能辦其事者矣，然才高而位重，則有僥倖之心，以一時之功，而易萬世之患，故曰「不在乎才，而在乎節」。古之人有失之者，司馬仲達是也。天下亦有忠義之士，可托以死生之間，而不忍負者矣。然狷介廉潔，不為不義，則輕死而無謀；能殺其身，而不能全其國，故曰「不在乎節，而在乎氣」。古之人有失之者，晉荀息是也。夫霍光者，才不足而節氣有餘，此武帝之所為取也。〔註54〕

魏明帝曹叡去世前，將小皇帝曹芳托孤給司馬懿和曹爽。但是司馬氏在與曹氏的爭權奪利之下，最終仍是取而代之。蘇軾認為這就是失之於「節」，「節」是「節操」，指的是要對自己的承諾有所持守，不可輕易改變。荀息的事情記載於《左傳·僖公九年》，起因是晉獻公寵愛驪姬，驪姬用計害死太子申生，於是夷吾與重耳出奔，獻公改立驪姬之子奚齊為太子。不久獻公病危，托孤於荀息。於是申生、夷吾、重耳的人馬開始騷動，里克想要迎重耳回晉繼位，便先去通報、遊說荀息，荀息卻堅持要守對獻公的承諾。後來，里克果然在奚齊繼位前殺掉奚齊，荀息想要一死，旁人勸他別死，改立卓子，於是荀息立卓子即位並辦完獻公之喪禮。辦完沒多久，里克便在朝上當眾殺死卓子，荀息則遵守對獻公的諾言而自殺了。蘇軾對於荀息的評價是：「然狷介廉潔，不為不義，則輕死而無謀；能殺其身，而不能全其國。」也就是說，荀息的自殺雖然保全了個人的節操，但是卻對增進國家整體利益，沒有幫助。這樣是失之於「氣」，「氣」是「意氣」，強調的是不可意氣用事，應該提高自己的關懷層面。霍光雖然沒有非常出眾的才能，卻被漢武帝選擇來托孤輔國，就是因為他有「節」和「氣」的緣故。

### （三）第三個層次：樂

如同孔子所說：「知之者，不如好之者；好之者，不如樂之者。」「樂」是修養功夫要達到的最高層次。蘇軾認為聖人和賢人的差別，就在於「樂之」和「知之」之別：

> 夫惟聖人，知之者未至，而樂之者先入；先入者為主，而待其餘，

---

〔註54〕蘇軾：〈霍光論〉，《蘇軾文集卷四》，頁109。

則是樂之者爲主也。若夫賢人，樂之者未至，而知之者先入；先入
者爲主，而待其餘，則是知之者爲主也。樂之者爲主，是故有所不
知，知之未嘗不行。知之者爲主，是故雖無所不知，而有所不能行。
子曰：「知之者，不如好之者；好之者，不如樂之者。」知之者與樂
之者，是賢人、聖人之辨也。好之者，是賢人之所由以求誠者也。
〔註55〕

聖人並非無所不知，但是只要是他所知的，都會樂於去做，因爲他已經達到
「樂之」的境界。賢人則是偏重在「知之」，但即使他達到無所不知，卻仍是
「有所不能行」的，因爲他只停留在「認知」的層面而已。要再更進一步追
求「樂之」的境界，賢人就必須開始「喜歡」自己所認知的道理。加入了主
觀的喜好和實行的熱情，我們所認知的一切道理，就不再只是停留在文字表
面，冰冷又僵化，而是能夠進入我們的生命，進而激發我們本性中潛藏的一
切可能性。

蘇軾舉孔子和子路、子貢的實際例子，對照説明其差異：

孔子厄於陳、蔡之間，問於子路、子貢，二子不悦，而子貢又欲少
貶焉。是二子者，非不知也，其所以樂之者未至也。且夫子路能死
於衛，而不能不慍於陳、蔡，是豈其知之罪耶？故夫弟子之所爲從
孔子遊者，非專以求聞其所未聞，蓋將以求樂其所有也。〔註56〕

孔子是「樂之者」，樂於行道，即使碰到困厄，依然不改其內心的意志。而子
路、子貢只是「知之者」，知道「行道」的重要，但是碰到困難時，就難以超
越了。所以孔子的弟子要向孔子學習的就是「樂之」的工夫。

除了個人修養要向「樂」的層次提升外，也可以把人之常情中對於「樂」
的追求，運用至「統治」的方面。蘇轍先以牛、馬、鷹隼爲例，牠們之所以
被人所使用，是因爲人掌握住了牠們的性情、習性，所以可以「因其所忌，
而授之以其術」。〔註57〕至於「人」所以能被統治，則是：

臣聞聖人之爲天下，不務逆人之心。人心之所向，因而順之；人心
之所去，因而廢之，故天下樂從其所爲。……昔生民之初，生而有
饑寒牝牡之患，飲食男女之際，天下之所同欲也。而聖人不求絕其

---

〔註55〕蘇軾：〈中庸論上〉，《蘇軾文集卷二》，頁60～61。
〔註56〕同上註，頁140～141。
〔註57〕蘇轍：〈君術策・第一道〉，《蘇轍集・欒城應詔集卷六》，頁1284。

> 情，又從而爲之節文，教之炮燔烹飪、嫁娶生養之道，使皆得其志，
> 是以天下安其法而不怨。〔註58〕

簡單地說，就是要順應人之常情，給他們想要的，除去他們不想要的，讓人先有順從的意願以及願意去行的動力，然後再求向上提升。想要掌控天下豪傑，進而建立功業，也要把握住這種追求「樂」的心理和「因其所樂而用之」的技巧。

## 三、個人修養的推擴

　　三蘇的修養論，基本上採取的是儒家路線，主要的走向是「由己及人」，因此主張個人修養要向外推擴至家、國。蘇轍用孟子的話，來詮釋由己及人的修養過程。孟子說：

> 居下位而不獲於上，民不可得而治也。獲於上有道，不信於友，弗
> 獲於上矣。信於友有道，事親弗悅，弗信於友矣。悅親有道，反身
> 不誠，不悅於親矣。〔註59〕

孟子此章的敘述順序是由外至內，由大範圍說到個人自身，強調的是「誠」的重要。蘇轍則做了這樣的詮釋：

> 故人必先自信，自信之餘而後親信之，親信之餘而後友信之，友信
> 之餘而後君信之，君信之餘而後能治民。皆以其有餘及之，未有不
> 能誠身而能治民者也。〔註60〕

他所描述的就是由個人，推至親、友，及於君、民的修養過程，是「由己及人」的走向。另外他還特別強調「有餘」的重要。「有餘」就是要「有足夠的能力」，並且按部就班，完成一個階段後，再向下一個階段邁進。這是個人修養第二層次「守」的觀念的推擴，希望人們能夠避免躁進和急功近利。蘇軾也曾這麼說：

> 彼君子者，獨何修而得此於民哉？豈非始之以至誠，中之以不欲速，
> 而終之以不懈歟？視民如視其身，待其至愚者如其至賢者，是謂至
> 誠。至誠無近效，要在於自信而不惑，是謂不欲速。不欲速則能久，
> 久則功成，功成則易懈，君子濟之以恭，是謂不懈。行此三者，所

---

〔註58〕蘇轍：〈臣事策下・第四道〉，《蘇轍集・欒城應詔集卷八》，頁 1310～1311。
〔註59〕出自《孟子・離婁上》，《四書章句集注・孟子集注卷七》，頁 282。
〔註60〕蘇轍：《古史卷二十五・管晏列傳第二》，《三蘇全書》第 4 冊，頁 151。

以得之於民也。〔註61〕

個人修養的第三層次是「樂之」，也就是「誠」的表現。推擴至治理國家、人民時，因為「人同此心，心同此理」，所以要發揮同理心，把別人的需求當成自己的來看待。又要「不欲速」和「努力不懈」，才能獲得民心，讓國家長治久安。

蘇轍曾以子路和管仲的比較，來說明「由己及人」原則的重要：

> 夫子路自其誠身而為之矣，而其功未足以及民；管仲其功足以及民矣，而其身未嘗自信也。故三歸、反坫，子路之所不為；而九合諸侯，子路之所不能也。由子路之道，惟其不成，成則堯舜是也；由管仲之道，止於是而已矣。〔註62〕

子路的修養進程合乎由己及人的原則，只是他的能力有限，因此成就有限。至於管仲，他的能力雖然可以做到「九合諸侯」，卻沒有按部就班從修養自己出發，以至於做出如「三歸」、「反坫」等不合禮的事情，無法令人民信服，其最終的成就也就有限了。其實，像堯舜這樣的聖君，也是符合「由己及人」的進程的：

> 夫堯、舜、文、武其所以自為者至矣，始於其身，而至於其室家，仰不愧於天，俯不慚於人。夫是以干羽可以格三苗，因壘可以伏有崇。〔註63〕

子路的受限是在於「能力」問題，而不是修養進路的問題。所以蘇轍認為，如果他的能力足夠，就能成就媲美堯舜的事業。管仲的能力雖然足以安民，但是他沒有按照由己及人的修養進路走，也就沒有發展的遠景了。所以人的修養過程一定要按照「由己及人」的原則來進行，並且明白自己的能力所及，盡力達到就好，千萬不要躁進。

## 第三節　人物心理論

三蘇「人性論」中對於「人性」的思考，以及「修養論」中對於修養的動態過程和推擴原則的探討，其最主要的目的，就在於掌握「人之常情」。他

---

〔註61〕蘇軾：〈既醉備五福論〉，《蘇軾文集卷二》，頁51。
〔註62〕蘇轍：《古史卷二十五・管晏列傳第二》，《三蘇全書》第4冊，頁151。
〔註63〕蘇轍：《古史卷十五・宋微子世家第八》，《三蘇全書》第3冊，頁552。

們也透過探討歷史人物的「人之常情」和「群己關係」，得出不同身分人物的心理特質，提供給宋朝當代的政治人物作為借鏡。這就是蘇轍所說的：

> 臣聞善治天下者，必明於天下之情，而後得御天下之術。術者，所謂道也。得其道而以智加焉，是故謂之術。古之聖人惟其知天下之情，而以術制之也，萬物皆可得而役其生，皆可得而制其死。〔註64〕

# 一、君　主

歷代君主的人數和事蹟極多，但大致可分為「創建」和「守成」兩方面來探討：

## （一）創建方面

歸納三蘇對於創業之君獲得政權方式的主張，可分為三個等級來談。最高的等級，應該是「不求而得之」和「取、守一道」，蘇軾說：

> 聖人之於天下也，無意於取也。譬之江海，百谷赴焉；譬之麟鳳，鳥獸萃焉。雖欲辭之，豈可得哉？禹治洪水，排萬世之患，使溝壑之地，疏為桑麻，魚鱉之民，化為衣冠。契為司徒，而五教行，棄為后稷，而烝民粒，世濟其德。至於湯武拯塗炭之民，而置之於仁壽之域，故天下相率而朝之。此三聖人者，蓋推之而不可去，逃之而不能免者也。於是益修其政，明其教，因其民不易其俗。以是得之，以是守之，傳數十世，而民不叛。〔註65〕

蘇轍也說：

> 三代之得天下，其所以異於後世者，惟不求而得之耳。〔註66〕

> 夫文、武之王，非其求而得之也。天下從之，雖欲免而不得。〔註67〕

他們認為，三代之時的君主並沒有想要擁有天下的想法，只是培養自己的仁德，並且盡量為人民謀福利。例如禹治理好水患，讓人民有土地可以耕種；契制定了律令、推行教化；棄掌管農事，繁榮農業；商湯、武王讓百姓脫離暴君的魔掌。因為他們的作為，令人民自然而然地願意接受他們的領導，自發性地推崇他們為君主，就算他們不想當，也「推之而不可去，逃之而不能

---

〔註64〕蘇轍：〈君術策・第一道〉，《蘇轍集・欒城應詔集卷六》，頁1284。

〔註65〕蘇軾：〈儒者可與守成論〉，《蘇軾文集卷二》，頁39～40。

〔註66〕蘇轍：《古史卷九・齊太公世家第二》，《三蘇全書》第3冊，頁474。

〔註67〕蘇轍：《古史卷二十四・伯夷列傳第一》，《三蘇全書》第4冊，頁148。

免」，這就是「不求而得之」。至於「取、守一道」是說當他們擔任了君主之後，只要維持原本的德政，建立良好的風俗，人民就不會有反叛之心，可以長治久安。

第二個等級，應該是「取、守二道」。蘇軾說：

> 周室既衰，諸侯並起力征爭奪者，天下皆是也。德既無以相過，則智勝而已矣；智既無以相傾，則力奪而已矣。至秦之亂，則天下蕩然，無復知有仁義矣。漢高帝以三尺劍，起布衣，五年而併天下。雖稍輔以仁義，然所用之人，常先於智勇，所行之策，常主於權謀。是以戰必勝，攻必取。天下既平，思所以享其成功，而安於無事，以爲子孫無窮之計，而武夫謀臣，舉非其人，莫與爲者。故陸賈譏之曰：「陛下以馬上得之，豈可以馬上治之！」叔孫通亦曰：「儒者難以進取，可與守成。」於是酌古今之宜，興禮樂之中，取其簡而易知，近而易行者，以爲朝覲會同冠昏喪祭一代之法。〔註68〕

戰國時代開始，各國紛紛以武力互相爭霸。想要創建一個國家，已經無法以「仁義」取之，而是必須運用「攻伐」、「征戰」等手段，善用「智勇」、「權謀」才行。因爲要順應這樣的時勢，於是把「取」、「守」之道區分開來。漢代是「取、守二道」的好例子，當時的政治人物都認爲雖然可以用武力取得天下，但卻不能用武力來治理天下，因此「酌古今之宜，興禮樂之中，取其簡而易知，近而易行者，以爲朝覲會同冠昏喪祭一代之法。」「取、守二道」使得漢朝傳世百年，上下相安。

最下的等級，則是「強求急取」、「仁義詐力雜用」。蘇轍說：

> 取天下不可以僥倖於一時之利；僥倖於一時之利，則必將有百歲不已之患。〔註69〕

「僥倖於一時之利」的例子，以五代後唐和後漢兩朝的興替最爲明顯：

> 蓋唐、漢之亂，始於功臣，而晉之亂，始於戎狄，皆其以易取天下之過也。莊宗之亂，晉高祖以兵趨夷門，而後天下定於明宗；後唐之亡，匈奴破張達之兵，而後天下定於晉；匈奴之禍，周太祖發南征之議，而後天下定於漢。故唐滅於晉，晉亂於匈奴，而漢亡於周。蓋功臣負其創業之勳，而匈奴恃其驅除之勞，以要天子。聽之則不

---

〔註68〕蘇軾：〈儒者可與守成論〉，《蘇軾文集卷二》，頁40。
〔註69〕蘇轍：〈五代論〉，《蘇轍集・欒城應詔集卷三》，頁1262。

> 可以久安，而誅之則足以召天下之亂，動一功臣，天下遂並起而軋
> 之矣。故唐奪晉高祖之權而亡，晉絕匈奴之和親而滅，漢誅楊邠、
> 史肇而周人不服，以及於禍。彼其初，無功臣，無匈奴，則不興；
> 而功臣、匈奴卒起而滅之。〔註70〕

後晉石敬瑭以燕雲十六州爲代價，向北方的契丹人借兵滅了後唐，但自己最後也是亡於契丹之手。後漢是憑藉著「功臣」而建立的，可是最後也因爲功臣的篡奪而滅亡。這是因爲契丹和功臣都自恃有功，會反過來要脅天子。這兩個朝代的建國君主本身沒有足夠的德行以吸引百姓，也沒有足夠的武力可以征服天下，只是憑藉外力，強求急取，所以當這些外力反噬時，國家就滅亡了。

蘇軾覺得曹操也是屬於強求急取者，而且還害了荀彧：

> 荀文若，聖人之徒也，以爲非曹操莫與定海內，故起而佐之；所以
> 與操謀者，皆王者之事也。文若豈教操反者哉，以仁救天下，天下
> 既平，神器自至，將不得已而受之，不至，不取也。此文王之道，
> 文若之心也。及操謀九錫，則文若死之。故吾嘗以文若爲聖人之徒
> 者，以其才似張子房，而道似伯夷也。〔註71〕

蘇軾認爲荀彧幫曹操謀畫的本意，就是要讓曹操成爲皇帝的。可惜曹操太過心急，在時機尚未成熟時，就想要以「加九錫」來自我抬高身分，顯露出稱帝欲望。荀彧的本意應該是：「以爲劫而取之，則我有力爭之嫌，人懷不忍之志；徐而俟之，我則無嫌而人亦無憾。要之必得，而免爭奪之累。」〔註72〕所以他阻止曹操加九錫，卻導致了自己的殺身之禍。蘇轍也認爲是曹操的強求急取和志在速得，害了荀彧。實際上，「禪代之事」也是「至子乃遂」，在曹操時並未成功。

所謂「仁義詐力雜用」，是蘇軾所說的：

> 取之以仁義，守之以仁義者，周也。取之以詐力，守之以詐力者，
> 秦也。以秦之所以取取之，以周之所以守守之者，漢也。仁義詐力
> 雜用以取天下者，此孔明之所以失也。〔註73〕

---

〔註70〕同上註。
〔註71〕蘇軾：〈論武王〉，《蘇軾文集卷五》，頁138。
〔註72〕蘇轍：《歷代論·荀彧》，《蘇轍集·欒城後集卷九》，頁977。
〔註73〕蘇軾：〈諸葛亮論〉，《蘇軾文集卷四》，頁112。

孔明是輔佐劉備建國的主要謀士，他的決定相當於劉備的決定。在東漢末年，曹操挾天子以令諸侯，其取代之心，人盡皆知。當時，孔明是要劉備以「忠信」為標榜，吸引天下義士之心的。劉備「言兵不若曹操之多，言地不若曹操之廣，言戰不若曹操之能，而有以一勝之者，區區之忠信也。」但是孔明又要劉備謀取劉璋的益州，其手段完全不符合忠信。〔註74〕「既已失天下義士之望，乃始治兵振旅，為仁義之師，東向長驅，而欲天下響應，蓋亦難矣。」然而論詐力的運用，孔明也不夠徹底，不能把握住曹丕與曹植相爭，政權尚未穩固的時機，「使其大臣骨肉內自相殘，然後舉兵而伐之」。這就是仁義和詐力雜用，「既不能全其信義，以服天下之心，又不能奮其智謀，以絕曹氏之手足」，〔註75〕難怪孔明無法完成統一大業。

　　除了批判仁義詐力雜用者之外，蘇軾、蘇轍最反對的就是假仁假義者，其意見主要表現在對於宋襄公的評論中。宋襄公有意爭取成為春秋五霸之一，因此在與楚國的泓之戰中，有「不鼓不成列、不禽二毛」的舉動。《春秋》如此記載：「魯僖公二十二年冬十一月一日，己巳，朔，宋公及楚人戰于泓，宋師敗績。」蘇軾、蘇轍都認為《春秋》的用意是在批判宋襄公，蘇軾這麼說：

> 宋襄公非獨行仁義而不終者也。以不仁之資，盜仁者之名爾。……
> 宋襄公執鄫子用於次睢之社，君子殺一牛猶不忍，而宋公戕一國君
> 若犬豕然，此而忍為之，天下孰有不忍者耶！泓之役，身敗國衄，
> 乃欲以不重傷、不禽二毛欺諸侯。〔註76〕

蘇轍則說：

> 夫襄公凌虐小國，至使邾人用鄫子於次且之社，雖桀、紂有不為矣。
> 乃欲以不鼓不成列、不禽二毛求為文王，不亦過甚矣哉！〔註77〕

兩人都是用宋襄公對待鄫子之殘忍行徑，認定他在泓之戰時「不鼓不成列」、「不禽二毛」的表現，是假仁假義的行為。透過批判宋襄公，蘇軾所得出的

---

〔註74〕劉璋為益州牧劉焉之子，父親死後，繼承父親的地位，成為益州牧。劉璋為人懦弱多疑，漢中張魯驕縱，不聽劉璋號令，於是劉璋殺張魯母弟，雙方成為仇敵，劉璋派龐羲攻擊張魯，戰敗。後益州內亂，平定後，又有曹操將前來襲擊的消息。在內外交逼之下，劉璋聽信手下張松、法正之言，迎接劉備入益州，想藉劉備之力，抵抗張魯、曹操。不料此舉乃引狼入室，劉備反手攻擊劉璋，法正又為劉備內應，劉璋不得已投降，被流放至荊州。

〔註75〕本段引文均出自蘇軾：〈諸葛亮論〉，《蘇軾文集卷四》，頁112～113。

〔註76〕蘇軾：〈宋襄公論〉，《蘇軾文集卷三》，頁77～78。

〔註77〕蘇轍：《古史卷十五‧宋微子世家第八》，《三蘇全書》第3冊，頁552。

結論是：

> 夫王道者，不可以小用也。大用則王，小用則亡。昔者徐偃王、宋
> 襄公嘗行仁義矣，然終以亡其身、喪其國者，何哉？其所施者，未
> 足以充其所求也。故夫有可以得天下之道，而無取天下之心，乃可
> 與言王矣。〔註78〕

可見一個君主想要完成開創之功，其最高境界是「有可以得天下之道，而無
取天下之心」，也就是王道的境界。其次，也要能夠純粹地「取、守二道」，
千萬不可雜用仁義詐力或是假仁假義，強求急取，這樣是不會成功的。

## （二）守成方面

君主不但要「善其始」，更要能「善其終」。蘇轍認為沒有善其終的君主，
就會像是齊桓公、唐玄宗和唐憲宗三位君主：

> 此三君者，皆中主耳。方其起於憂患厄困之中，知賢人知可任以排
> 難，則勉強而從之，然非其所安也。及其禍難既平，國家無事，則
> 其心知所安者佚樂，所悅者諛佞也，故禍發皆不旋踵，若合符節。
> 〔註79〕

這三位君主都只達到「知之」的層次，對於處理政事、任用賢人等，只是勉強
而行，未達到「樂之」的層次。所以當國家局勢不那麼緊張時，他們就鬆懈了
下來，安於逸樂，喜愛諛佞之人，使國家陷入「貪利」和「聚斂」的困境。可
見，創建固然是件不容易的事，但是「守成」卻是更加困難的。蘇轍說：

> 臣歷觀前世，持盈守成，艱於創業之君。蓋盈之必溢，而成之必毀，
> 物理之至，有不可逃者。盈成之間，非有德者不安，非有法者不久。
> 昔秦、隋之盛，非無法也，內建百官，外列郡縣，至於漢、唐，因
> 而行之，卒不能改，然皆二世而亡，何者？無德以為安也。漢文帝
> 恭儉寡欲，專務以德化民，民富而國治，後世莫及。然身沒之後，
> 七國作難，幾於亂亡。晉武帝削平吳、蜀，任賢使能，容受直言，
> 有明主之風。然而亡不旋踵，子弟內叛，羌胡外亂，遂以失國。此
> 二帝者，皆無法以為久也。〔註80〕

蘇轍由歷史事實歸納出兩個「守成」的原則，一是「有德行」，一是「用法度」。

---

〔註78〕 蘇軾：〈樂毅論〉，《蘇軾文集卷四》，頁99。
〔註79〕 蘇轍：《歷代論・唐玄宗憲宗》，《蘇轍集・欒城後集卷十一》，頁1001。
〔註80〕 蘇轍：〈元祐會計錄敘〉，《蘇轍集・欒城後集卷十五》，頁1051。

有德的君主可使國家發展平穩安泰，能建立法度的君主則能把德政傳承下去，使國祚綿長。秦朝和隋朝之所以只傳了兩世就滅亡，是過於強調嚴刑峻法，而君主的德行不足，難以使群臣和人民心悅誠服，因此容易引起叛亂。漢文帝和晉武帝本身德行良好，也把國家治理得很好，但是當他們去世之後，國家的政權卻無法延續下去。這是因爲他們沒有建立好傳承的禮法制度，引起後代子孫的爭奪，甚至引發外患，使國家陷入危機。

　　在這兩個守成的原則中，三蘇首先注重的還是德行的培養。以消極的方面來說，蘇軾認爲：「天之亡人國，其禍敗必出於智所不及。」所以「聖人之爲天下，不恃智以防亂，恃吾無致亂之道耳。」〔註81〕要做到「無致亂之道」，就是要先培養自己的德行，降低自己的欲望。蘇轍說：

> 古之賢君，必志於學，達性命之本而知道德之貴，其視子女玉帛與
> 糞土無異，其所以自養，乃與山林學道者比，是以久於其位而無害
> 也。〔註82〕

君主的欲望總是給人民帶來無限的負擔，如果可以消除自己的欲望，則可以「久於其位而無害」。從積極的方面來說，蘇轍認爲：

> 吾之於人，己求而得之，則不若使之求我而後從之；己守而固之，則
> 不若使之不忍去我而後與之。故夫智者或可與取天下矣，而不可與守
> 天下，守天下則必有大度者也。何者？非有大度之人，則常恐天下之
> 去我，而以術留天下。以術留天下，而天下始去之矣。……古之聖人
> 修德以來天下。天下之所爲去就者，莫不在我，故其視失天下甚輕。
> 夫惟視失天下甚輕，是故其心舒緩，而其爲政也寬。〔註83〕

君主的「修德」，是希望民心的「自至」與「不忍離去」。正因爲民心是自至，非君主強求的，君主就可以把得失之心降到最低。對於天下的得失心輕，也就不會想要以「智」、以「術」來留住民心，造成適得其反的效果。以秦朝來說，因爲其得國不容易，就以爲要「積極」治國，但是防堵之心太過，使人民受不了，反而很快就滅亡了。隋文帝也是如此，對於國家的得失心太重，對臣下常有猜防不安之心。所以制訂嚴刑峻法，看似防範得極爲森嚴，但是卻造成大家的不安，最後仍死在楊素的手裡。

---

〔註81〕蘇軾：〈論始皇漢宣李斯〉，《蘇軾文集卷五》，頁160。
〔註82〕蘇轍：《歷代論・三宗》，《蘇轍集・欒城後集卷七》，頁960。
〔註83〕蘇轍：〈隋論〉，《蘇轍集・欒城應詔集卷二》，頁1256～1257。

　　還有唐太宗也是這樣的，蘇轍認為唐太宗雖能任賢使能、恭儉節用，但是傳子至孫，卻遭武氏之亂，子孫被戮的原因在於「未聞大道」，「苟不知道，則凡所施於世，必有逆天理、失人心而不自知者。」〔註84〕唐太宗所做「逆天理、失人心」的事情包括：先立太子承乾十餘年，但是又寵愛魏王泰，使兄弟相傾；相信祕讖，而以疑似殺李君羨；識人不明，以為李勣可以托國，其實李勣是匹夫之俠，可以以一人之力輔佐國君，但是他並不知道「禮義之重，社稷所由安危」，沒有治國的遠見。因此蘇轍感慨：「夫天命之不可易，惟修德或能已之，而帝欲以殺人弭之，難哉！」〔註85〕

　　守成之君的首要責任在於「修德」，但若是在年幼之時就即位了，那麼教導君主修德的責任就落在輔政大臣的身上。蘇轍說：

> 人主不幸，未嘗更事而履大位，當得篤學深識之士日與之居，示之以邪正，曉之以是非，觀之以治亂。使之久而安之，知類通達，強立而不反，然後聽其自用而無害。此大臣之職也。……《詩》曰：「君子學道則愛人，小人學道則易使。」故人必知道而後知愛身，知愛身而後知愛人，知愛人而後知保天下。故吾論三宗享國長久，皆學道之力。至漢昭帝，惜其有過人之明，而莫能導之以學，故重論之，以為此霍光之過也。〔註86〕

霍光受漢武帝委託輔佐漢昭帝，雖然他自己忠信篤實，但是卻沒有安排其他「通經術、識義理」的人才來輔佐漢昭帝，使得昭帝身邊都是一些嬖幸小人。「雖天資明斷，而無以養之，朝夕害之者眾矣，而安能及遠乎？」〔註87〕這是霍光的過失。

　　至於守成的第二個原則，是「用法度」。君主若純有德行，卻沒有建立法度，不但無法良好地傳承，甚至會招致禍患，三蘇所生存的宋代當時情況就是如此。蘇轍指出：

> 今二聖之治，安而靜，仁而恕，德積於世。秦、隋之憂，臣無所措心矣。然而空匱之極，法度不立，雖無漢、晉強臣敵國之患，而數年之後，國用曠竭，則未可安枕而臥也。〔註88〕

---

〔註84〕蘇轍：《歷代論・唐太宗》，《蘇轍集・欒城後集卷十》，頁998。
〔註85〕同上註，頁181。
〔註86〕蘇轍：《歷代論・漢昭帝》，《蘇轍集・欒城後集卷八》，頁970。
〔註87〕同上註。
〔註88〕蘇轍：〈元祐會計錄敘〉，《蘇轍集・欒城後集卷十五》，頁1051。

以上下文來看，比較偏重的是「經濟」方面「法度不立」的問題。而對於國家的傳承來說，所謂的「法度」，所指的是「禮」。以齊桓公爲例，蘇轍的《古史》正文中，有一段《史記》中沒有，《左傳》中也沒有的記載：

> 初，管仲說桓公以霸事，桓公告之曰：「吾有大邪三：不幸而好田，夜至禽側，莫而後反；不幸而好酒，日夜相繼；不幸而好色，姑姊妹有不嫁者。其尚可以霸乎？」管仲曰：「惡則惡矣，然非其急也。夫見賢而不能，用害霸也；與賢者圖事，而與小人疑之，害霸也。非此二者，不害於霸。」故桓公三夫人、六嬖妾，嫡庶不明，而管仲不禁，終以此敗。〔註89〕

桓公好色，正夫人有三人，內嬖如夫人有六人，其行甚穢。管仲自己不守禮，也不認爲這對於齊桓公的霸業有所妨害，並不禁止。但是因爲齊桓公本身對於眾夫人的偏愛、偏私，使得家中倫理缺少穩定的次序，無法擺平王位爭奪的問題，難怪齊國最後是亡於「嫡庶之禍」。於是蘇轍感嘆道：「夫使桓公妻妾嫡庶之分素明，家事素定，則太子一言立矣。而他人何與哉！」〔註90〕蘇軾說得更明白：「恨其不學道，不自誠意正身以刑其國，使家有三歸之病，而國有六嬖之禍，故桓公不王，而孔子小之。」〔註91〕由此，可看出「禮法制度」對於國家傳承的重要：

> 夫古之聖人，爲君臣父子夫婦之禮，皆有本末，不徒設也。故以爲舊坊爲無用而毀之者，必有水患；以舊禮爲無益而去之者，必有亂患。古之君子，身修而家治，安而行之，不知其難，而亂自去。〔註92〕

綜合上述的原則，若要從歷史中找一個兼有「德」與「法」的君主，戰國時代的魏文侯應該可以算得上是典範人物：

> 魏文侯非戰國之君也，內師事卜子夏，友田子方、段干木，被服儒者，身無失德。用吳起、西門豹、李悝，盡力耕戰，民賴以富，而敵不敢犯。外以禮與信交接諸侯，與韓、趙無怨。終其身，魏人不知戰國之患。……雖西漢文帝不能遠過也，一時諸侯無足言者矣。〔註93〕

〔註89〕蘇轍：《古史卷九・齊太公世家第二》，《三蘇全書》第3冊，頁464。
〔註90〕蘇轍：《古史卷九・齊太公世家第二》，《三蘇全書》第3冊，頁475。
〔註91〕蘇軾：〈論管仲〉，《蘇軾文集卷五》，頁147。
〔註92〕蘇轍：《古史卷九・齊太公世家第二》，《三蘇全書》第3冊，頁474。
〔註93〕蘇轍：《古史卷二十一・魏世家第十四》，《三蘇全書》第4冊，頁117。

因此蘇轍對他相當推崇，給予極高的評價。

## 二、大　臣

　　在古代君主專制的制度下，君臣身分的分際十分明確，不可任意逾越。因此蘇轍認為，身為大臣者的心裡最希望的當然是有賢君在位，並且能受到君主的重用：

> 天下之事，固其賢者為之也。仁人君子盡其心以制天下之事，而無所不成；武夫猛士竭其力以剪天下之暴亂，而無所不定。此其類非不智且勇也，然而不得其君，則其心常鰓鰓然，曠四海而不能以自安，功成事立，缺然反顧而莫之能受。是以天下之賢才，其才雖足以取之，而常喜天下之有賢君者，利其有以受之也。蓋古之人君，收天下之英雄而不失其心，故天下皆爭歸之；而英雄之士，因其君之資以用力於天下，功成求得而不敢為背叛之操。故上下相守，而可以至於無窮。〔註94〕

為人臣者即使本身再有才幹，若是沒有讓他們放心施展的舞台，也毫無用武之地。因此當君主願意任用人才時，天下的賢才就會願意被任用，在君主所提供的資源限度下，為天下謀福利。由此也可以看出，在三蘇的觀念中，君臣關係是相互對待的。

　　以君臣之間的權力消長關係來論，蘇轍認為有「權臣」和「重臣」之分，「二者其跡相近而難明。」但是國家應該要有「重臣」，而不應該有「權臣」，所以蘇轍仔細地辨析兩者的差異，希望君主能夠洞悉其行為表現背後的心理特質。「權臣」的表現是：

> 內悅其君之心，委曲聽順而無所違戾；外竊其生殺予奪之柄，黜陟天下，以見己之權，而沒其君之威惠。內能使其君歡愛悅懌，無所不順，而安為之上；外能使其公卿大夫百官庶吏無所歸命，而爭為之腹心。上愛下順，合而為一，然後權臣之勢遂成而不可拔。〔註95〕

權臣為了獲得權力，會先對君主百般奉承，曲意順從，使君主心甘樂意地賦予其責任和權力。等到獲權之後，以此掌握生殺予奪之柄、號令天下，都是以自己的名義而行，置君主於虛位。權臣的手段很高明，可使「上愛下順，

---

〔註94〕蘇轍：〈漢論〉，《蘇轍集・欒城應詔集卷二》，頁1250。
〔註95〕蘇轍：〈臣事策上・第一道〉，《蘇轍集・欒城應詔集卷七》，頁1293。

合而爲一」，但他所圖謀的都是自己的權勢，而非君主的威望。而「重臣」的表現是：

> 君有所爲，不可而必爭，爭之不能，而其事有所必不可聽，則專行而不顧。待其成敗之跡著，則其上之心將釋然而自解。其在朝廷之中，天子爲之踧然而有所畏，士大夫不敢安肆怠惰於其側。爵祿慶賞，己得以議其可否，而不求以爲己之私惠；刀鋸斧鉞，己得以參其輕重，而不求以爲己之私勢。要以使天子有所不可必爲，而群下有所畏懼，而己不與其利。〔註96〕

重臣以國家爲重，絕不偏私個人，圖謀自己的利益。因此敢於違背君主的意思，一切以事情之應然爲考量。所以表面上看起來有些專斷，但等到他的所作所爲產生效果時，君主就能明白其用心了。只是這樣的表現，除了使他的同僚、部屬不敢怠惰之外，也會使君主對他產生畏懼。蘇轍做這樣的對比說明，是希望提醒君主不要只看到大臣的外在表現，就被蒙蔽了。應該要洞察其背後的意圖，才能選擇對國家有利的大臣。

「重臣」的先決條件，是偏重於德行的。蘇洵曾透過對於子貢的評論，提出自己對於大臣的看法：

> 君子之道，智信難。信者，所以正其智也，而智常至於不正。智者，所以通其信也，而信常至於不通。是故君子慎之也。〔註97〕

蘇洵對於子貢用來「亂齊、滅吳、存魯」〔註98〕的謀略有意見，認爲他根本不必花費這麼多心機。蘇洵認爲子貢直接找齊之高、國、鮑、晏四氏，勸他們與魯國聯合，雙面夾攻田常就好了。不但可以解魯之危，還可使齊感激魯之德。蘇洵指出這個計策是有旁例可印證的：齊哀王〔註99〕舉兵誅呂氏，呂

---

〔註96〕蘇轍：〈臣事策上‧第一道〉，《蘇轍集‧欒城應詔集卷七》，頁1293～1294。

〔註97〕蘇洵：《權書‧子貢》，《嘉祐集卷三》，頁20。

〔註98〕有關子貢「亂齊、滅吳、存魯」的事蹟，是出自《史記‧仲尼弟子列傳》，原文頗長。簡單地說，子貢爲了解除齊對於魯的威脅，首先遊說齊田常，以田常不信於君的內憂來說動他放棄攻魯，而去攻吳；接著到吳國遊說吳王，請他伐齊救魯。吳王說他想先伐越，子貢便到越國遊說越王，要他先支持吳國伐齊，以等待吳國之敗。越王答應了，於是吳王同意出兵伐齊。子貢再到晉國，提醒晉王作好與吳戰爭的準備。結果是，吳打敗齊，晉打敗吳，越再趁吳國之危，殺了吳王，自己稱霸。所以說子貢做到了「存魯、亂齊、破吳、彊晉而霸越」。見《史記會注考證》，頁881～883。

〔註99〕齊哀王（？～179 B.C.），即劉襄，漢高祖孫，齊悼惠王劉肥之子。西漢諸侯王。漢惠帝七年（188 B.C.）嗣父爵爲齊王，在位十年卒，諡哀。

氏以灌嬰爲將拒之，至滎陽，嬰使使諭齊及諸侯聯合，以待呂氏變，共誅之。
現在魯國就相當於齊哀王的角色，高、國、鮑、晏就相當於灌嬰的角色。藉
由這個故事，蘇洵所提出的原則是：大臣的「智」和「信」要並重。過於機
巧（智），容易流於不正；過於正直（信），容易流於不知變通。爲了使國家
長治久安，應該以「信」爲出發點來用「智」。

蘇軾則主張大臣應該要講求「名節」：

> 軾竊謂士大夫砥礪名節，正色立朝，不務雷同以固祿位，非獨人臣
> 之私義，乃天下國家所恃以安者也。若名節一衰，忠信不聞，亂亡
> 隨之，捷如影響。〔註100〕

大臣具備名節，不只是個人的品德，更是國家所憑藉以安定的重要條件。而
「名節」的養成，要從不被外在名利所誘惑開始：

> 古之君子，必有高世之行，非苟求爲異而已。卿相之位，千金之富，
> 有所不屑，將以自廣其心，使窮達利害不能爲之芥蒂，以全其才，
> 而欲有所爲耳。後之君子，蓋亦嘗有其志矣，得失亂其中，而榮辱
> 奪其外，是以役役至於老死而不暇，亦足悲矣！〔註101〕

身爲大臣者，之所以能抗拒內在的得失心和外在窮達榮辱的遭遇所造成的影
響，是因爲有遠大的志向。「大臣以道事君，不可則止，然後可以托六尺之孤，
可以寄百里之命。若與時上下，隨人俛仰，雖或適用於一時，何足謂之大臣
爲社稷之衛哉！」〔註102〕所以必須持守一定的原則，不輕易動搖。像伊尹可
以做到「以臣放君，天下不以爲僭；既放而復立太甲，不以爲專。」就是因
爲「其素所不屑者，足以取信於天下也。彼其視天下眇然不足以動其心，而
豈忍以廢放其君求利也哉？」〔註103〕這眞可算是大臣的最高境界了。

假如大臣屈服於外在環境的壓力，無法保持名節，將對國家造成危害：

> 西漢之末，敢言者惟王章、朱雲二人，章死而雲廢，則公卿持祿保
> 妻子如張禹、孔光之流耳。故王莽以斗筲穿窬之才，恣取神器如反
> 掌。唐開元之末，大臣守正不回，惟張九齡一人。九齡既已忤旨罷
> 相，明皇不復聞其過以致祿山之亂。治亂之機，可不愼哉！〔註104〕

〔註100〕蘇軾：〈張九齡不肯用張守珪牛仙客〉，《蘇軾文集卷七》，頁197。
〔註101〕蘇軾：〈伊尹論〉，《蘇軾文集卷三》，頁84～85。
〔註102〕蘇軾：〈叔孫通不能致二生〉，《蘇軾文集卷七》，頁196。
〔註103〕蘇軾：〈伊尹論〉，《蘇軾文集卷三》，頁85。
〔註104〕蘇軾：〈張九齡不肯用張守珪牛仙客〉，《蘇軾文集卷七》，頁197。

蘇軾想要提醒君主的是，持守名節的大臣才敢對君主提出諫言。然而，忠言難免逆耳。君主若是因此就貶謫敢言的大臣，將會造成無人敢直言進諫的局面，使得國家陷入危機中。因此，持守名節的大臣當然也希望有願意接納諫言的賢君在位。

　　至於蘇轍，他最注重的是大臣要有「義」，要守「禮」。因此他稱讚子產，在於子產能夠「以禮治國」。「子產以區區之鄭，立於晉、楚之間，敬而不懾，卒免大國之患，非禮，何以當之？」〔註105〕又稱讚晏子「爲人勇於義，篤於禮。」〔註106〕只可惜晏子所事的君主皆是庸君，所以難有所建樹。例如晏子曾經報告齊景公將有田氏之禍，公問所以救之者，晏子曰：「唯禮可以已之。在禮，家施不及國，而大夫不收公利。」景公雖稱善，然而卻不能用，齊卒以亡。〔註107〕如果能像管仲那樣輔佐賢明的齊桓公，晏子的成就可與鄭子產相當了。還有藺相如也是因爲具備「義」與「禮」，而受到稱讚的：

> 藺相如非戰國之士也，以死行義，不屈於強秦；以禮爲國，不校於廉頗。其處剛柔進退之際，類學道者，使居平世，可以爲大臣矣，非戰國之士也。〔註108〕

　　大臣還應該要有「遠見」，但是實際上，當一個有先見之明的人是很辛苦的。因爲他無法坐視事情惡化到不可收拾，可是當他出來告訴大家要預防時，因爲表面的治平之象，讓其他人都不相信他說的話，使得他不得不孤軍奮戰。蘇軾認爲這樣的人，要有「堅忍不撥之志」，要有一發動就身先士卒，堅持到底的勇氣和決心。像禹以洩導的方式治水，是有先見之明的。但是「鑿龍門，決大河而放之海」是有風險的。禹必須承擔風險，面對問題，擔起責任，慢慢處理，讓人民感到有完成的信心。蘇軾以這個標準來看晁錯，認爲他處理七國之亂失敗的原因，就是出在「逃避自己的責任」。因爲晁錯「欲使天子自將，而己居守」。「己欲居守，而使人主自將，以情而言，天子固已難之矣，而重爲其議，是以袁盎之說，得行於其間。」〔註109〕如果晁錯自告奮勇出來帶兵抵擋吳、楚，讓天子感到放心，這樣就不會遭致殺身之禍了。

---

〔註105〕蘇轍：《古史卷十三・陳杞世家第六》，《三蘇全書》第 3 冊，頁 521。

〔註106〕蘇轍：《古史卷二十五・管晏列傳第二》，《三蘇全書》第 4 冊，頁 155。

〔註107〕蘇轍：《古史卷十・魯周公世家第三》，《三蘇全書》第 3 冊，頁 496。

〔註108〕蘇轍：《古史卷五十一・廉頗藺相如列傳第二十八》，《三蘇全書》第 4 冊，頁 377。

〔註109〕蘇軾：〈晁錯論〉，《蘇軾文集卷四》，頁 107。

當大臣完成了自己的責任之後，就應該要「不居功」。蘇軾、蘇轍都推崇
魯仲連，蘇軾說：

> 魯仲連既退秦軍，平原君欲封連，以千金爲壽。連笑曰：「所貴於天
> 下士者，爲人排難解紛而無所取也。即有取，是商賈之事，連不忍
> 爲也。」遂去，終身不復見。逃隱於海上，曰：「吾與其富貴而詘於
> 人，寧貧賤而輕世肆志焉。」〔註110〕

蘇轍也說：

> 魯仲連辯過秦儀，氣凌髡、衍，而縱橫之利，不入於口。因事放言，
> 切中機會；排難解紛，如決潰堤，不終日而成功。逃避爵賞，脫屣
> 而去。戰國以來，一人而已！〔註111〕

魯仲連之所以被推崇，就是因爲他不追求個人私利，而且又「功成而不居」，
可說是戰國時代特出的人物。

## 三、吏　胥

　　所謂「吏胥」，最早應該是出自《周禮・天官》中的「府」、「史」、「胥」、
「徒」等職位名稱。〔註112〕唐宋以後這二字多連用，作「吏胥」、「胥吏」，
〔註113〕主要指的是在中央和地方官府中，接受官員指揮，負責處理具體政
務，特別是經辦（整合、保管、查檢、具體處理）各類官府文書的低級辦事
人員。他們主要是具有一定文化水準的平民，由官府直接選拔或考以吏能後
錄用，與一般經科舉、考經學、詩賦入仕的官員不同，政治、社會地位也比
較卑下。但是由於經辦各類官府文書，事涉人事、刑獄、錢穀等，熟悉王朝
法例，在當時種種條件下，他們可說是掌握了不同程度的權力，甚至是相當
大，不容忽視的權力。

　　在三蘇中，蘇洵對「吏胥」發表的言論最多，他指出「吏胥」對國家的

〔註110〕蘇軾：〈論范蠡〉，《蘇軾文集卷五》，頁153～154。

〔註111〕蘇轍：《古史卷五十四・虞卿魯仲連列傳第三十一》，《三蘇全書》第4冊，頁
　　　　396。

〔註112〕見《周禮・天官冢宰》，《十三經注疏・周禮注疏卷一》（臺北：藝文印書館，
　　　　1997年8月初版十三刷），頁10～19。

〔註113〕如《舊唐書・列傳第五十六・楊國忠》：「國忠自侍御史以至宰相，凡領四十
　　　　餘使，……但署一字，猶不能盡，皆責成胥吏，賄賂公行。」見《新校本舊
　　　　唐書附索引》，第4冊，頁3244；葉適《水心別集》卷十四爲〈吏胥〉；《清
　　　　經世文編卷二十四・說吏胥》：「牟願相曰：唐宋以來，……吏胥日橫。」

重要性，並且以古今對照的方式，分析其利弊得失，呼籲君主要重視吏胥，拓展任用人才的廣度。

吏胥的重要性，與法的繁簡有相當的關係。蘇洵曾說：「古之法簡，今之法繁。」他認為原因在於：

> 吏奸矣，不若古之良；民媮矣，不若古之淳。吏奸，則以喜怒制其輕重而出入之，或至於誣執。民媮，則吏雖以情出入，而彼得執其罪之大小以為辭。故今之法纖悉委備，不執於一，左右前後，四顧而不可逃。是以輕重其罪，出入其情，皆可以求之法。吏不奉法，輒以舉劾。任法而不任吏，故其法繁。古之法若方書，論其大概，而增損劑量則以屬醫者，使之視人之疾，而參以己意。今之法若鬻履，既為其大者，又為其次者，又為其小者，以求合天下之足。〔註114〕

蘇洵認為君主統治的方式是隨著人情的變化而改變的，因為當今的風俗民情已經不如古代之淳良，所以君主的統治方式轉變為「任法而不任吏」。古代在「任吏不任法」的方式下，只需要有一個大原則，可讓官吏自行斟酌執行的標準。如同蘇軾所說：「先王任人而不任法，勞於擇人而佚於任使，故法可以簡。法可以簡，故官可以省。」〔註115〕但「任法不任吏」時，就要先設想好各種情況，制定相對應的法律，以符合所有的需要。因此法律、例令日益繁多。

以制度的整體面來說，法律的日益繁多，是為了防止官員各行其是，特別是地方官員分裂割據，以保證全國政令的統一，和以君主為首的最高統治集團之意志得到貫徹實行，這一統治集團便要針對全國千差萬別、千變萬化的情況，不斷頒布大量的法，要求各地區、各部門官員嚴格遵守。唐宋以後，社會經濟、文化發展越快，社會面貌變化越大，新事物出現越多，與之相應的法也就越大量地頒布。

在這樣的背景下，真正熟悉這日益繁多的法律、例令的，是吏胥而非官員。這是因為「吏胥之人，少而習法律，長而習獄訟」，〔註116〕而官員在一個部門、一個地區任職時間都很短，比不上吏胥的任職時間，使得官員們很難

---

〔註114〕蘇洵：《衡論‧申法》，《嘉祐集卷五》，頁41。
〔註115〕蘇軾：〈唐虞稽古建官惟百夏商官倍亦克用乂〉，《蘇軾文集卷六》，頁 172～173。
〔註116〕蘇洵：《衡論‧廣士》，《嘉祐集卷四》，頁36。

像吏胥那樣熟悉法、例。還有地方官員的任用，是採取「仕宦避本籍」的制度，也使得官員在執行法、例的效果上受到影響。蘇轍曾對宋代的官員派任制度發表反對意見：

> 而今之法，爲吏者不得還處其鄉里，雖百里之外，亦輒不可。而又以京師之所在而定天下遠近之次，凡京師之人所謂近者，皆四方之所謂至遠；而京師之所謂遠者，或四方之所謂近也。今欲以近優累勞之吏，而不知其有不樂者，爲此之故也。〔註117〕

也就是以京師作爲訂定遠近的標準，把官員派任到離京師越遠的地方，就表示其越不受重用。調任到離京師越近的地方，甚至回歸中央，就表示地位的提升。但是這個官員可能終其一生，都要離鄉背井，在外旅居了。蘇軾也曾以歷史事蹟爲證，主張不應以內外輕重的分別，來區分派任的人選，而是應該要「循名責實」：

> 軾以謂古者賢君用人，無內外輕重之異，故雖杜延年名卿，不免出爲邊吏。治效不進，則詰責之，既進，則褒賞之。所以歷試人才、考覈事功蓋如此。孝宣之治，優於孝文者以此也。馬周諫唐太宗，亦以爲言。治天下者，不可不知也。〔註118〕

不過，他們的意見都沒有受到君主的採納。就在這樣的環境下，吏胥的重要性被凸顯出來。各級吏胥一方面固然需要在官員指揮下經辦例行官府文書，但另一方面則還需要爲官員提供相關的法、例，以及對官員在此基礎上做出的「判事」，核查是否違反法、例。因此，吏胥便在頒佈大量法、例對官員「禁防」的君主專制制度下，發揮著督促官員奉行這些法、例的特殊作用。

吏胥雖然具有相當的重要性，但是在宋代，吏胥並沒有得到應有的尊重。一方面是因爲他們的社會地位低下，常被長官以不合理的態度對待：

> 今之吏胥則不然，始而入之不擇也，終而遇之以犬彘也。長吏一怒，不問罪否，袒而笞之；喜而接之，乃反與交手爲市。其人常曰：長吏待我以犬彘，我何望而不爲犬彘哉？〔註119〕

另外一方面是吏胥的物質待遇十分菲薄，蘇轍甚至曾經建議要加收「訴訟費」，給吏胥增加收入：

---

〔註117〕蘇轍：〈臣事策下・第四道〉，《蘇轍集・欒城應詔集卷八》，頁1312。
〔註118〕蘇軾：〈漢宣帝詰責杜延年治郡不進〉，《蘇軾文集卷七》，頁195。
〔註119〕蘇洵：《衡論・廣士》，《嘉祐集卷四》，頁36。

> 臣亦欲使天下之至於獄者，皆有所入於官，以自見其直：而其不直
> 者，亦皆沒其所入，以爲胥吏之俸祿。辨其等差而別其多少，以時
> 給之，以足衣食之用。……而爲吏者，可以無俟爲奸而有以自養，
> 名正而言順。〔註120〕

因爲吏胥的地位低、待遇差，一般人若非不得已，本來就不會想要擔任這樣的工作。再加上如此不合理的對待，會讓吏胥的自我形象和自我期許更爲低落。在這樣的惡性循環下，不但吏胥的行爲表現和人格特質會越變越差，國家也越來越不可能得到好的人才。

影響吏胥行爲表現的因素，還有來自宋代當時社會環境的問題。蘇洵認爲宋代社會上有五種「習於犯禁而遂不改」的弊端，使得「吏胥之奸由此五者始」：〔註121〕

（一）度量衡不統一：「先王欲杜天下之欺也，故爲之度，以一天下之長短；爲之量，以齊天下之多寡；爲之權衡，以信天下之輕重。」統一度量衡是爲了建立公平的準則，以杜絕詐欺的行爲。但宋代的度量、權衡都不統一，沒有一個公平的準則，富商豪賈往往都以較大的量器低價買入，再以較小的量器高價賣出，買賣間缺乏誠信。

（二）不禁珍奇奢華：「先王惡奇貨之蕩民，且哀夫微物之不能遂其生也，故禁民采珠貝，惡夫物之僞而假眞，且重費也，故禁民糜金以爲塗飾。」禁珍奇是避免在「物稀爲貴」下，百姓鋌而走險，並危害到稀有生物的生存。禁奢華則是爲了避免造假和浪費的產生，但到了宋代卻已經是「采珠貝之民溢於海濱，糜金之工肩摩於列肆」的情況了。

（三）不守禮法制度：「先王患賤之凌貴，而下之僭上也，故冠服器皿皆以爵列爲等差，長短大小莫不有制。」古代透過物質上的制約，以維持身分上的貴賤等階。不過在宋代卻是「工商之家曳紈錦、服珠玉」，表示因爲經濟形態的改變，工商之家日漸富裕，其身分已經不能限制其物質享受了。

（四）公私之法不分：先王爲了防備吏胥仗著縣官之勢以侵劫百姓，因此派市中的商賈記錄市價，十天報告一次。吏胥私人的買賣（私價），是「百以百聞，千以千聞」，而縣官所辦理的公家買賣（公糴），則是「十則損三，

---

〔註120〕蘇轍：〈臣事策下・第五道〉，《蘇轍集・欒城應詔集卷八》，頁 1314。
〔註121〕蘇洵：《衡論・申法》，《嘉祐集卷五》，頁 41～43。以下各分述點內的引文均出於此篇。

三則損一以聞」。但是到了宋代，卻是「吏之私價而從縣官公糴之法」，表示私人買賣也可以獲得像公家買買一樣的利潤，這是不合理的。

（五）坐視爲吏者商：「先王不欲人之擅天下之利也，故仕則不商，商則有罰，不仕而商，商則有征（征收賦稅）。」擔任官員就不應該從商，有商業行爲要受罰，以避免官商勾結，中飽私囊。而從事商業者，要繳交所得稅，本是理所當然。但是宋朝卻是「吏之爲商，幸而不罰，又從而不征」，等於是坐視爲吏者商，壟斷利益。

蘇洵認爲「其必先治此五者，而後詰吏胥之奸可也。」也就是爲吏胥除去了爲奸的內、外在因素，再針對其個人的任用方式加以改善：

> 亦不過擇之以才，待之以禮，恕其小過，而棄絕其大惡之不可貰忍者，而後察其賢有功而爵之、祿之、貴之，勿棄之於冗流之間。則彼有冀於功名，自尊其身，不敢丏奪，而奇才絕智出矣。〔註122〕

「責之以才」，是增加吏胥被任用的管道；「待之以禮」，是改善對待吏胥的態度。「察其賢有功而爵之、祿之、貴之」，則是拓寬吏胥升遷的途徑。有了良好的就業環境和職業待遇，就可以漸漸提昇吏胥的素質，並吸引更好的人才。

其實，從歷史上的事實來看，「胥吏之賢，優而養之，則儒生武士或所不若。」蘇洵以漢代爲例：

> 昔者漢有天下，平津侯、樂安侯輩皆號爲儒宗，而卒不能爲漢立不世大功。而其卓絕儁偉震耀四海者，乃其賢人之出於吏胥中者耳。夫趙廣漢，河間之郡吏也；尹翁歸，河東之獄吏也；張敞，太守之卒史也；王尊，涿郡之書佐也。是皆雄儁明博，出之可以爲將，而內之可以爲相者也，而皆出於吏胥中者，有以也。〔註123〕

趙廣漢〔註124〕、尹翁歸〔註125〕、張敞〔註126〕、王尊〔註127〕都是西漢時有名

---

〔註122〕蘇洵：《衡論・廣士》，《嘉祐集卷四》，頁36。

〔註123〕同上註。

〔註124〕趙廣漢，字子都，涿郡蠡吾人，故屬河間。少爲郡吏、州從事，以廉潔通敏下士爲名。舉茂材，平准令。察廉爲陽翟令。以治行尤異，遷京輔都尉，守京兆尹。爲京兆尹廉明，威制豪強，小民得職。百姓追思，歌之至今。生平詳見《漢書・趙尹韓張兩王傳第四十六》，《新校本漢書并附編二種》，第 4 冊，頁 3199～3206。

〔註125〕尹翁歸，字子兄，河東平陽人，徙杜陵。翁歸少孤，與季父居。爲獄小吏，曉習文法。喜擊劍，人莫能當。是時，大將軍霍光秉政，諸霍在平陽，奴客持刀兵入市斗變，吏不能禁，及翁歸爲市吏，莫敢犯者。公廉不受饋，百貫

的人物，各有貢獻，在《漢書》中有傳記。蘇洵指出他們的出身原本都是吏胥，因為受到良好的任用，所以能夠發揮「出之可以爲將，而內之可以爲相」的才幹，爲漢朝服務，建立功業。

任用吏胥的基本之道有二，一是「知人」，一是「責實」。蘇軾曾說：「使君相有知人之才，朝廷有責實之政，則胥史皂隸，未嘗無人。」〔註128〕「知人」的方法爲：

> 故彼其觀人也，亦多術矣。委之以利，以觀其節，乘之以猝，以觀其量，伺之以獨，以觀其守，懼之以敵，以觀其氣。……何則？功者人所趨也，過者人所避也。審其趨避而眞僞見矣。〔註129〕

以一個人面對利益時的態度，來測出他的「節操」；以一個人處理突發事件時的態度，觀察他的「度量」；看一個人獨處時的表現，可知他的「自制力」；由一個人如何對付敵人，可以看出他的「勇氣」。簡單地說，就是使各種外在事物與一個人的本性接觸，透過他的反應，來得知這個人的善惡。

至於「責實」的方式，對於有實際工作表現的人，可以就其「已成之功」來看；若尚未有功，蘇洵認爲可以「委之以難治之事，而責其成績。」〔註130〕而對於表達自己意見的人，蘇軾認爲應先接納他的言論，但是必須要求他把自己的意見落實，以證明其意見並非空談。因爲：

> 巧言令色，帝之所畏也。故以言取人，自孔子不能無失。然聖賢之在下也，其道不效於民，其才不見於行事，非言無自出之。故以言

---

畏之。翁歸爲政雖任刑，其在公卿之間清潔自守，語不及私，然溫良謙退，不以行能驕人，甚得名譽于朝廷。生平詳見《漢書‧趙尹韓張兩王傳第四十六》，《新校本漢書并附編二種》，第4冊，頁3206～3209。

〔註126〕張敞，字子高，本河東平陽人。爲人敏疾，賞罰分明，見惡輒取，時時越法縱舍，有足大者。其治京兆，略循趙廣漢之跡。方略耳目，發伏禁奸，不如廣漢，然敞本治《春秋》，以經術自輔，其政頗雜儒雅，往往表賢顯善，不醇用誅罰，以此能自全，竟免于刑戮。生平詳見《漢書‧趙尹韓張兩王傳第四十六》，《新校本漢書并附編二種》，第4冊，頁3216～3226。

〔註127〕王尊，字子贛，涿郡高陽人。少孤，歸諸父，使牧羊澤中。尊竊學問，能史書。年十三，求爲獄小吏。數歲，給事太守府，問詔書行事，尊無不對。太守奇之，除補書佐，署守屬監獄。久之，尊稱病去，事師郡文學官，治《尚書》、《論語》，略通大義。生平詳見《漢書‧趙尹韓張兩王傳第四十六》，《新校本漢書并附編二種》，第4冊，頁3226～3238。

〔註128〕蘇軾：〈議學校貢舉狀〉，《蘇軾文集卷二十五》，頁723。

〔註129〕蘇軾：〈觀過斯知仁矣〉，《蘇軾文集卷六》，頁174。

〔註130〕蘇洵：《衡論‧養才》，《嘉祐集卷五》，頁40。

取人者，聖人之所不能免也。納之以言，試之以功，自堯舜以來，

未之有改也。〔註131〕

總而言之，就像蘇洵所說的，「使吏胥之人，得出爲長吏，是使一介之才無所逃也。進士、制策網之於上，此又網之於下，而曰天下有遺才者，吾不信也。」〔註132〕

## 第四節　群己關係論

三蘇在史論中論述歷史人物，基本上都是以「政治」爲出發點的。「政治」所指的是管理「眾人」的事，所以他們除了討論君主、大臣和吏胥這三種政治角色的心理，提出對他們個別的期望之外，更著重於探討政治上的群己關係。中國古代社會有三種最基本的政治等級是「君」、「臣」、「民」，可以分別構成「君與臣」、「君與民」、「官與民」之基本政治關係。三蘇所論，大致也是不離這三種基本關係的，不過，因爲北宋黨爭的影響，他們對於「臣」與「臣」關係，特別給予關注和論述，因此使得政治之群己關係論有了新的開展。

### 一、君與臣的關係

#### （一）君對待臣

在君臣關係上，三蘇一再提醒君主的觀念，就是應該要任用人才：

人主之德，在於知人，其病在於多才。知人而善用之，若己有爲，

雖至於堯、舜，可也。多才而自用，雖有賢者，無所復施，則亦僅

自立耳。〔註133〕

如果君主本身的才能很高，就凡事自己來，不願意任用人才，這樣是無法成就大事的。要做大事的君主，應該要能看出誰是人才，並且讓各種人才發揮各樣的才能，一起爲國家的前程努力。最常被三蘇拿來當作知人善任典範的人物是漢高祖，蘇洵說：

漢高祖挾數用術，以制一時之利害，不如陳平，揣摩天下之勢，舉

---

〔註131〕蘇軾：〈乃言厎可績〉，《蘇軾文集卷六》，頁165。

〔註132〕蘇洵：《衡論・廣士》，《嘉祐集卷四》，頁36～37。

〔註133〕蘇轍：《歷代論・漢光武上》，《蘇轍集・欒城後集卷八》，頁971。

指搖目以劫制項羽，不如張良。微此二人，則天下不歸漢，而高帝
乃木強之人而止耳。〔註134〕

蘇軾也說：「漢高祖以神武取天下，其得人可謂至矣。」〔註135〕蘇轍則是把漢
高祖的事蹟說得更為明白：

漢高帝謀事不如張良，用兵不如韓信，治國不如蕭何，知此三人而
用之不疑，西破強秦，東伏項羽，曾莫與抗者。及天下既平，政事
一出於何，法令講若畫一，民安其生，天下遂以無事。又繼之以曹
參，終之以平、勃，至文、景之際，中外晏然。凡此皆高帝知人之
餘功也。〔註136〕

漢高祖劉邦本身的才能，雖然不如他所任用的張良、韓信、蕭何、曹參、陳
平、周勃等人，但是他能夠讓這些人在合適的時機和職位上發揮各自的才能。
集合眾人的才智，比君主一人單打獨鬥來得好。相較之下，東漢光武帝就是
屬於「多才而自用」者，蘇轍批評說：

既履大位，懲王莽篡奪之禍，雖置三公而不付以事。專任尚書，以
督文書，繩奸詐為賢。政事察察，下不能欺，一時稱治。然而異己
者斥，非識者棄，專以一身任天下。其智之所不見，力之所不舉者
多矣！至於明帝，任察愈甚，故東漢之治，寬厚樂易之風遠不及西
漢。〔註137〕

東漢光武帝之所以不敢信任大臣，是因為王莽篡奪之禍讓他心有餘悸。當他
「以一身任天下」的初期，因為自身的才能，使得「政事察察，下不能欺」，
頗有一番新興的氣象。可是久了之後，只以一己之見，難免有許多事是他「智
之所不見，力之所不舉」的。光武帝又排斥異己，相信讖緯之說，更使得整
個朝廷大臣間的氣氛，變得緊張不安，西漢寬厚樂易的風氣蕩然無存。

宋太祖建國之初，也是為了防範武人奪權之事再度發生，所以定下了重
文輕武的政策。但是對於武將的不信任，以及在制度上的各種防禁措施，卻
使得宋代一直在對外關係上處於弱勢。三蘇對於這樣的處境當然是關注的，
為了解決過與不及的問題，他們的主張是：君主對於「賢德之人」和「有才

---

〔註134〕蘇洵：《權書·高祖》，《嘉祐集卷三》，頁24。
〔註135〕蘇軾：〈君使臣以禮〉，《蘇軾文集卷六》，頁175。
〔註136〕蘇轍：《歷代論·漢光武上》，《蘇轍集·欒城後集卷八》，頁971～972。
〔註137〕同上註，頁972。

之士」，應該採用不同的對待方式。蘇洵這麼說：

> 人君御臣，相易而將難。將有二：有賢將，有才將。而御才將尤難。
> 御相以禮，御將以術，御賢將之術以信，御才將之術以智。不以禮，
> 不以信，是不為也。不以術，不以智，是不能也。〔註138〕

因為關心當時朝廷欲振乏力的對外關係，蘇洵對於兵事有相當專門的論述。
從這段關於御將的文字中，我們可以看出蘇洵主張以不同方式對待不同特質
的臣子。將本身就可以分為「賢將」和「才將」，蘇洵認為，像漢代的衛青、
霍去病、趙充國；唐代的李靖、李勣等算是賢將，而漢之韓信、黥布、彭越，
唐之薛萬徹、侯君集、盛彥師等人則是才將。對待賢將的方式是「信」，對待
才將則要以「智」。「相」與「將」更為不同，所以對待方式也不同：

> 任相之道與任將不同，為將者大概多才而或頑鈍無恥，非皆節廉好
> 禮，不可犯者也。故不必優以禮貌，而其有不羈不法之事，則亦不
> 可以常法御。何則？豪縱不趨約束者，亦將之常態也。武帝視大將
> 軍，往往踞廁，而李廣利破大宛，侵殺士卒之罪，則寢而不問。此
> 任將之道也。若夫相，必節廉好禮者為也，又非豪縱不趨約束者為
> 也，故接之以禮而重責之。〔註139〕

帶兵打仗的武將往往不喜歡被約束，就不要用繁文縟節來限制他們。但是朝
廷中的大臣、宰相往往都是選用節廉好禮之人擔任，當然要以禮對待他們。
蘇軾認為要「以禮對待」的原因在於：

> 君以利使臣，則其臣皆小人也。幸而得其人，亦不過健於才而薄於
> 德者也。君以禮使臣，則其臣皆君子也。不幸而非其人，猶不失廉
> 恥之士也。……不有爵祿刑罰也乎，何為其專以禮使臣也！以爵祿
> 而至者，貪利之人也，利盡則逝矣。以刑罰而用者，畏威之人也，
> 威之所不及，則解矣。故莫若以禮。禮者，君臣之大義也，無時而
> 已也。〔註140〕

君臣關係應該要有親密、信任、同心合力的感情基礎，三蘇都是這麼認為的。
這樣的感情基礎，不可能建立在利益關係上。會受到爵祿引誘的人，是貪利
之人，如果沒有了利益，也就失去了繼續效忠的誘因。蘇轍也曾說：「夫以爵

---

〔註138〕蘇洵：《衡論・御將》，《嘉祐集卷四》，頁29。
〔註139〕蘇洵：《衡論・任相》，《嘉祐集卷四》，頁31。
〔註140〕蘇軾：〈君使臣以禮〉，《蘇軾文集卷六》，頁175。

祿而勸天下，爵祿已極則人之怠心生。」〔註141〕而會害怕刑罰威嚇的人，是畏威之人，如果沒有了刑罰，解除了必須爲君服務的壓力，那君臣關係很快就解體了。因此爲了能與賢德的大臣建立穩固長久的感情基礎，君主不能「以利使臣」，而是要「以禮使臣」。

　　禮是合乎人情之所安，而且隨著不同的感情基礎要有等級的區別。三蘇所主張的「以禮使臣」，不只是要用禮貌的方式對待大臣，還要與大臣們建立起互親、互信的關係，甚至應該與某些大臣建立更親密的「腹心之臣」關係。蘇轍如此描述君臣之間互信、互愛的關係：

> 臣聞古者君臣之間，相信如父子，相愛如兄弟。朝廷之中，優遊悅懌，歡然相得而無間。知無所不言，言無所不盡，開心平意，表裡洞達，終身而不見其隙。當此之時，天下之人出身以事君，委命於上而無所憂懼，安神定氣以觀天下之政，蕩然肆志有所欲爲而上不見忌。其所據者甚堅而無疑，是以士大夫皆敢進而博天下之大功。〔註142〕

蘇轍希望君臣之間建立如同父子、兄弟般的情誼，這樣就可以使大臣們處於一個安全、平穩、和諧的工作環境中，盡量發揮個人的長才。也因爲內心平和，在論事、下判斷之際，才能脫開利益之爭，把眼光放得更遠，使得思慮更爲周到。然而，蘇轍認爲宋代當世的君主對於大臣有「防禁之太深，而督責之太急」的弊病，於是「君不敢以其誠心致諸其臣，而臣亦不敢直己以行事」。〔註143〕若是君臣彼此把力氣都損耗在互相猜忌、防範上了，怎麼還會有餘力思慮國家大事呢？蘇洵認爲，君臣之間不能建立互信、互愛的關係，還會發生下列的狀況：

> 近世之君宴然於上，而使宰相眇然於下。上下不接，而其志不通矣。臣視君如天之邈然而不可親，而君亦如天之視人，泊然無愛之之心也。是以社稷之憂，彼不以爲憂，社稷之喜，彼不以爲喜。君憂不辱，君辱不死。一人譽之則用之，一人毀之則舍之。宰相避嫌畏譏且不暇，何暇盡心以憂社稷。數遷數易，視相府如傳舍。百官泛泛於下，而天子煢煢于上，一旦有卒然之憂，吾未見其不顛沛而殞越

〔註141〕蘇轍：〈臣事策下・第一道〉，《蘇轍集・欒城應詔集卷八》，頁1305。
〔註142〕蘇轍：〈君術策・第四道〉，《蘇轍集・欒城應詔集卷六》，頁1289。
〔註143〕同上註。

也。〔註144〕

缺乏了感情基礎，大臣對於君主就純是利益取向，「譽之則用之」、「毀之則舍之」，對待國與君不可能像對待自己的家和家人那樣的盡心。大臣們假如都是這樣的心態，吃虧的還是君主，一旦有危急的事情發生，君主就會陷入孤立無援的境地。

至於更深一層的「腹心之臣」關係，蘇洵是這麼認爲的：

聖人之道，有經，有權，有機，是以有民，有群臣，而又有腹心之臣。曰經者，天下之民舉知之可也，曰權者，民不得而知矣，群臣知之可也，曰機者，雖群臣亦不得而知矣，腹心之臣知之可也。夫使聖人而無權，則無以成天下之務；無機，則無以濟萬世之功。然皆非天下之民所宜知。而機者，又群臣所不得聞，群臣不得聞，誰與議？不議不濟。然則所謂腹心之臣者，不可一日無也。〔註145〕

這段話是談到有「腹心之臣」的必要性。有一些事是要讓全民都知道並遵行的，有一些事只要讓負責推動的官員明白就好，而有些事，如關鍵性的決策或重大難決的事情，在還未有定論之前，君主需要有「腹心之臣」一起討論。而且從歷史上來看，歷代有成就的君主都是有腹心之臣的：

禹有益，湯有伊尹，武王有太公望。是三臣者，聞天下之所不聞，知群臣之所不知。禹與湯、武倡其機於上，而三臣共和之於下，以成萬世之功。下而至於桓、文，有管仲、狐偃爲之謀主，闔廬有伍員，勾踐有范蠡、大夫種。高祖之起也，大將任韓信、黥布、彭越，裨將任曹參、樊噲、滕公、灌嬰，游說諸侯任酈生、陸賈、樅公，至於奇機密謀，群臣所不與者，惟留侯、酇侯二人。唐太宗之臣多奇才，而委之深、任之密者，亦不過曰房、杜。〔註146〕

禹有益，湯有伊尹，武王有太公望，齊桓公有管仲，晉文公有狐偃，闔廬有伍員，勾踐有范蠡、文種，漢高祖有張良、蕭何，唐太宗有房玄齡、杜如晦。這些腹心之臣與君主形成「生命共同體」，因此會竭盡自己所能，爲君主謀慮。同樣地，君主也要把這些腹心之臣看成是自己最親密的人，給予他們足夠的信任和權力：

〔註144〕蘇洵：《衡論・遠慮》，《嘉祐集卷四》，頁28～29。
〔註145〕同上註，頁27。
〔註146〕同上註，頁27～28。

> 聖人之任腹心之臣也，尊之如父師，愛之如兄弟，握手入臥內，同
> 起居寢食，知無不言，言無不盡，百人譽之不加密，百人毀之不加
> 疏，尊其爵，厚其祿，重其權，而後可以議天下之機，慮天下之變。
> 〔註147〕

　　蘇洵認爲宋太祖對於趙普，就可說是做到了這樣的程度。〔註148〕但如果
信任和權力給予不足，就會像寇萊公（寇準）那樣，因爲「與之權輕，故終
以見逐，而天下幾有不測之變。」〔註149〕當然蘇洵所講的情況，是從眞正有
見識和能力的「腹心之臣」爲立場出發。從另一方面來看，如果君主識人不
明，把不是那麼有見識、能力的大臣當成腹心之臣看待，那對國家造成的危
害，也比一般大臣來得大多了。蘇軾說：

> 僕嘗謂社稷之臣如腹心，功臣如手足。人有斷一指與一足，未及於
> 死也。腹心之病，則爲膏肓，不可爲也。李靖、李勣可謂功臣，終
> 始爲唐之元勳也。然其所爲，止衛、霍、韓、彭之流爾。疆場之事，
> 夷狄內侮，能以少擊眾，使敵人望而畏之，此固任之有餘矣。若社
> 稷之寄，存亡之幾，此兩人者，蓋憒不知焉。太宗欲伐高麗，靖已
> 老矣，而自請將兵，以堅太宗黷武之志，幾成不戢自焚之禍。高宗
> 立武后，勣以陛下家事無問外人，武氏之禍，戮及禵禑，唐室不絕
> 如線。則二人者，爲腹心之病大矣。〔註150〕

蘇軾批評唐代的李靖和李勣：李靖不知勸阻唐太宗伐高麗，反而自請帶兵出
征。事實證明，這場戰爭是錯誤的決策。李勣不勸阻唐高宗立武后，還說「陛
下家事無問外人」，殊不知君主之家事，就是國事。後來演變出武后之禍，使
得唐代的傳承差點就斷絕了。這固然是因爲李靖、李勣的見識不夠高遠，但
也是因爲兩位君主把他們當成腹心之臣，與他們討論關乎國家機密的大事，
還願意接受他們的意見，因此也要承擔「識人不明」的後果。

　　再說對待「有才之士」的方法。蘇洵覺得當世對於「有才之士」的對待

---

〔註147〕蘇洵：《衡論・遠慮》，《嘉祐集卷四》，頁29。
〔註148〕《宋史卷二百五十六・列傳第十五・趙普》論曰：「自古創業之君，其居潛舊
　　　　臣，定策佐命，樹事建功，一代有一代之才，未嘗乏也。求其始終一心，休
　　　　戚同體，貴爲國卿，親若家相，若宋太祖之於趙普，可謂難矣。」見《新校
　　　　本宋史并附編三種》，第11冊，頁8945。
〔註149〕蘇洵：《衡論・遠慮》，《嘉祐集卷四》，頁29。
〔註150〕蘇軾：〈李靖李勣爲唐腹心之病〉，《蘇軾文集卷六十五》，頁2034～2035。

方式是不公平的：

> 吾觀世之用人，好以可勉強之道與德，而加之不可勉強之才之上，
> 而曰我貴賢賤能。是以道與德未足以化人，而才有遺焉。然而爲此
> 者，亦有由矣。有才者而不能爲眾人所勉強者耳。何則？奇傑之士，
> 常好自負，疏雋傲誕，不事繩檢，往往冒法律，觸刑禁，叫號歡呼，
> 以發其一時之樂而不顧其禍，嗜利酗酒，使氣傲物，志氣一發，則
> 倜然遠去，不可羈束以禮法。然及其一旦翻然而悟，折而不爲此，
> 以留意於向所謂道與德可勉強者，則何病不至？〔註151〕

所謂的不公平，是指「好以可勉強之道與德，而加之不可勉強之才之上」。蘇洵認爲「才」是天生的，而且「才難強而道易勉」。所以君主任用有才之士，只要「唯才是用」就好了，等到有才之士想遵守道德禮法時，自然就能符合禮法的要求。

「唯才是用」時要注意的原則有二，其中之一是「因情施惠」。蘇轍認爲，有的人好名：「人有好爲名高者，臨財推之，以讓其親；見位去之，以讓其下。進而天子禮焉，則以爲歡；進而不禮焉，則雖逼之，而不食其祿，力爲廉恥之節，以高天下。」〔註152〕有的人好利：「人有好爲厚利者，見祿而就之，以優其身，見利而取之，以豐其家。良田大屋，惟其與之，則可以致其才。」君主應該要掌握這些有才之士的微妙心理，不著痕跡地滿足他們的喜好，這些人便會心悅誠服地爲君主服務。假如不能了解所用之人的心理，對於好名者「豢之以厚利」，則會使「其心枨然有所不平」；對於喜歡厚利者，卻「強之以名高」，當然就「其心缺然，有所不悅於其中」了。

「唯才是用」的第二個原則是「觀其才之大小，而爲之制御之術」，蘇洵說：

> 夫養騏驥者，豐其芻粒，潔其羈絡，居之新閒，浴之清泉，而後責之
> 千里。彼騏驥者，其志常在千里也，夫豈以一飽而廢其志哉。至於養
> 鷹則不然，獲一雉，飼以一雀，獲一兔，飼以一鼠。彼知不盡力於擊
> 搏，則其勢無所得食，故然後爲我用。才大者，騏驥也，不先賞之，
> 是養騏驥者饑之而責其千里，不可得也。才小者，鷹也，先賞之，是

〔註151〕蘇洵：《衡論・養才》，《嘉祐集卷五》，頁39～40。
〔註152〕蘇轍：〈君術策・第二道〉，《蘇轍集・欒城應詔集卷六》，頁1285～1286。本段引文均出於此篇。

養鷹者飽之而求其擊搏，亦不可得也。是故先賞之說，可施之才大者，
不先賞之說，可施之才小者。兼而用之，可也。〔註153〕

「賞罰」是君主任用人才的手段之一。有功當賞，是必然的道理，對待一般
的人才，通常是有一件功勞，才有對應的獎賞。但是任用「才大者」，卻可以
採取在未有功勞之前就「先賞」的手段。例如，「漢高祖一見韓信而授以上將，
解衣衣之，推食哺之；一見黥布而以爲淮南王，供具飲食如王者；一見彭越
而以爲相國。當是時，三人者未有功於漢也。」這是因爲漢高祖「知三人者
之志大，不極於富貴，則不爲我用」。至於對於「樊噲、滕公、灌嬰之徒則不
然，拔一城、陷一陣，而後增數級之爵，否則，終歲不遷也。」原因在於「知
其才小而志小，雖不先賞，不怨，而先賞之，則彼將泰然自滿，而不復以立
功爲事故也。」〔註154〕蘇洵對於人物心理的揣摩，眞是相當精微。

　　總而言之，君主對待賢德的大臣，原則上要從「感情層面」出發，「去苛
禮而務至誠，黜虛名而求實效」。〔註155〕在君臣之間建立起互信、互愛的關係，
使雙方的溝通管道暢通，盡量勉勵大臣爲君主盡心盡力。並且在給予恩惠之
餘，配合督察的制度，「時亦有以督責其荒怠弛廢之愆，使之有所愧恥於天子
之恩意，而不倦於事。」〔註156〕而君主對於有才之士，不需空談道德，應該
以「才」爲出發點，以其完成任務的「功效」爲任用與否的依據。而且要善
用「人之常情」，因應人才之喜好和才能的大小來調整對待的方式。一方面建
立君臣間穩固的感情基礎，一方面因應國事的需要任用人才，常中有變，有
變則通，不走極端，是三蘇之主張的最大特色。

### （二）臣對待君

　　三蘇所論的君臣關係，是相對性的。他們不只討論了君主如何對待大臣，
也關注了大臣應該如何對待君主。

　　在中國古代君主專制的體制下，大臣對於君主首要的義務和責任，當然
是「盡忠」。在君權穩固時，因爲有外在的監督力量在上制衡，大臣們有忠誠
的表現是理所當然的。如果一個大臣在國無長君，而且又大權在握時，居然
還能謹守「臣」的身分，沒有起而代之之心，一心維護君主的傳承，這就實

〔註153〕蘇洵：《衡論‧御將》，《嘉祐集卷四》，頁30。
〔註154〕同上註，頁31。
〔註155〕蘇軾：〈策略五〉，《蘇軾文集卷八》，頁239。
〔註156〕蘇轍：〈臣事策下‧第一道〉，《蘇轍集‧欒城應詔集卷八》，頁1306。

在是難能可貴了。蘇轍認爲霍光和諸葛亮就是這樣難能可貴的大臣，而且諸葛亮比霍光還要更了不起。霍光的事蹟是：

> 漢武帝之老也，托昭帝於霍光。昭帝尚幼，燕王、蓋主有篡取之心，上官桀、桑弘羊助之。……霍光內蔽燕、蓋，外誅桀、羊，擁護昭帝，訖無驕君之色。及昭帝早喪，國空無主，迎立昌邑。昌邑不令，又援立宣帝。柄在其手者屢矣，然退就臣位，不以自疑。中外悉其本心，亦無一人有異議者。〔註157〕

霍光謹守漢武帝的託付，擁護昭帝，平息了其他謀反的勢力，而且毫無「驕君之色」。在昭帝早喪之後，他先後又立昌邑王和宣帝。明明大權在握，卻沒有自立爲帝，這就是他可貴的地方。至於諸葛亮的事蹟：

> 蜀先主將亡，召諸葛孔明而告之曰：「嗣子可輔，輔之；如其不才，君可自取。」復語後主：「汝與丞相從事，事之如父。」後主之暗弱，孔明之賢智，蜀人知之矣。使孔明有異志，一搖手而定矣。然外平徼外蠻夷，內廢李平、廖立，旁御魏、吳，功成業定，又付之蔣琬、費禕。奉一昏主三十餘年，而無纖芥之隙，此又霍光之所不能望也。
> 〔註158〕

諸葛亮比霍光更了不起，是因爲劉備已經跟他說過：「嗣子可輔，輔之；如其不才，君可自取」，而後主劉禪也實在是個昏庸的君主。但是諸葛亮卻仍是竭盡忠誠，安內攘外，「奉一昏主三十餘年，而無纖芥之隙」，實在是令人敬佩啊！

其實，不但是君主對於大臣有要求，大臣對於君主也會有所期待。蘇軾說：

> 古之人有欲以其君王者也，有欲以其君霸者也，有欲以強其國者也。
> 是三者，其志不同，故其術有淺深，而其成功有巨細。雖其終身之所爲不可逆知，而其大節必見於其始進之日，何者？其中素定也。
> 未有進以強國而能霸者也，未有進以霸而能王者也。〔註159〕

有人期待君主成爲王者，有人期待君主成爲霸者，有人則希望國家富強。要達成這三個目標的方法並不相同，「未有進以強國而能霸者也，未有進以霸而能王者也」，所以蘇軾認爲大臣必須在一開始就先確定自己對君主的期望爲何，也要衡量君主有沒有能力達到這樣的期望：

---

〔註157〕蘇轍《歷代論・晉宣帝》，《蘇轍集・欒城後集卷九》，頁981。
〔註158〕同上註。
〔註159〕蘇軾：〈孔子從先進論〉，《蘇軾文集卷二》，頁36。

　　君子之得其君也，既度其君，又度其身。君能之而我不能，不敢進
　　也；我能之而君不能，不可爲也。不敢進而進，是易其君；不可爲
　　而爲，是輕其身。是二人者，皆有罪焉。故君子之始進也，曰：「君
　　苟用我矣，我且爲是，君曰能之，則安受而不辭，君曰不能，天下
　　其獨無人乎！」至於人君亦然，將用是人也，則告之以己所欲爲，
　　要其能否而責成焉。其曰「姑用之而試觀之者」，皆過也。〔註160〕

對於國家未來走向的期望，必須是君、臣雙方面的共識，也必須是雙方能力
的交集，基本原則是要從內心的誠信出發。有正確的開始、正確的期望，雖
然不見得一定會有好結果，但如果一開始就偏差了，卻一定不會有好下場
的。以三個歷史人物來看，蘇軾認爲伊尹「以滋味說湯」的記載，應該是戰
國策士的杜撰，不可能是伊尹的作爲。因爲他是希望商湯成爲堯舜之君的，
不會以如此權謀的說法來吸引商湯。而管仲，「度桓公足以霸，度其身足以
爲霸者之佐」，因爲雙方的期待與能力吻合，果然齊桓公成爲了春秋的霸主。
至於商鞅，明知秦孝公無法成爲王者，又怕孝公不願意採用自己主張的形名
之學，所以「懷詐挾術以欺其君」、「設爲高論以衒之」。最後因其所進之不
正，自食惡果，無法善終。因此，蘇軾再次強調「其進不正，未有能繼以正
者也。」〔註161〕

　　在「其進正」，用心良善，講求誠信的前提下，三蘇認爲大臣向君主提出
勸諫時，應該要講求方法。如果善用勸諫的技巧，可以提升良善之道被君主
接受的可能性，爲什麼要堅持不採用呢？因此蘇洵說：「吾欲諫者以機智勇辯
濟其忠。」〔註162〕同時，他還舉出以下五種勸諫技巧：

　　1、理而論之：分析道理讓君主明白應該怎麼做。《戰國策》中記載，觸
讋之所以能說服趙太后，同意讓長安君到齊國擔任人質，換得齊國出兵救趙，
解除秦國的威脅，就是用了「理而論之」的方法。觸讋讓趙太后明白，若是
眞的愛惜長安君，就應該讓他對國家有貢獻，將來才有繼承王位的資本。觸
讋的進諫方式比其他朝臣們勝過一籌的是：他先由對方的性格特點和心理活
動切入，打動趙太后的心，再以歷史的宏觀角度分析道理，是情理並重的運
用。蘇洵認爲用這種方式勸諫，「主雖昏必悟」，「悟則明」。

〔註160〕蘇軾：〈孔子從先進論〉，《蘇軾文集卷二》，頁37～38。
〔註161〕同上註，頁37。
〔註162〕蘇洵：〈諫論上〉，《嘉祐集卷八》，頁76。

2、勢而禁之：分析情勢以阻止君主的行動。《史記·魯仲連鄒陽列傳》記載魯仲連說服魏國新垣衍不要支持秦國稱帝，就是採用「勢而禁之」的方法。魯仲連讓新垣衍明白假如秦國稱帝，兩強相爭，魏國的後果可想而知。假如連魏國都不存在了，新垣衍的地位當然更保不住。明白了「帝秦」之後可能的發展情勢，魏國和新垣衍就停止預定的行動。蘇洵認為用這種方式勸諫，「主雖驕必懼」，「懼則恭」。

3、利而誘之：指出利益所在以勸誘君主實行。《史記·荊燕世家》記載劉澤之所以能夠由營陵侯被封為琅邪王，是因為謀士田生用「利而誘之」的方式，勸說被呂后所寵幸的張子卿，先投呂后所好，主張封諸呂為王，再趁機以安撫劉氏子孫為名，使劉澤得以封王。蘇洵認為採用這種方式，「主雖怠必奮」，「奮則勤」。

4、激而怒之：採用激將法，激發君主行動的勇氣。蘇秦勸說韓王加入合縱時，就是用「牛後」的比喻來刺激韓王；范雎〔註163〕故意在秦昭王面前說：「秦安得王？秦獨有太后、穰侯耳。」是要激起昭王重振君主威權之心；還有酈生見劉邦時，因為劉邦的無禮，他也用「足下欲助秦攻諸侯乎？且欲率諸侯破秦也」的問話，藉此提出應以禮對待長者的要求，並且促使劉邦表明自己欲滅秦的心志。蘇洵認為運用這種方式，「主雖懦必立」，「立則勇」。

5、隱而諷之：用比喻或寓言故事等不明說的方式，讓君主自己體悟。當孟嘗君要去秦國時，所有人的勸阻他都不聽，蘇代便講了一個「土偶人和桃梗人」的故事，暗示孟嘗君如果入秦，就會像桃梗人一樣，不知道會漂流到何處。孟嘗君因此感悟，打消了入秦的念頭。還有楚人以射箭的道理暗喻國際情勢和治國之道，向楚頃襄王進諫。蘇洵認為用這種諷喻的方式，「主雖暴必容」，「容則寬」。

蘇軾又補充了一種「因其君之資而說之」的勸諫方法，也就是要依照君主的人格特質，選用適當的勸說方式。以漢高祖為例，〔註164〕漢高祖本質是

〔註163〕范雎的「雎」，《史記》和《戰國策》的有些版本作「睢」。錢大昕〈武梁祠堂畫像跋尾〉、梁玉繩〈人表考〉等，都認為作「雎」為是。《韓非子·外儲說左上》中有評論虞慶和范且言論一節，虞慶即虞卿，范且即范雎。東漢〈武梁祠石刻畫像〉有范且和須賈的故事，范且亦即范雎。從「雎」或作「且」看來，自當以「雎」為是，作「睢」是錯誤的。參考楊寬：《戰國史——1997增訂版》（臺北：臺灣商務印書館，1997年10月初版二刷），頁420。
〔註164〕蘇軾：〈漢高帝論〉，《蘇軾文集卷三》，頁81～82。

只知天下利害與兵之勝負的人，在他建國之初，謀臣們都是用「利害」來勸他的。因此當他想換太子時，就應該告訴他利害關係爲何，而不是一味地反對「廢嫡立庶」，用他所輕視的倫理道德來勸他，當然不會有效，而且還會適得其反。幸好張良用了一點謀略，安排四個隱士出面，讓漢高祖以爲「我欲易之，彼四人輔之，羽翼已成，難動矣。」〔註165〕果然達到了「不換太子」的效果。

　　這些勸諫方法如果運用得恰到好處，應該可以提高君主接納諫言的比例。但是，假如大臣再怎麼勸諫，君主就是不願聽從，那又應該如何呢？古有「三諫當去」之說，是因應這種狀況的方式之一。不過，蘇軾認爲揚雄用「古有三諫當去之說」來規範所有的臣子，是不恰當的。〔註166〕因爲君臣之間的情感關係有很多層次，並沒有那麼單純。「三諫而去」，是針對「人臣交淺者」而說的，像宮之奇、泄冶等人，只是一般的臣子，不論君主是否接納其意見，他們都不會有切身的關係，故可以「三諫而去」。但像伍子胥是吳國的宗臣，是與國共存亡的，因此對於君主應該「百諫」，甚至「不聽，繼之以死可也」。至於像孔子離開魯國，是明知魯君不可輔佐，「未嘗一諫，又安用三」。

　　於是蘇轍認爲：「善爲國者，必度其君，可與共患難，可與同安樂，而後有爲，故功成而後無憂。」〔註167〕蘇軾也說：「爲明主謀而不忠，不惟無罪，乃有賞。爲庸主謀而忠，賞固不可得，而禍隨之。」〔註168〕就如同並非所有的大臣都是有才幹或都是可信任的一樣，也不是所有的君主都是賢明、愛才，值得大臣爲他付出一切的。像荀彧、程昱、郭嘉、孔融等人都是爲曹操效力，但最後都沒有善終的。蘇軾覺得還是管寧（管幼安）高明，因爲他已經把曹操父子的本質看得很清楚了，所以根本就隱居不出來被任用。〔註169〕還有田豐事袁紹、陳宮事呂布，紹、布不願聽從田豐、陳宮的諫言，而君臣皆亡。陸遜之於孫權，高穎之於隋文帝，本來言聽計從，致君於王霸矣。可是當君主的忮心一起，二臣皆不得其死。這些大臣的失敗，都是因爲沒有先「度其君」，「爲庸主謀而忠」的結果只是殺身之禍而已。

〔註165〕出自《史記·留侯世家第二十五》，《史記會注考證》，頁809。
〔註166〕蘇軾：〈論伍子胥〉，《蘇軾文集卷五》，頁154～155。
〔註167〕蘇轍：《歷代論·羊祜》，《蘇轍集·欒城後集卷九》，頁983。
〔註168〕蘇軾：〈曹袁興亡〉，《蘇軾文集卷六十五》，頁2019。
〔註169〕蘇軾：〈管幼安賢於荀孔〉，《蘇軾文集卷六十五》，頁2019。

在「度其君」、「擇其君」方面比較成功的例子，應該是范蠡。蘇轍說他「知勾踐可與共患難，則爲之滅吳，以制其功；知其不可與同安樂，則棄之游江湖，如去仇讎，是以君臣免於惡名。」〔註170〕范蠡可以看出句踐的人格特質，實在很有眼光。同時他還具有「知所去就」〔註171〕的智慧，在該離開時，不貪戀眼前的權位，所以能夠保全自己的生命，也才有機會在商業上開展出一片新天地。不過，蘇軾藉由評論范蠡，對於大臣們在面對「去就」的問題上，有更高的要求。蘇軾批評范蠡說：「才有餘而道不足，故功成、名遂、身退，而心終不能自放者乎！」〔註172〕意思是，范蠡雖然離開句踐，但是並沒有完全放下名利之心。這種「放不下」的心態讓蘇軾惋惜，認爲范蠡雖然保全了自己的生命，在道德境界上卻還不夠完美。這也等於是勸告所有的大臣們，要培養「放得下」的氣度和智慧，才能在險惡的政治風暴中全身而退。

因爲三蘇以歷史爲出發點來看君與臣的相處之道，所以他們的主張務實，不用泛道德化的標準來唱高調。比較歐陽脩、司馬光和蘇轍對於馮道「以宰相事四姓九君」的看法，可以明顯地看出這一點。歐陽脩在《新五代史·馮道傳》的評論是：「余讀馮道〈長樂老敘〉，見其自述以爲榮，其可謂無廉恥者矣。」而司馬光《資治通鑑》以「忠臣不事二君」的觀念，譴責馮道不忠。蘇轍則是爲馮道抱不平：「議者譏其反君事仇，無士君子之操，大義既虧，雖有善不錄也。吾覽其行事而竊悲之。」〔註173〕於是他列出幾件馮道的實際作爲：

> 明宗雖出於夷狄，而性本寬厚。道每以恭儉勸之，在位十年，民以少安。

> 契丹滅晉，耶律德光見道，問曰：「天下百姓如何救得？」道顧夷狄不曉以莊語，乃曰：「今時雖使佛出，亦救不得，惟皇帝救得。」德光喜，乃罷殺戮，中國之人賴焉。

> 周太祖以兵犯京師。隱帝已沒，太祖謂漢大臣必相推戴。及見道，道待之如平日。太祖常拜道，是日亦拜，道受之不辭。太祖意沮，知漢未可代，乃立湘陰公爲漢嗣，而使道逆之於徐。道曰：「是事信

---

〔註170〕蘇轍：《古史卷三十七·范蠡大夫種列傳第十四》，《三蘇全書》第 4 冊，頁253。

〔註171〕蘇轍：《歷代論·隗囂》：「智者爲國，知所去就，大義既定，雖有得失，不爲害也。」《蘇轍集·欒城後集卷八》，頁 973。

〔註172〕蘇軾：〈論范蠡〉，《蘇軾文集卷五》，頁 153。

〔註173〕蘇轍：《歷代論·馮道》，《蘇轍集·欒城後集卷十一》，頁 1010。

否？吾平生不妄語。公毋使我爲妄語人？」太祖爲誓甚苦。道行未
返，而周代漢。篡奪之際，雖賁、育無所致其勇，而道以拜跪談笑
卻之，非盛德何以致此？〔註174〕

　　馮道輔佐後唐明宗時，勸他推行「恭儉」的政策，使人民可以從戰亂之
中逐漸安定。面對契丹耶律德光問「天下百姓如何救得？」馮道用詼諧的說
法讓耶律德光停止殺戮，拯救了許多生命。後周太祖想要取代後漢時，試探
馮道的心意。馮道並未背叛後漢，而且還說自己「平生不妄語」，是後周太祖
不守信用，這就不是馮道的錯了。五代時的朝代興替並非馮道個人所能掌控
的，但是不論爲哪一位君主服務，他都堅守自己的崗位，盡力爲百姓著想。
比起那些遇到亂世就躲起來隱居的人，馮道的作爲是更不容易的選擇，而且
要有很高的處世智慧，實在不能只用「無廉恥」、「不忠」的評語，就抹殺其
一生的表現。此外，從歷史上的例子來看，馮道的抉擇是有前例可循的。齊
桓公殺公子糾時，召忽死之，管仲不死。孔子認同管仲，因爲他還要做大事，
不需要白白地殉死。崔杼弒齊莊公立齊景公，晏嬰也選擇不爲齊莊公殉死，
他認爲：「君爲社稷死，則死之；爲社稷亡，則亡之。若爲己死而爲己亡，非
其私昵，誰敢任之！」後來他輔佐齊景公，對於齊國幫助很大。

　　蘇轍評論東漢李固時，曾用孔子的話，並加以詮釋說：

　　　　孔子謂顏子：「用之則行，舍之則藏，惟我與爾有是夫。」用而不行，
　　　　則何以利人？舍而不藏，則何以保身？聖人之於天下，理極於是而
　　　　已。〔註175〕

三蘇論「臣對待君」的原則，一言以蔽之，正是「用而不行，則何以利人？
舍而不藏，則何以保身？」這與孔子「聖之時者」的精神是一脈相承的。

## 二、君與民的關係

　　《尙書・五子之歌》說：「民惟邦本，本固邦寧。」《孟子・盡心下》說：
「民爲貴，社稷次之，君爲輕。」《管子・牧民》也說：「政之所興，在順民
心。政之所廢，在逆民心。民惡憂勞，我佚樂之。民惡貧賤，我富貴之，民
惡危墜，我存安之。民惡滅絕，我生育之。」這些文獻資料表示，古代中國
很早就認知到「人民」對國家的重要。

---

〔註174〕同上註，頁193。
〔註175〕蘇轍：《歷代論・李固》，《蘇轍集・欒城後集卷八》，頁975。

蘇轍曾經形象化地描述了君主和人民的關係：

> 譬如草木之於地也，托之而生，判然二物也，有根而綢繆之，交橫
> 相入，而至於不可拔。及其不相入也，木槁於上，而根本不下屬，
> 地確於下，而氣不上接，一夫之力，可拔而取也，飄風暴雨可披而
> 離也。〔註176〕

在這個比喻中，君主就像是「草木」，而人民是「大地」。草木要能夠在大地
上生長、茁壯，就必須扎根在大地上，而且根扎得越深、越交錯縱橫，草木
就越加穩固，不易被拔除。如果沒有扎根，草木就會枯槁了，很輕易就被拔
除。這「扎根」的過程，代表君主對於人民百姓的用心：

> 是以古之聖人，於其無事之時，必深結百姓之心，使之歡忻交通，
> 分義積厚，而不忍相棄於緩急之際。〔註177〕

君主平時就要用心經營與人民的關係，推行對於百姓有利的政策。人民必能
感念君主的用心，在君主政權交替的危急時刻不離不棄。就像漢代，因為文
帝、景帝實行「優裕天下，時使薄斂，寬田租，宥罪戾」等德政，所以到了
東漢末年，即使政局混亂，「天下之心，猶依依不忍離漢」。

　　三蘇對於君民關係的主張，可以用「居敬行簡」四個字來概括，也就是
說，君主經營與人民的關係要從兩方面著手，一方面是要修養自己的德行，
並且以身作則；另一方面則是要安頓人民的生活，使其「衣食足，而後知榮
辱」。「居敬行簡」這四個字是出自《論語・雍也》，蘇轍放進《古史・孔子弟
子列傳》中作為仲弓的生平記載之一：

> 仲弓問子桑伯子，子曰：「可也簡。」仲弓曰：「居敬而行簡，以臨
> 其民，不亦可乎？居簡而行簡，無乃太簡乎？」子曰：「雍之言然。」

蘇轍接著有一段評論：

> 古者七介以相見，三辭三讓而後至，無所不致其文，所謂敬也。不
> 敬則確，確則易，易則民慢。故古之君子，其躬無所不敬；其於人
> 也則不然，平易近民，而後民安之。太公之所以治齊，則居敬而行
> 簡者也；伯禽之所以治魯，則居敬而行敬者也。雖周公亦憂魯之不
> 竟，則仲弓之言，周、孔之所許也。〔註178〕

---

〔註176〕蘇轍：〈御試制策〉，《蘇轍集・欒城應詔集卷十二》，頁1352。
〔註177〕同上註。
〔註178〕蘇轍：《古史卷三十二・孔子弟子列傳第九》，《三蘇全書》第4冊，頁199。

蘇轍認爲「居敬」是指「爲人嚴肅認眞，依禮嚴格要求自己」，是君主對於自我的要求。君主的居敬（修德），可說是推行政事的基本前提。蘇洵曾經說明，君主的「以身作則」可以達到的功效：

> 古之聖人將欲以禮法天下之民，故先自治其身，使天下皆信其言。
> 曰：此人也，其言如是，是必不可不如是也。故聖人曰：天下有不
> 拜其君父兄者，吾不與之齒。而使天下之人亦曰：彼將不與我齒也，
> 於是相率以拜其君父兄，以求齒於聖人。〔註179〕

聖人所推行的「禮」之所以能夠被天下之民接受，是因爲聖人透過「自治其身」，先取得了人民的信任，並且成爲他們認同和效法的對象。這樣的信任基礎建立好了之後，聖人的教化就很容易推行了。

　　具體的來說，蘇軾認爲君主如果做到「禮」，可以使人民明白身分地位之分際，「使尊者習爲尊，卑者安爲卑」，就不必憂慮人民對君主不恭敬了。如果做到「義」，可以使每種身分的人都有最適當的安頓，「祿之一國者，不自以爲多，抱關擊柝者，不自以爲寡」，就不必憂慮人民會對自己的工作不滿了。如果做到「信」，則可以平息人民心中的疑惑，「使作於中者，必形於外，循其名者，必得其實」，〔註180〕讓他們知道凡是所作所爲，都會有相應的回饋，也就不必擔心人民徒務空言，不切實際了。

　　而「行簡」是指「推行政事簡要而不繁瑣」，這是指君主對於人民的要求。蘇軾曾說：「夫以忠恕爲心，而以平易爲政，則上易知而下易達，雖有賣國之奸，無所投其隙，倉卒之變，無自發焉。」〔註181〕在政事的推行上，掌握禮的精神，而除去禮的「繁文縟節」，這樣會比「居敬行敬」更容易被人民所接受。蘇軾也曾經比較（齊）太公和（魯）伯禽的施政方法，而如此認爲：

> 夫道何常之有，應物而已矣。物隆則與之偕升，物污則與之偕降。
> 夫政何常之有，因俗而已矣。俗善則養之以寬，俗頑則齊之以猛。
> 自堯、舜以來，未之有改也。故齊太公因俗設教，則三月而治。魯
> 伯禽易俗變禮，則五月而定。三月之與五月，未足爲遲速也，而後
> 世之盛衰出焉。〔註182〕

---

〔註179〕蘇洵：〈禮論〉，《嘉祐集卷六》，頁53。
〔註180〕本段引文均出自蘇軾：〈禮義信足以成德論〉，《蘇軾文集卷二》，頁47。
〔註181〕蘇軾：〈論始皇漢宣李斯〉，《蘇軾文集卷五》，頁160。
〔註182〕蘇軾：〈道有升降政由俗革〉，《蘇軾文集卷六》，頁173。

對於姜太公治理齊國的方式，蘇轍稱爲「居敬行簡」，而蘇軾稱爲「因俗設教」；伯禽治理魯國的方式，蘇轍說是「居敬行敬」，蘇軾則稱之爲「易俗變禮」。以短程的目標來看，「因俗設教」比「易俗變禮」的收效快，是因爲以「俗善則養之以寬，俗頑則齊之以猛」的方式頒行簡明扼要的政令，不但人民容易遵守，也表示君主能夠很快地熟悉當地風俗，受到人民的信任。以長遠的眼光來看，「因俗設教」是把當地人民的長處，導向合禮、合理的境界，可以激發人民的潛力，使國家強盛。而不是塑造出只敢規行矩步，不敢逾越本分的人民，以至於安逸怠惰，毫無進取之心，使國家越來越衰弱。

因爲統治者應該要循著人民的風俗、特性，給予教化和約束，所以蘇轍比較了宋代幾個地區人民的不同風俗，並且提出因應的教化方法，以供宋代君主參考：

> 今夫輕揚而剽悍、好利而多變者，吳、楚之俗也；勁勇而沉靖、椎鈍而少文者，燕、趙之俗也。以輕揚剽悍之人，而有好利多變之心，無三代王者之化，宜其起而爲亂矣。若夫北方燕、趙之國，其勁勇沉靖者，可以義動，而椎魯少文者，可以信結也。然而燕、趙之間，其民常至於自負其勇以爲盜賊，無以異於吳、楚者，何也？其勁勇近於好亂，而其椎鈍近於無知。上失其道，而燕趙之良民，不復見於當世，而其暴戾之夫每每亂天子之治。〔註183〕

蘇轍認爲北方燕趙之地的人民，性格勇敢、沉穩、質樸、不矯飾，而南方吳楚之地的人民，個性飛揚、強悍、好利、善變。如果沒有良好的教化，就會流於匹夫之勇和無知，容易受到煽動而作亂。所以應該「使天下立學校，而教民行鄉射飲酒之禮。於歲之終，田事既畢，而會其鄉黨之耆老，設其籩豆酒食之荐，而天子之大夫親爲之行禮。」〔註184〕因爲田野之民，本來「習於鄙野之俗，而不知孝悌之節」，但是給予「父子君臣之義」的教育之後，他們的內心中就有了「禮」的基本法則，可以轉化「匹夫之勇」爲對君主的忠誠。不會再因爲「無知」，而做出不義的事情，也就可以避免唐室之衰時，燕趙之人「八十年間百戰以奉賊臣，竭力致死、不顧敗亡以抗天子之兵」的事再度發生。

蘇轍又說：

---

〔註183〕蘇轍：〈燕趙論〉，《蘇轍集・欒城應詔集卷五》，頁 1276～1277。
〔註184〕同上註。

> 秦、晉之勇，蜀、漢之怯，怯者重犯禁，而勇者輕爲姦，天下之所
> 知也。……蜀人畏吏奉法，俯首聽命，而其匹夫小人，意有所不適，
> 輒起而從亂。此其故何也？觀其平居無事，盜入其室，懼傷而不敢
> 校，此非有好亂難制之氣也。然其弊常至於大亂而不可救，則亦優
> 柔不決之俗，有以啓之耳。〔註185〕

與秦、晉之人的勇猛比較起來，蘇轍認爲蜀人的性格「怯弱」，而且「優柔不
決」。所以平時被欺壓時只敢忍氣吞聲，不敢反抗，其實他們卻是把怒氣累積
起來，「至於其心有所不可復忍，然後聚而爲群盜，散而爲大亂，以發其憤憾
不洩之氣」。〔註186〕對於這種性格的人民，平時就應該盡量使他們「無怨於
心」，要有管道讓他們抒發不滿的情緒，講求公平正義，這樣才能防止人民的
怒氣潰堤，一發不可收拾。

　　蘇軾認爲要讓人民「無怨於心」，是要讓他們覺得君主的要求，出發點是
爲了人民好，也是爲了人民的生活著想。蘇軾說：

> 使民爲農，民曰：「是食我之道也。」使民爲兵，民曰：「是衛我之
> 道也。」使民爲城郭溝池，民曰：「是域我之道也。」雖勞而不怨也。
> 〔註187〕

人民樂意從事農耕，因爲需要食物餵飽自己；人民樂於擔任士兵，是爲了要
保護自己的家園；讓人民建築城郭溝池等防禦工事，人民知道是爲了鞏固自
己的生存領域。知道自己的勞力付出是爲了自己和自己所愛的人，再怎麼辛
苦，也不會埋怨。但是如果人民發現自己的勞力付出只是供君主安逸享樂，
自己的勞動生產只是進入貪官污吏的私人口袋，這樣的怨氣累積到一定的程
度，就會成爲推翻既有政權的強大力量。

　　蘇洵認爲用「詩」來教化，對於疏導人民的情緒也有相當的功效。通常
「禮」的規範比較嚴格，也比較絕對，沒有彈性，會對人民造成壓力。例如
《禮》中說：「必無好色，必無怨而君父兄。」但是喜愛美麗的東西或是對於
長輩有些抱怨，其實都是人之常情，在所難免。一味地壓抑、禁止，情欲或
情緒並不會消失，只是積壓著而已。有些人到達完全無法克制自己的情緒時，
甚至連生命都可以放棄，更不用說是遵守《禮》了。這時，就需要「詩」來

---

〔註185〕蘇轍：〈蜀論〉，《蘇轍集‧欒城應詔集卷五》，頁1277。
〔註186〕同上註，頁1278。
〔註187〕蘇軾：〈以侠道使民以生道殺民〉，《蘇軾文集卷六》，頁175。

協助情緒的調解。蘇洵說：

> 故聖人之道，嚴於《禮》而通於《詩》。《禮》曰：必無好色，必無
> 怨而君父兄。《詩》曰：好色而無至於淫，怨而君父兄而無至於叛。
> 嚴以待天下之賢人，通以全天下之中人。吾觀國風婉孌柔媚而卒守
> 以正，好色而不至於淫者也；小雅悲傷詬讟，而君臣之情卒不忍去，
> 怨而不至於叛者也。故天下觀之曰：聖人固許我以好色，而不尤我
> 之怨吾君父兄也。許我以好色，不淫可也；不尤我之怨吾君父兄，
> 則彼雖以虐遇我，我明譏而明怨之，使天下明知之，則吾之怨亦得
> 當焉，不叛可也。〔註188〕

《詩經・國風》裡的詩篇，有許多是表達男女相互愛慕之情的，但是都表達
得非常真摯，並不流於放蕩；《詩經・小雅》裡有些篇章，呈現出對於上位者
施政不良的抱怨，但是並沒有實際的反叛行動。表示只要君主給人民適當的
情緒發洩管道，就可以把人之常情控制在合理的範圍內，君主也可以藉此明
白人民的想法，以調整自己的施政。

　　除了「詩」之外，還可以借用「樂」的神妙作用，讓人民的內心受到感
動，自然而然就願意去做合「禮」的事。蘇洵談到「樂」的產生，〔註189〕是
因為聖人發現在「陰凝而不散，物蟄而不遂，雨之所不能濕，日之所不能燥，
風之所不能動」時，雷聲「一震焉而凝者散，蟄者遂。」因而體會到「用莫
神於聲」的道理，所以「因聲以為樂」。如此一來，「樂」就具有可以把「告
語之所不及」的道理，「陰驅而潛率之」，送進人民的潛意識中的神妙作用。
當「正聲」入乎人民之耳時，「人皆有事君、事父、事兄之心」。〔註190〕

　　經過教化的人民是國家「人才」的來源，因此君主要暢通選才的管道，
一方面可以為國家找到優秀人才，一方面也可以鼓勵人民繼續不斷地上進。
優秀人才的產生，要經過「培養」和「選擇」的過程，而選擇人才時所採用
的標準，難免會影響到培養過程的取向。蘇轍曾經做過古今培育人才側重點
的比較：

> 古者取士於鄉而養之於學，觀其德行道藝而進之以官，故其得人也
> 全。今也雖鄉取而學養之，然其試之也獨取其藝，而德行之舉不復

---

〔註188〕蘇洵：〈詩論〉，《嘉祐集卷六》，頁 56。

〔註189〕蘇洵：〈樂論〉，《嘉祐集卷六》，頁 54～55。

〔註190〕同上註，頁 55。

並立。凡今之士，雖有內懷德義而無藝以自將，則不免廢於有司，
故其得人也偏。今將略其藝文而取其行義，凡科舉之法所以杜請謁
而絕情故者一切盡廢，則奔競朋黨之風必扇於下。〔註191〕

可見，希望所獲得的人才涵蓋面更廣，不但應該在培養時「德行」和「道藝」
並重，選才考試時，也應該兩者並重。如果考試時僅偏重「藝文」才能，就
無法考核人才的「德行」；反過來說，「德行」好的人假如沒有很好的藝文才
能，根本沒有被任用的可能。考試也不能僅偏重考核「德行」，因為這不夠客
觀，還會造成請託、賄賂、結黨等歪風的盛行。蘇轍先考察了周代、秦代的
取才制度，再針對這種兩難的狀況，從「提升德行」的角度，提出建議：

蓋周之制，使天下之士，孝悌忠信聞於鄉黨而達於國人者，皆得以
登於有司。而秦之法，使其武健壯勇、能斬捕甲首者，得以自復其
役，上者優以爵祿，而下者皆得役屬其鄰里。天下之人知其利之所
在，則皆爭為之，而尚安知其他？〔註192〕

臣欲復古者孝悌之科，使州縣得以與今之進士同舉而皆進，使天下
之人，時獲孝悌忠信之利，而明知天子之所欲。如此則天下宜可漸
化，以副上之所求。然臣非謂孝悌之科必多得天下之賢才，而要以
使天下知上意之所在，而各趨於其利，則庶乎其不待教而忠信之俗
可以漸復。此亦周秦之所以使人之術歟！〔註193〕

他主張把「孝悌之科」當作一種精神指標，設立這樣的考試科別，是向人民
宣示君主對於德行的重視。當「天下知上意之所在」，也知道就算藝文才能的
部分不那麼傑出，靠著德行，還是有進身之階時，就會提升人民對於孝悌忠
信等德行的培養，逐漸恢復「忠信之俗」和純樸善良的風氣。

在推行教化、培養人才時，如果遇到「鞭長莫及」、「遠而難至」的問題，
與其讓郡縣官吏用法律、刑罰來進行高壓統治，不如興起人民自己內部激勵
的力量。蘇轍認為實際作法是：

誘民之勢，遠莫如近，而近莫如其所與競。……惟其里巷親戚之間，
幼之所與同戲，而壯之所與共事，此則其所與競者也。臣愚以為，
古者郡縣有三老嗇夫，今可使推擇民之孝悌無過、力田不惰、為民

---

〔註191〕蘇轍：〈私試進士策問二十八首之十六〉，《蘇轍集‧欒城集卷二十》，頁362。
〔註192〕蘇轍：〈民政策上‧第二道〉，《蘇轍集‧欒城應詔集卷九》，頁1318。
〔註193〕同上註，頁1319。

> 之素所服者爲之，無使治事，而使讓誚教誨其民之怠惰而無良
> 者。……故教天下自所與競者始，而王道可以漸至於下矣。〔註194〕

「三老」和「嗇夫」都是古代的職官名，「三老」負責掌理一鄉之教化，「嗇夫」也是鄉官，負責聽訟、收稅等事，是與人民日常生活最爲接近的基層官吏。蘇轍主張，這樣的職位應該選用人民中「孝悌無過、力田不惰、爲民之素所服者」來擔任。人民對於自己「幼之所與同戲，而壯之所與共事」的人所說的話會比較願意聽從，也會產生「有爲者亦若是」的激勵效果。

蘇軾則是考察了由三代至宋代的「養士」制度之後，從「注重才藝之民」的角度，向君主提出安頓人才的建議：

> 國之有姦，猶鳥獸之有鷙猛，昆蟲之有毒螫也。區處條理，使各安其
> 處，則有之矣，鋤而盡去之，則無是道也。吾考之世變，知六國之所
> 以久存，而秦之所以速亡者，蓋出於此，不可以不察也。夫智、勇、
> 辯、力此四者，皆天民之秀傑也。類不能惡衣食以養於人，皆役人以
> 自養者也。故先王分天下之富貴，與此四者共之。此四者不失職，則
> 民靖矣。四者雖異，先王因俗設法，使出於一。三代以上，出於學。
> 戰國至秦，出於客。漢以後，出於郡縣吏。魏、晉以來，出於九品中
> 正。隋、唐至今，出於科舉。雖不盡然，取其多者論之。〔註195〕

歸納三蘇對於歷史人物的評論意見，可以發現他們通常都把「賢德之人」和「有才之士」分開對待。而且雖然沒有明白的論述，但是隱約可看出他們以「德」和「才」兩個標準，將人分別爲四類：有德有才；有德無才；有才無德；無德無才。這裡所說的具有「智、勇、辯、力」的「天民之秀傑」，就是屬於「有才但不講賢德」的人。對於這些性格強悍、遊走於邊緣地帶的人物，如果君主把他們安頓好了，就不會變成帶頭作亂的人，即使其他的人民想反叛，也會因爲缺乏領導者而無法起事。例如：

> 六國之君，虐用其民，不減始皇、二世，然當是時，百姓無一人叛者，
> 以凡民之秀傑者，多以客養之，不失職也。其力耕以奉上，皆椎魯無
> 能爲者，雖欲怨叛，而莫爲之先，此其所以少安而不即亡也。〔註196〕

可以使他們「各安其處」的方法就是君主「分天下之富貴，與此四者共之」。所

---

〔註194〕蘇轍：〈民政策上・第一道〉，《蘇轍集・欒城應詔集卷九》，頁1316～1317。
〔註195〕蘇軾：〈論養士〉，《蘇軾文集卷五》，頁140。
〔註196〕同上註。

謂「分天下之富貴」，是指提供出仕任官的管道，具體的制度各代有所不同，蘇軾做了一個扼要的概括整理：「三代以上，出於學。戰國至秦，出於客。漢以後，出於郡縣吏。魏、晉以來，出於九品中正。隋、唐至今，出於科舉。」不過在這許多方法中，「養士」只是一個權宜的作法，因爲那是運用「利益」在引誘這些貪利之人，可收一時之效，卻非長遠之計。君主應該要運用「君子學道則愛人，小人學道則易使」的觀念，引導人民「學道」，才是比較好的方式。

## 三、臣與臣的關係

北宋士大夫因政見引起的黨爭，萌芽於仁宗景祐、慶曆年間，盛行於神宗熙寧以後，直至北宋滅亡。北宋黨爭除了因爲政治上不同意見的爭執外，也是一種學術之爭和文化之爭，其中一個特殊的現象，便是「君子小人之辨」。在先秦，作爲區分不同群體的一組相對性名詞，「君子」與「小人」有著不同的指向，有時是用以畫分不同階級或階層的群體，即「統治者」爲「君子」，「被統治者」爲「小人」；有時則是用以區分不同人格的群體，即「人格高尚者」爲「君子」，「人格卑劣者」爲「小人」。而北宋的君子小人之辨，源自於「朋黨論」，爲的是區分大臣之間因爲意見的異同而形成的群體。

自漢至唐，朋黨之爭屢有發生，朋黨論也時有所聞，但《尙書·洪範》：「無偏無黨，王道蕩蕩；無黨無偏，王道平平。」《論語·爲政》：「君子周而不比，小人比而不周」、「君子群而不黨」的經典之說，深深地影響著士大夫的觀念，因此誰也不敢承認君子有黨。但是宋初王禹偁的〈朋黨論〉卻一反傳統觀念，提出了不僅小人有黨，而且君子亦有黨的全新見解。之後，歐陽修、司馬光、蘇軾、秦觀等人陸續撰寫有關〈朋黨論〉的文章，也都是承繼著這樣的觀點。歐陽修的〈朋黨論〉更進一步指出分別君子和小人之黨的標準：

> 臣聞朋黨之說，自古有之，惟幸人君辨其君子小人而已。大凡君子與君子，以同道爲朋；小人與小人，以同利爲朋；此自然之理也。然臣謂小人無朋，惟君子有之。其故何哉？小人所好者利祿也，所貪者財貨也：當其同利時，暫相黨引以爲朋者，僞也。及其見利而爭先，或利盡而交疏，則返相賊害，雖其兄弟親戚，不能相保。故臣謂小人無朋，其暫爲朋者，僞也。君子則不然。所守者道義，所形者忠義，所惜者名節；以之修身，則同道而相益，以之事國，則

> 同心而共濟，終始如一。此君子之朋也。故爲人君者，但當退小人
> 之僞朋，用君子之眞朋，則天下治矣。〔註197〕

在這篇文章中，明白地指出「同道」與「同利」是君子與小人各自爲黨的自
然之理，並且還提出小人之朋黨爲「僞朋」，君子之朋黨才是「眞朋」的說法。
這是因爲小人把關係建築在利益之上，如果利益消失了，朋黨關係也會隨之
瓦解，非常不穩固。而君子們的朋黨關係是建立在道義上，因此同心共濟，
爲國盡力，始終如一。這樣的觀念，可說是《論語・里仁》所謂「君子喻於
義，小人喻於利」的發展。而且，傳統儒學的價值取向是「尙義棄利」的，
因此在以「義」和「利」作爲甄別大臣之間不同追求和不同人格的標準時，
也等於是提供了正確的價值判斷依據。

三蘇基本上也是循著「義利之辨」的路子，來區分君子與小人，並且以
之爲論述大臣「朋黨關係」時的基礎。蘇軾說：「以義正君而無害於國，可謂
大臣矣。」〔註198〕就是以「義」來定義「大臣」，也就是「君子」。蘇轍則說：

> 且君子小人，勢同冰炭，同處必爭。一爭之後，小人必勝，君子必
> 敗。何者？小人貪利忍恥，擊之難去，君子潔身重義，知道之不行，
> 必先引退。〔註199〕

在這段話中明白指出小人「貪利」，君子「重義」，因此彼此無法相容。而且
在相爭之下，君子總是落於下風，因爲小人爲了利益，「擊之難去」，君子卻
追求潔身自好，不願意淌政治的渾水，一旦明白「道之不行」，就會先引退。
蘇軾也有相同的說法：

> 有黨則必爭，爭則小人者必勝，而權之所歸也，君子安得不危哉！
> 何以言之？君子以道事君，人主必敬之而疏。小人唯予言而莫予違，
> 人主必狎之而親。疏者易間，而親者難睽也。而君子者，不得志則
> 奉身而退，樂道不仕。小人者，不得志則徼倖復用，唯怨之報。此
> 其所以必勝也。〔註200〕

與傳統「義利之辨」的觀念有所不同的是，三蘇主張「義利調和」。〔註201〕
因此他們對於「利」並不反對，甚至認爲可以追求「利義」，不主張「徒義」。

---

〔註197〕歐陽修：〈朋黨論〉，《歐陽修全集》（臺北：華正書局，1975 年 4 月），頁 128。
〔註198〕蘇軾：〈大臣論上〉，《蘇軾文集卷四》，頁 125。
〔註199〕蘇轍：〈潁濱遺老傳下〉，《蘇轍集・欒城後集卷十三》，頁 1028。
〔註200〕蘇軾：〈續歐陽子朋黨論〉，《蘇軾文集卷四》，頁 128。
〔註201〕詳見本論文第三章第三節〈中庸論〉的討論。

他們反對的是小人追求「徒利」以及爲了求利而採用強求、急躁和不擇手段的方式。蘇轍說：

> 梁惠王問利國於孟子。孟子對曰：「王何必曰利，亦有仁義而已矣。」
> 先王之所以爲其國，未有非利也。孟子則有爲言之耳，曰「是不然」。
> 聖人躬行仁義而利存，非爲利也。惟不爲利，故利存。小人以爲不
> 求則弗獲也，故求利而民爭，民爭則反以失之。孫卿子曰：「君子兩
> 得之者也，小人兩失之者也。」此之謂也。〔註202〕

君子躬行仁義，一定是對國家有利的，這就是「利義」。而在獲得「利」的方式上，正是因爲他們「不爲利」，所以才「利存」。小人若急於求利，則是越著急，越得不到所求之利。因此，錯誤不在「利益」本身，而是在於「求利」的急迫之心和所用的手段。

蘇洵有一篇具有爭議性的〈辨奸論〉，文中指出：爲了求利，以至於「不近人情」的，就是「小人」：

> 夫面垢不忘洗，衣垢不忘浣，此人之至情也。今也不然，衣臣虜之
> 衣，食犬彘之食，囚首喪面而談《詩》、《書》，此豈其情也哉？凡事
> 之不近人情者，鮮不爲大奸慝，豎刁、易牙、開方是也。……舉而
> 用之，則其爲天下患必然而無疑者。〔註203〕

這三個小人，豎刁是「自宮以適君」；易牙是「殺子以適君」；開方則是「背親以適君」，都是爲了追求自身利益，做出了非常違背「人之常情」的舉動。與之相較，「衣臣虜之衣，食犬彘之食，囚首喪面而談《詩》、《書》」的舉止，以「不近人情」的嚴重性來說，其實並不對等。何以蘇洵要這樣嚴厲地批評呢？他又是在指責誰？雖然蘇洵在文章中並沒有明白寫出所指何人，但是由於文中所述的不修邊幅狀況與王安石吻合，又有當時的許多記載〔註204〕佐證蘇洵與王安石的意見不合、關係不佳，所以論者都認爲蘇洵是在寫王安石。蘇洵這篇文章寫於宋仁宗嘉祐八年（1063），其實王安石尚未開始變法，他竟已「預言」此人若被用，則「天下將被其禍」。〈辨奸論〉一文可以說是三蘇以君子小人之辨來論述朋黨，並將「新黨」當作「小人」看待的開端。

---

〔註202〕蘇轍：《孟子解・第一章》，《蘇轍集・欒城後集卷六》，頁948。
〔註203〕蘇洵：〈辨奸論〉，《三蘇全書》第6冊，頁238。
〔註204〕如張方平《樂全集・文安先生墓表》、方勺《泊宅編》、王偁《東都事略》、邵伯溫《邵氏聞見錄》等，見《宋文紀事》（成都：四川大學出版社，1995年），頁349～351。

後來，蘇轍在晚年隱居穎昌期間，撰寫了《歷代論》四十五篇，其中有許多批判歷代人物「急功近利」的言論，他在〈宇文融〉論中考察了唐代的歷史，認爲「天寶之亂」就是因爲宇文融「貪利」而引發的：

> 開元之初，雖號富庶，而戶口未嘗升降。監察御史宇文融得其際而
> 論之，請治籍外羨田逃戶，命攝御史分行括實。玄宗喜之，朝臣莫
> 敢言其非者。惟陽翟尉皇甫憬、戶部侍郎楊瑒，以爲籍外取稅，百
> 姓困弊，得不償失，而二人皆坐左遷。諸道所括，凡得客戶八十餘
> 萬，田亦稱是，然州縣希旨，多張虛數，以正田爲羨，編戶爲客，
> 歲終籍錢數百萬緡，其名似是，而實失民心。淺言之，則失在求詳，
> 深言之，則失在貪利。時帝方以耳目之奉，責得於人，行之不疑，
> 於是群臣爭爲聚斂，以迎侈心。天寶之亂，實始於此。吾觀近世士
> 大夫多有此病。賢者不忍天下有小不平，而欲平之。小人僥倖其利，
> 以爲進取之計。故天下每每多弊。〔註205〕

宇文融建議唐玄宗清查全國的逃亡戶口及籍外田地，原本的用意是希望能夠矯正「逃籍」的現象並增加國家的稅收。但是實際施行後，卻發生了「州縣希旨，多張虛數」的問題，結果「百姓困弊，得不償失」、「實失民心」。這實在是傳統官僚政治體系的缺陷，表面管轄廣泛，實際掌握不深，其行政效率靠由上至下施加壓力，並非循照經濟原則，所以只能鋪擺場面，對數目字無法精密核算。各官僚居留於城市之中，胥吏短少，也不能經常體會到鄉村各種情形。於是當在上位者以不切實際的數字績效要求下層官吏時，下層官吏只好轉而剝削人民。這種在下位者的「僥倖其利」，是身在中央朝廷的決策者難以防制的，唯有杜絕在上位者的貪利之心，才有可能防止。

蘇轍表面上是對於宇文融施政不當的批評，實際卻是在影射王安石以及其他導致新政之弊的官員們。因爲這種「州縣希旨，多張虛數」的情況，同樣也發生在王安石推行新法之後，尤其是青苗法施行後，「二十年之間，民無貧富，家產盡耗。」〔註206〕就是因爲這樣，蘇轍也把王安石和其他支持新政的官員視爲「小人」和「朋黨」：

> 蓋自熙寧以來，小人執柄二十年矣。建立黨與，佈滿中外，一旦失
> 勢，睅覬者多。是以創造語言，動搖貴近，脅之以禍，誘之以利，

〔註205〕蘇轍：《歷代論·宇文融》，《蘇轍集·欒城後集卷十一》，頁1004～1005。
〔註206〕蘇轍：〈民賦敍〉，《蘇轍集·欒城後集卷十五》，頁1054。

何所不至。〔註207〕

　　蘇軾曾有〈大臣論〉上、下兩篇和〈續歐陽子朋黨論〉，重點在於論述君子與小人之間的關係以及制衡之道。正如之前所述，君子之黨和小人之黨因為「道不同，不相為謀」，在朝廷內是無法並存的。而且在兩黨相爭下，君子之黨又總是弱勢的一方。這是因為小人自知不容於君子，為了自己的生存，他們會善用「黨」的力量，集合眾小人的「智慧」來謀畫陷害君子的方法：

> 小人之心，自知其負天下之怨，而君子之莫吾赦也，則將日夜為計，以備一旦卒然不可測之患；今君子又從而疾惡之，是以其謀不得不深，其交不得不合。交合而謀深，則其致毒也愈戾而不可解。〔註208〕

而且蘇軾認為，小人一旦形成黨的勢力之後，對於國家的危害，就像是人身上長了腫瘤一樣：

> 國之有小人，猶人之有瘿，人之瘿，必生於頸而附於咽，是以不可去。有賤丈夫者，不勝其忿而決去之，夫是以去疾而得死。漢之亡，唐之滅，由此之故也。〔註209〕

若想要用強力割除腫瘤，恐怕要賠上自己的性命，同樣的，想要用強力很快地除去小人，也會導致國家滅亡。像東漢末年的小人之黨是「宦官」，但是竇武、何進等人欲除宦官不成，自己先賠上性命；至於袁紹雖以武力剷除了宦官，東漢後來還是滅亡了。唐代末年，也有類似的情況。

　　既然小人之黨的存在，對國家來說是有危害的，但是又不能用暴力、急迫的方式來剷除他們，那麼君子之黨應該要怎麼做才好呢？蘇氏父子提出了兩個方法，其一是採取「制衡」的方式，其二是用謀略讓小人之黨「自然瓦解」。

　　蘇洵曾經在〈管仲論〉中，認為管仲應該要為齊國的滅亡負責，就是因為管仲沒有處理好「君子」與「小人」之間的勢力平衡問題：

> 夫功之成，非成于成之日，蓋必有所由起。禍之作，不作於作之日，亦必有所由兆。則齊之治也，吾不曰管仲，而曰鮑叔，及其亂也，吾不曰豎刁、易牙、開方，而曰管仲。〔註210〕

當管仲在位時，這三個小人同時也是存在的，但就像蘇轍所說：「仁人在上，

〔註207〕蘇轍：〈潁濱遺老傳下〉，《蘇轍集‧欒城後集卷十三》，頁1029。
〔註208〕蘇軾：〈大臣論下〉，《蘇軾文集卷四》，頁127。
〔註209〕蘇軾：〈大臣論上〉，《蘇軾文集卷四》，頁125。
〔註210〕蘇洵：〈管仲論〉，《嘉祐集卷八》，頁79～80。

則不仁者約而不怨，樂而不驕。」〔註211〕管仲居於上位，具有制衡的力量，因此這三個小人尚未給齊國帶來禍患。到了管仲病危時，雖然他也曾勸齊桓公不要任用易牙、開方、豎刁等小人，但是並沒有推薦眞正可用的人才給齊桓公。因爲沒有可以制衡三個小人的君子居於上位，等到管仲去世後，根本就沒有辦法阻止齊桓公任用小人，國家也因此危亡。蘇轍也是這麼認爲：

> 夫世未嘗無小人也，有君子以閒之，則小人不能奮其智。《語》曰：
> 「舜有天下，選於眾，舉皋陶，不仁者遠矣。湯有天下，選於眾，
> 舉伊尹，不仁者遠矣。」豈必人人而誅之！管仲知小人之不可用，
> 而無以御之，何益於事？〔註212〕

如果君子與小人共處一朝，雖然君子可以發揮制衡作用，令小人不敢妄動，但總非長久之計。因此蘇轍認爲更好的制衡方式是使「君子在內，小人在外」：

> 謹復稽之古今，考之聖賢之格言，莫不謂親近君子，斥遠小人，則
> 人主尊榮，國家安樂。疏外君子，進任小人，則人主憂辱，國家危
> 殆。此理之必然，非一人之私言也。其於《周易》，所論尤詳，皆以
> 君子在內，小人在外，爲天地之常理，小人在內，君子在外，爲陰
> 陽之逆節。〔註213〕

這個「君子在內，小人在外」主張的背景，是在宋哲宗元祐五、六年間時，宰相呂大防、劉摯因爲畏懼新黨的勢力，主張起用新黨，以平舊怨，稱爲「調停」。蘇轍反對呂大防、劉摯的調停主張，堅決主張「君子在內，小人在外」才會安定。他引用了《周易·泰卦》的卦象來說明這個道理。〈泰〉卦的卦象爲「三陽在內，三陰在外」（下乾上坤），是「居天地之正，得陰陽之和」的。「陽」代表君子，「陰」代表小人，所以蘇轍認爲〈泰〉卦之所以爲「泰」就是因爲「君子在內，小人在外」：

> 君子既得其位，可以有爲，小人奠居於外，安而無怨，故聖人名之
> 曰「泰」。《泰》之言安也，言惟此可以久安也。方泰之時，若君子
> 能保其位，外安小人，使無失其所，則天下之安，未有艾也。〔註214〕

---

〔註211〕蘇轍：《論語拾遺·處約處樂》，《蘇轍集·欒城三集卷七》，頁1218。
〔註212〕蘇轍：《歷代論·管仲》，《蘇轍集·欒城後集卷七》，頁963。
〔註213〕蘇轍：〈穎濱遺老傳下〉，《蘇轍集·欒城後集卷十三》，頁1027。
〔註214〕同上註，頁1028。

而「調停」的主張，卻是要把已經在外的小人，再度引之於內，無異是自招禍患。根據《周易》的理論、前賢的格言、歷史的經驗和現實的教訓，蘇轍一方面主張「小人決不可任以腹心」，另一方面主張讓他們「牧守四方，奔走庶務，各隨所長；無所偏廢，寵祿恩賜，彼此如一」。〔註215〕總之，就是要取得「君子在內，小人在外」的勢力均衡。

而要讓小人之黨「自然瓦解」的方法，就是解除小人們的危機意識。君子們越是表現出「嫉惡如仇」的姿態，越是會激發小人們的危機意識，讓他們更加團結。所以蘇軾認為，想要瓦解小人之黨，必須逆向操作：

> 若夫智者則不然。內以自固其君子之交，而厚集其勢；外以陽浮而不逆於小人之意，以待其間。寬之使不吾疾，狃之使不吾慮，啗之以利，以昏其智，順適其意，以殺其怒。然後待其發而乘其隙，推其墜而挽其絕。故其用力也約，而無後患。莫為之先，故君不怒而勢不偪。如此者，功成而天下安之。〔註216〕

君子們之所以要有黨，就是為了凝聚對抗小人們的力量。但是，在表面上不要張揚，而是要先以寬容平易的態度對待小人們，讓他們除去防備之心；釋放利益給他們，讓他們失去理智；暫時先順從他們的意思，不激發他們的怒氣……。這一切都是為了等待時機，讓小人之黨自行瓦解：

> 小人急之則合，寬之則散，是從古以然也。見利不能不爭，見患不能不避，無信不能不相詐，無禮不能不相瀆，是故其交易間，其黨易破也。而君子不務寬之以待其變，而急之以合其交，亦已過矣。〔註217〕

這兩種方法的施行，要依照實際狀況而定。假如君子之黨的勢力較強，就採取「制衡」的方式，以達到在朝中的「上下均勢」或朝廷的「內外均勢」。假如小人之黨的勢力較強，那麼君子之黨就必須先採取柔弱勝剛強的方式，才能生存下來，進而等待時機，促使小人之黨自然瓦解。

因應北宋黨爭的現實，三蘇在史論中表面上雖是論述君子和小人的關係，實際上是在討論臣與臣之間的關係。三蘇是以「義利之辨」來區分君子和小人的，王安石和支持新法的大臣們之所以被歸類於「求利」、「急功近利」

〔註215〕同上註。
〔註216〕蘇軾：〈大臣論下〉，《蘇軾文集卷四》，頁127。
〔註217〕同上註。

的「小人」，是因為著重於理財求利的新法在推行之後，弊病叢生。三蘇認為
這就是急於求利，而採用了不正確的手段所致。所以蘇軾和蘇轍除了「君子
小人之辨」的整體論述外，還有相當多上書針對新法中的個別方案提出具體
意見，希望能用不同的施政方式來「為國家求利」。

「君子小人之辨」的論述模式，很容易使人陷入線性思維和排他性的陷
阱中。所謂「線性思維」就是說「君子」和「小人」是在一條線的兩端，一
端是正，另一端就是負；一邊是對，另一邊就是錯。沒有折衷和緩衝的餘地，
自然就會導向「排他性」。也就是隨著新舊黨的勢力消長，掌權的那一方總是
會認為只有自己是講道義的君子，是正確的，而別人都是貪利的小人，是錯
誤的。線性思維的論述方式，使得北宋黨爭落入「黨同伐異」的意氣之爭，
強烈的「排他性」則造成許多次「詩案」、「黨禍」的迫害不斷上演。

當大臣之間已經陷入不可自拔的線性思維和排他性陷阱中時，是無法靠
著內部的力量脫困的，必須要有第三者的力量介入作為仲裁，這個力量就是
「君主的意願」。也就是蘇軾所說的：

> 且夫君子者，世無若是之多也。小人者，亦無若是之眾也。凡才智
> 之士，銳於功名而嗜於進取者，隨所用耳。〔註218〕

「銳於功名而嗜於進取」的「才智之士」們會有怎樣的發展和作為，是
看他們受到怎樣的君主「所用」而定的。像孔子的弟子冉有，跟從孔子時，
會朝君子的方向發展，但是為季氏服務時卻變成「聚斂之臣」（小人）。唐代
的柳宗元、劉禹錫都是很有能力的人才，要不是跟隨王叔文，也不會陷入黨
爭中，終身抑鬱不得志。蘇轍也認為，在唐代的牛李黨爭中，「蓋僧孺以德量
高，而德裕以才氣勝。德與才不同，雖古人鮮能兼之者。使二人各任所長，
而不為黨，則唐末之賢相也。」〔註219〕

在蘇軾和蘇轍的理想中，大臣們要竭盡自己的力量為君主、為國家服務，
但是不應該「有黨」。而且對君主來說，「禍莫大於權之移人，而君莫危於國
之有黨。」〔註220〕所以當大臣們陷入「黨同伐異」的意氣之爭時，君主可以
成為一個獨立的制衡力量，以打破大臣們的膠著點。可惜，理想總歸只是理
想，而且這樣的意見也沒有受到宋代君主和大臣們的關注。北宋的君主在大

---

〔註218〕蘇軾：〈續歐陽子朋黨論〉，《蘇軾文集卷四》，頁129。

〔註219〕蘇轍：《歷代論‧牛李》，《蘇轍集‧欒城後集卷十一》，頁1007。

〔註220〕蘇軾：〈續歐陽子朋黨論〉，《蘇軾文集卷四》，頁128。

臣之間產生不同意見時，不但沒有辦法成爲獨立的制衡力量，反而用極鮮明的主觀意願去偏愛某一方的大臣。隨著不同君主的不同好惡，北宋新舊黨爭於是陷入不可收拾的惡性循環。

# 第五節　小　結

　　人是歷史性的存在，也是現時的存在，探討歷史人物的人性、心理，其實就是爲了尋找自我定位和自我發展的目標。三蘇史論的「人物論」，可分爲「人性論」、「修養論」、「人物心理論」和「群己關係論」四個層次來談。

　　人性論主要是由蘇軾和蘇轍所提出的，他們藉由議論孟子、荀子、揚雄、韓愈等人的人性論，提出了個人獨特的看法。蘇軾、蘇轍論「人性」，很明確地把「人性本質」和「人性實踐」的兩個層次區分開來，具有清晰的邏輯理路。他們認爲人性的本質是「喜怒哀樂之未發的狀態」，不能以善惡論之；同樣的，人天生就有食衣住行的生理需求和喜怒哀樂的情感表現，這些「人之常情」也就是「人性」，亦不能以善惡論之。但是當人本有之「性」與外物接觸後，就會有善惡產生了，也就是說，若「人性實踐」的結果是正當的，是合乎中道的，那就是「善」；若「人性實踐」的結果是毫無節制，只圖個人私利的，那就是「惡」。

　　他們對於人性之「能動性」和外物（環境）之「影響性」的看重，帶出了「修養論」的探討。人的修養是有可能的，也是必要的。靠著由「知之」到「守之」而「樂之」的修養功夫，人應該可以超越本身習氣的牽引和外在環境的局限，再推擴至治理國家、人民。發揮同理心，把別人的需求當成自己的來看待，又要「不欲速」、「努力不懈」，才能獲得民心，讓國家長治久安。

　　古代政治上的君臣界線極爲嚴謹，而且每個人在社會上所具有的身分和擔負的職責都是固定的。三蘇在當時的環境限制和需求之下，所關注的「人物心理」和「群己關係」也就集中於君主、大臣、吏胥、人民的心理探討，以及這些身分的人物彼此應該如何互相對待的準則。三蘇在論述時，都聯繫了歷史事蹟來論證，切合於現實人情，並非只是道貌岸然地空談道德理想。

　　三蘇的人物史論不是僅以「既成的外在行爲表現」來評論歷史人物的功過是非，而是更深層地探討人物心理，所以他們的史論能「發前人之所未發」，使得後代研究者有如此評價：「這些文章多從古人史實生發開去，立意新穎，

發前人之所未發，往往出人意料之外，而又合情合理，表現了作者獨創的思
維能力。」〔註221〕歷史人物既有的表現，已經呈現在後人面前，不論是要讚
美、惋惜或是批判都不是難事。就如蘇軾所說：「按其已然之跡，而詆之也易；
推其未然之理，而辨之也難。」〔註222〕困難的是讓自己回到歷史人物當時的
時空背景，了解當時的歷史人物既不能預知結果，又要做出抉擇的困境。他
們應該要如何抉擇？為什麼會做這樣的選擇？如果抉擇不同，結果是否會不
同？這種對於歷史人物心理狀態的思索和重視，是三蘇史論「人物論」最大
的特色。

---

〔註221〕周國林：〈評蘇軾的人物史論〉，長沙：《長沙電力學院學報（社會科學版）》
第 16 卷第 2 期，2001 年 5 月，頁 91。
〔註222〕蘇軾：《國學秋試策問：勤而或治或亂斷而或興或衰信而或安或危》，《蘇軾文
集卷七》，頁 209。